Tradução
Sergio Maduro

martins fontes
selo martins

© 2017 Martins Editora Livraria Ltda., São Paulo, para a presente edição.
© 2015 Gribaudo – IF – Idee editoriali Feltrinelli srl.
Esta obra foi originalmente publicada em italiano sob o título *Instant Spagnolo*.

Título original: Instant Spagnolo
Texto: Girls4Teaching Margherita Spanu e Michela Foddis com a colaboração de Roberto Castelli e Marta Monteleone
Ilustrações: Ilaria Faccioli

Publisher	Evandro Mendonça Martins Fontes
Coordenação editorial	Vanessa Faleck
Produção editorial	Susana Leal
Revisão técnica	Sandra Martha Dolinsky
Revisão	Renata Sangeon
	Lucas Torrisi
Capa e diagramação	Douglas Yoshida

Dados Internacionais de Catalogação na Publicação (CIP)
(Câmara Brasileira do Livro, SP, Brasil)

Gribaudo
    Español en un instante : aprenda espanhol de forma rápida e fácil! / Gribaudo ; tradução Sergio Maduro. – São Paulo : Martins Fontes - selo Martins, 2017.

    Título original: Instant Spagnolo
    ISBN 978-85-8063-337-5

    1. Espanhol – Estudo e ensino I. Título.

17-07118   CDD-460.7

Índices para catálogo sistemático:
    1. Espanhol : Estudo e ensino   460.7

Todos os direitos desta edição reservados à
Martins Editora Livraria Ltda.
Av. Dr. Arnaldo, 2076
01255-000 São Paulo SP Brasil
Tel.: (11) 3116 0000
info@emartinsfontes.com.br
www.emartinsfontes.com.br

SUMÁRIO

Lição 1	6
Lição 2	60
Lição 3	100
Lição 4	122
Lição 5	156
Lição 6	202
Lição 7	228
Lição 8	254
Lição 9	294
Apéndice y llaves	326

INTRODUÇÃO

Nosso trajeto para dominar o espanhol começa com os fundamentos dessa belíssima língua, porque se é verdade que o espanhol se parece com o português (aliás, as culturas são parecidas), também é verdade que as semelhanças muitas vezes enganam, e as diferenças são muitas – muito mais do que poderíamos imaginar. Em termos simples, para falar espanhol não basta falar portunhol. Pode confessar: quase todo mundo já fez isso pelo menos uma vez na vida, não é?

Mas, infelizmente, as coisas não são assim; pelo contrário, é preciso enfrentar alguns problemas que nascem justamente da semelhança entre as duas línguas. Ou você está pensando que a vida é fácil?

Ficou com medo? Perfeito. Então, você está pronto para começar a estudar espanhol do melhor jeito: não existe satisfação maior do que aprender outra língua, para poder conhecer de verdade o país pelo qual somos apaixonados e – por que não? – para curtir com os amigos!

Por ora, não se preocupe com dificuldades; pode relaxar e respirar, porque o que veremos daqui a pouco não é nada difícil: o começo será indolor... e depois é que fica bom! Nas páginas seguintes – isso se, apavorado, você já não fechou o livro –, veremos como fazer apresentações, qual o caminho para fazer os primeiros contatos com as pessoas... e isso é fácil e divertido, eu garanto.

Está pronto para começar esta aventura comigo? Então, vire a página e ¡vámonos!

Helena

LIÇÃO 1

1.1 Pronomes pessoais
1.2 O verbo *ser*: presente do indicativo
1.3 Os cumprimentos
1.3.1 Quando chegamos
1.3.2 Quando vamos embora
1.4 O verbo *llamarse* e os pronomes reflexivos
1.4.1 Tratamento formal
1.5 O *voseo* na América Latina
1.6 Pronomes tônicos
1.7 Pronomes com função de objeto direto e indireto
1.7.1 Pronomes com função de objeto direto
1.7.2 Pronomes com função de objeto indireto
1.7.3 Pronomes com função de objeto direto e indireto na mesma frase
1.8 Vocabulário: *la comida*
1.8.1 No restaurante
1.9 Os interrogativos
1.10 *Conocer, saludar* e *despedirse*

1.1 Pronomes pessoais

Em primeiro lugar, vamos aprender como uma pessoa se refere a si mesma e aos outros por meio do uso de pronomes pessoais, muito parecidos com os do português.

1ª pessoa sing.	Yo	Eu
2ª pessoa sing.	Tú	Tu/Você
3ª pessoa sing.	Él	Ele
	Ella	Ela
	Usted	O senhor/A senhora (formal)
1ª pessoa pl.	Nosotros	Nós (quando por "nós" se entende um grupo em que existe pelo menos um homem)
	Nosotras	Nós (quando por "nós" se entende um grupo composto apenas por mulheres)
2ª pessoa pl.	Vosotros	Vós/Vocês (quando por "vós" se entende um grupo em que existe pelo menos um homem)
	Vosotras	Vós/Vocês (quando por "vós" se entende um grupo composto apenas por mulheres)
3ª pessoa pl.	Ellos	Eles (quando por "eles" se entende um grupo em que existe pelo menos um homem)
	Ellas	Elas (quando por "elas" se entende um grupo composto apenas por mulheres)
	Ustedes	Os senhores/As senhoras (formal), tanto masculino quanto feminino

Se você estiver em um grupo com 5 garotas e 2 garotos e precisar dizer "nós somos brasileiros", utilize o pronome masculino nosotros: nosotros somos brasileños. Mas atenção: quando só as amigas forem para a balada e precisarem se apresentar para um grupo de falantes de espanhol, devem usar o pronome pessoal no feminino: nosotras somos brasileñas. O mesmo vale para a 3ª pessoa do plural: ellas son brasileñas. Pode acontecer de você ter que apresentar suas amigas de vez em quando, não?

> **DICA (QUENTE!)**
> Os pronomes das 2ª e 3ª pessoas do singular (tú e él) são sempre acentuados, llevan tilde (têm acento). A tilde é fundamental em espanhol e é sempre aguda, isto é, inclina-se sempre em direção ao fim da palavra – salvo algumas contaminações provenientes de outras línguas. Em contrapartida, em português existem ambos os acentos, o grave e o agudo: nas palavras "à" e "pé" são usados, respectivamente, o acento grave e o agudo. Assim, lembre que em espanhol temos apenas um acento, o agudo: não se confunda!

1.2 O verbo *ser*: presente do indicativo

Uma vez que já o usamos em alguns exemplos, vejamos agora como se conjuga o verbo ser (ser) em espanhol:

Yo soy   eu sou
Tú eres   tu és/você é
Él/Ella/Usted es   ele, ela, o senhor/a senhora é
Nosotros/as somos   nós somos
Vosotros/as sois   vós sois/vocês são
Ellos/Ellas/Ustedes son   eles, elas, os senhores/as senhoras são

Yo soy española, tú eres italiano. Nosotros somos europeos.
Eu sou espanhola, você é italiano. Nós somos europeus.

Obs.: no português coloquial brasileiro, os pronomes espanhóis "tú/vosotros (vosotras)" têm o mesmo sentido de informalidade de "tu, você/vocês". No português do Brasil, só em alguns estados se usa a 2ª pessoa do singular/plural ("tu/vós"), hoje reservada à fala culta nos demais, em vez do "você/vocês". Assim, em português brasileiro coloquial, tú eres tem o sentido de "você é", e vosotros sois, "vocês são". Neste livro, sempre adotaremos esse critério, exceto quando tratarmos do aprendizado do imperativo em espanhol.

> **DICA!**
> Como em português, a conjugação do verbo indica a pessoa (e, portanto, o pronome). Assim, se desejarmos, também poderemos omitir o pronome pessoal: Soy Helena é uma frase que faz todo o sentido em espanhol. Por outro lado, um erro muito comum é acentuar a 3ª pessoa do singular do verbo ser, es: embora seja tônico, esse monossílabo não deve ser acentuado graficamente. Não se deixe enganar pelo português!

1.3 Os cumprimentos

Agora que sabemos como nos apresentar, é bom aprender também como cumprimentar as pessoas, seja quando estamos chegando, seja quando estamos indo embora chateados. ¡Estoy bromeando!, estou brincando! Podemos conhecer gente interessante e gente chata, gente interesante y gente aburrida, mas a educação vem antes de tudo!

1.3.1 Quando chegamos

¡Hola! é o cumprimento por excelência, corresponde ao "oi" do português e pode ser usado ao chegar. Mas atenção: somente em contextos informais.

Outras maneiras informais de cumprimentar ao chegar são:
¡Hola! ¿Qué tal?   Oi! Como vai?
¿Qué hay?   Como vai?/E aí?
Buenas   Oi

¡Hola Miguel! ¿Qué tal?   Buenas Helena, yo bien ¿y tú?
Oi, Miguel, como vai?   Oi, Helena, bem, e você?

Como em português, os cumprimentos informais são usados entre amigos ou em contextos familiares; os cumprimentos formais são usados com desconhecidos ou mais velhos, ou então quando queremos manter certa distância, por educação. Como quando nos dirigimos a um professor na universidade, ao chefe etc.
Nesses casos, utilizamos também em espanhol a forma já vista "usted".

Os cumprimentos usados em um contexto formal são:

Buenos días   Bom dia
Buenas tardes   Boa tarde
Buenas noches   Boa noite

Atenção: Buenas noches também é usado em contextos informais para desejar normalmente uma boa noite.

LIÇÃO 1

Quer aprofundar?

¿Qué tal?

¿Qué tal? é uma expressão fundamental no espanhol falado. Você a ouvirá e usará muito, por isso, trate logo de decorá-la!
Embora ultimamente venha sendo utilizada também em muitas situações formais, trata-se de uma expressão bastante coloquial: não diga ao gerente do seu banco Hola ¿Qué tal? ao se sentar diante de sua mesa para pedir um empréstimo.

Se quiser perguntar ao amigo que você acabou de encontrar como ele está, pode dizer Hola ¿Qué tal? (Oi, como vai?) ou então usar uma das suas muitas variantes. Se você não o vê faz tempo, pergunte:

¿Qué tal todo? Como vão as coisas?

Talvez você queira falar de alguém que nesse momento não se encontre presente; então, pergunte:

Hola ¿Qué tal con tu novia? Oi. Como vai sua namorada? (Mas, se faz tempo que vocês não se veem, melhor evitar essa pergunta; sabe-se lá se eles terminaram o namoro!)

¿Qué tal con tus padres? Como vão seus pais?

Ou então, as variantes:

¿Qué tal está tu novia? Como está sua namorada? (Mas você está mesmo interessado na namorada dele... Não está com segundas intenções, não é?)
¿Qué tal están tus padres? Como estão seus pais?

Lembre que a palavra tal nunca é flexionada (permanece sempre tal, tal e qual! Sim, eu sei, desculpe...), e se precisar dizer como vai alguma coisa/alguém, acrescente con.

Além disso, ¿Qué tal? não é exclusivo para se referir a pessoas, pode ser usado também para perguntar como foi um passeio ou uma situação em geral:

¿Qué tal la peli? Como foi o filme?

LIÇÃO 1

> **DICA!**
> Película, em espanhol, significa "filme" e é sempre abreviado para peli. Jamais use uma frase como ¿Como era la película? Provavelmente os falantes de espanhol entenderão do mesmo jeito, mas seria uma tradução literal de certo preciosismo do português brasileiro. Um mico!

Vejamos, agora, exemplos de diálogo.
Buenos días señor Almodóvar, ¿cómo está usted?
Buenos días señor Iñárritu, estoy muy bien, gracias, ¿y usted?
Yo también.

Bom dia, senhor Almodóvar, como está?
Bom dia, senhor Iñárritu, muito bem, obrigado, e o senhor?
Bem também.

Esse diálogo tem um aspecto interessante. Os dois homens em questão têm uma relação profissional, por isso, tratam-se de maneira formal. O que nos causa espanto? Naturalmente, ver Almodóvar e Iñárritu trocando algumas palavras não é algo que aconteça todo dia! Poderíamos ficar tentados a entrar na conversa e nos oferecer para um teste com o objetivo de participar de seu último filme, certo? Não, errado! O que causa espanto é o fato de que o primeiro se chama Pedro Almodóvar Caballero e usa seu primeiro sobrenome, como de costume, enquanto o segundo se chama Alejandro González Iñárritu, e é mais conhecido por seu segundo sobrenome.
Sim, **dois sobrenomes**: quase esqueci que em alguns lugares se costuma usar só um! Em compensação, alguns povos têm nomes compridíssimos e usam dois sobrenomes. Frequentemente, na cultura espanhola o que se usa mais comumente é o primeiro, o sobrenome do pai, mas, às vezes, a pessoa escolhe usar mais o segundo. Portanto, Iñárritu não é o único caso.
Não, não, pare, espere um instante! Eu ouvi bem? Alguém aí não sabe quem são esses dois homens conversando gentilmente? Não acredito! Tudo bem, desta vez eu perdoo. E para quem ainda não sabe, são **dois dos maiores diretores do cenário cinematográfico hispânico**. Almodóvar é espanhol, Iñárritu é mexicano; fizeram filmes bem conhecidos, com atores famosos. Portanto, se os encontrar, pense em um teste!

LIÇÃO 1

1.3.2 Quando vamos embora

Agora que vimos o que dizer quando chegamos, vejamos o que dizemos quando vamos embora.

adiós	tchau/até logo	hasta mañana	até amanhã
hasta luego	até logo/até já	hasta el lunes	até segunda(-feira)
hasta pronto	até breve/até depois	buenas noches	boa noite
hasta la vista	até depois/até logo		

> **DICA!**
> Adiós pode enganar, porque significa também "adeus", como a própria palavra sugere, mas não quando é usada para cumprimentar. Pelo contexto, entenderemos quando tem a função de "até logo" e quando de "adeus". Em suma, se sua pareja (marido, mulher, ficante, o que for) lhe disser adiós, não se assuste (não tão rápido, pelo menos), não é impossível que tornem a se ver em um futuro próximo!

Quando nos despedimos, as palavras que usamos são as mesmas, seja em contexto formal ou informal.

¡Adiós Helena!
¡Hasta luego, Penélope!
Tchau, Helena!
Até logo, Penélope!

¡Hasta el lunes señor Almodóvar!
¡Hasta el lunes señor Iñárritu! ¡Adiós!
Até segunda, senhor Almodóvar!
Até segunda, senhor Iñárritu! Até logo!

Uma pista boa: se voltarão a se encontrar na segunda, talvez tenham alguns projetos em comum. Você pediu para fazer um teste? Espero que sim, porque uma chance assim não se repete com facilidade.

LIÇÃO 1

Quer aprofundar?

Nombre y apellido

O que pode acontecer quando nos apresentamos a um falante de espanhol? Na verdade, nada preocupante, é mais uma curiosidade. Vejamos um exemplo.

Helena: Hola, yo soy Helena, y tú ¿Cómo te llamas?
Penélope: Hola, yo me llamo Penélope Cruz Sánchez, encantada.

Helena: Olá, eu sou Helena. E você, como se chama?
Penélope: Olá, eu me chamo Penélope Cruz Sánchez. Prazer.

Há algo de insólito aí, mas não vamos corrigir a pessoa que se apresenta com um olhar atordoado (diante da Penélope Cruz, talvez fique difícil), porque já sabemos que, em geral, espanhóis ou sul-americanos costumam ter **dois sobrenomes, ainda que não os usem sempre.**

Talvez você já tenha notado isso em outros personagens famosos: Gabriel García Márquez, Pablo Ruiz Picasso, Frida Kahlo Calderón, Carlos Ruíz Zafón, Iker Casillas Fernández etc.
Você conhece algum desses personagens? Consegue pensar em outro personagem do mundo hispânico? Tenho certeza que sim, e você vai notar que no registro civil quase todos eles têm dois sobrenomes.

Qual a composição do sobrenome duplo espanhol?
O primeiro sobrenome da pessoa é o primeiro sobrenome do pai, e o segundo é o primeiro sobrenome da mãe.

Assim, por exemplo, um nome espanhol será formado da seguinte forma:

Antonio Sánchez Ruíz   Helena Perez Diaz

Ana Sánchez Perez

Mas, como no Brasil, normalmente o sobrenome usado no dia a dia é o do pai, apesar de existirem alguns casos de personalidades conhecidas pelo segundo sobrenome, como Picasso.

1.4 O verbo *llamarse* e os pronomes reflexivos

Lembre que é fundamental dizer o próprio nome (nombre) no momento da apresentação, usando o verbo llamarse (chamar-se). É um verbo reflexivo e funciona exatamente como em português. Vejamos:

Me llamo Helena = Soy Helena

Pronuncie o som do "l" como se fosse um "lh" em português, comprimindo a língua contra o palato. Vamos, não seja tímido, tente pronunciar em voz alta! E não se assuste, porque daqui a poucas páginas vou ensinar a pronúncia de todos os sons específicos do espanhol.

Aqui está o verbo flexionado:

(Yo) me llamo Helena
(Tú) te llamas Pablo
(Él/usted) se llama Miguel
(Ella) se llama Carlita
(Nosotros) nos llamamos Enrique y Joan
(Vosotros) os llamáis Luis y Javier
(Ellos/ustedes) se llaman Fernando y María
(Ellas) se llaman María y Carmen

Obviamente, é mais raro usar o verbo nas pessoas do plural para se apresentar a outras pessoas: afora os casos de dupla personalidade, vai acontecer só quando você se apresentar coletivamente ou apresentar um grupo de pessoas.
Nosotros nos llamamos Enrique y Joan.

Por outro lado, dificilmente acontecerá de alguém ter que usar a 2ª pessoa do plural em uma apresentação:
Vosotros os llamáis Luis y Javier.

Sabe como é... Geralmente as pessoas sabem seu próprio nome sem que precisemos lhe dizer qual é... Memorize principalmente a 1ª e a 3ª pessoa dos verbos, que são as mais usadas!

LIÇÃO 1

Como em português, os verbos em espanhol às vezes assumem a forma reflexiva. Vimos apenas um até agora: llamarse. Vamos ver de perto agora os pronomes reflexivos, indispensáveis para os verbos reflexivos.

Os pronomes reflexivos são:

Me – (yo) me llamo Helena
Te – (tú) te llamas Juan
Se – (él/ella/usted) se llama Domingo
Nos – (nosotros) nos llamamos Marta y Santiago
Os – (vosotros) os llamáis Nuria y Marco
Se – (ellos/ellas/ustedes) se llaman Rodrigo y Paula

O pronome reflexivo se serve tanto para a 3ª pessoa do singular quanto para a 3ª do plural. Decore os pronomes junto com os verbos, assim será mais simples e útil quando estudarmos verbos que muitas vezes mudam de significado de acordo com a regência.

Quer aprofundar?

Trocando contatos

Agora que já nos apresentamos, pode ser que queiramos manter contato com as pessoas; nunca se sabe... Que informações precisamos trocar com a outra pessoa para não perder o contato (além do contato do Facebook, naturalmente)?
Precisamos pegar seu número de telefone e seu endereço de *e-mail*. Vejamos como fazer isso.

¿Cuál es tu teléfono? ou ¿Cuál es tu número (de móvil)?
Qual é seu número de telefone (seu celular)?
Mi número es el 23456789.   Meu telefone é 2345-6789.

Ainda não conhecemos os números em espanhol, mas logo os veremos e, assim, poderemos responder dando nosso número de telefone e, principalmente, entender o número que nos passarem!

LIÇÃO 1

Atenção: na Espanha, telefone celular é móvil; na América Latina, telefone celular é celular!

Caso você esteja se perguntando, o Facebook se pede assim:

¿Cuál es tu contacto Facebook?

¿Cuál es tu correo (electrónico)?   Qual é seu *e-mail*?
Es pedro.almodovar@director.es   É pedro.almodovar@director.es

Tudo parece fácil, até que não consigamos dar nosso *e-mail* de jeito nenhum e pensemos: "Ops! Como faço para dizer hífen ou traço, arroba etc.?". Vamos resolver logo essa dúvida:

@   arroba
.   punto
-    guión
_   guión bajo

Na terceira lição, você encontrará também o alfabeto e, assim, estará preparado até para soletrar seu endereço, se necessário.

Naturalmente, que eu saiba, esse não é o verdadeiro endereço eletrônico de Almodóvar, mas se você não conseguiu arrancar um teste dele antes, tente com esse, nunca se sabe...

1.4.1 Tratamento formal

Para um tratamento formal, basicamente se procede como em português: usa-se a 3ª pessoa do singular; mas com uma diferença. A forma "senhor/senhora", conforme o gênero do português, é substituída pela palavra usted em situações que exigem respeito ou tratamento cerimonioso em espanhol.
Assim, se quiser se dirigir, de modo formal, à vendedora que acabou de lhe levar ao provador o *jeans* do tamanho exato, jamais diga ~~sos muy amable~~. Em vez disso, diga usted es muy amable, isto é, "a senhora

LIÇÃO 1

é muito gentil". Até aqui é fácil: usted vale tanto para homens quanto para mulheres; em espanhol, a boa educação não tem gênero.

O que acontece em português quando queremos ser formais com mais de uma pessoa, por exemplo, com Francisco e Emílio? Continuamos a usar o verbo na 3ª pessoa do plural. Do informal "Francisco e Emílio, vocês vêm jantar?" (que em espanhol utiliza a 2ª pessoa do plural – Francisco e Emílio, vosotros venís a comer?), passamos, em espanhol, para a forma flexionada na terceira 3ª, com ustedes, em vez de vosotros. Com efeito, dizemos Francisco e Emílio, ustedes vienen a comer?. Literalmente, "Francisco e Emílio, os senhores vêm jantar?".

Na verdade, para o pronome de tratamento formal, tanto em português quanto em espanhol o verbo é flexionado de acordo com a pessoa (3ª pessoa) e o número (singular ou plural). Mas, em português, há ainda a marca de gênero [senhor(es) para o masculino; senhora(s) para o feminino], que não existe no espanhol [usted(es)].

Entenderam? Ficou claro? Posso fazer um teste, então. Usando o tratamento formal, como você diria a duas vendedoras, que acabaram de lhe entregar um *jeans* do tamanho certo, que elas são muito gentis?

¿Ustedes son muy amables, Ustedes sois muy amables ou Ellas son muy amables?

Bem, se você não respondeu Ustedes son muy amables, leia novamente com atenção como funciona o registro formal em espanhol: definitivamente, é muito importante!

Vejamos juntos outros exemplos, no singular e no plural.
¿Usted es el novio de Helena? O senhor é o namorado de Helena?
¿Ustedes son los señores Rodríguez? Os senhores são o casal Rodríguez?

Portanto, lembre-se:

Usted es muy amable (3ª pessoa do singular) = O senhor/a senhora é muito gentil.
Ustedes son muy amables (3ª pessoa do plural) = Os senhores/as senhoras são muito gentis.

LIÇÃO 1

Agora, experimente ler em voz alta os diálogos seguintes. Em voz alta, sem enrolação! É importante vocalizar uma língua, e se realmente sentir vergonha, tranque-se no quarto por dez minutos!

Diálogo 1

Helena: ¡Buenos días! Me llamo Helena, y usted ¿cómo se llama?
Pedro: Buenos días Helena, me llamo Pedro, mucho gusto.
Helena: Encantada.

Traducción

Helena: Bom dia, eu me chamo Helena. E o senhor, como se chama?
Pedro: Bom dia, Helena. Eu me chamo Pedro, prazer.
Helena: O prazer é meu.

Diálogo 2

Helena: ¡Hola! Soy Helena y soy española ¿y tú?
Pedro: Hola Helena, encantado. Yo soy Pedro ¿Como se llama él?
Helena: Él es un amigo, se llama Miguel.
Pedro: Hola Miguel ¿qué tal?

Traducción

Helena: Oi! Eu sou Helena e sou espanhola. E você?
Pedro: Oi, Helena, prazer. Eu sou Pedro. Como ele se chama?
Helena: Ele é um amigo meu, chama-se Miguel.
Pedro: Oi, Miguel, como vai?

DICA!

Se quiser ser educado de verdade, quando se apresentar a alguém diga "muito prazer", ou "prazer em conhecê-lo(a)", enfim, todas aquelas formas polidas que você conhece bem e que variam em contextos formais ou informais. Em espanhol, as duas expressões principais, ambas adequadas a todos os contextos, são:
Mucho gusto   Encantado/Encantada

LIÇÃO 1

Ejercicios

1) Preencha os espaços corretamente.
1) Yo me .... Helena, ¿cómo .... llamas?
2) Él .... Miguel.
3) Hola ¿tú .... Miguel.
4) Buenos días ¿.. es el señor Carlos?
5) Nosotros .... italianos.
6) ¿Usted se .... Helena?
7) Ella .... Helena, la profesora de español.
8) ¡Hasta .... Pedro!
9) Yo me .... Enrique ¡Mucho ....!
10) Y tú ¿................................. te llamas?

2) Reescreva as frases, colocando em ordem as palavras seguintes.
1) señor / días / ¿ / usted / Almodóvar / Cómo / Buenos / está / ?
   ....
2) llamo / ¡ / Yo / gusto / Helena / me / Mucho!
   ....
3) Javier / vosotros / Nosotros / llamáis / ¿ / somos / os / Joan / y / y / cómo / ?
   ....
4) Él / es / ella / Carlos / Paloma / y / es
   ....
5) ¿Manuel / se / Ustedes / llaman / Santiago / y?
   ....
6) cómo / Paula / Yo / tú / me / llamas / llamo / y / ¿ / te / ?
   ....
7) Qué / ¡ / Hola / ! / ¿ / tal / Carlos / ?
   ....

LIÇÃO 1

8) ¡ / domingo / Hasta / Pedro / el / ! ....
9) ¡ / me / Buenos / Helena / días / yo / llamo / encantado / Miguel / !
....

3) Complete os diálogos.

1) ¡Adiós Helena! Hasta el martes.
....

2) Buenos días señor Rodríguez ¿Cómo está usted?
....

3) ¡Encantado Helena! Yo me llamo Francisco.
....

4) ¡Hola! Yo soy Miguel, y tú ¿Cómo te llamas?
....

5) Buenas tardes, soy el señor Moreno, ¡mucho gusto!
....

4) Traduza estas frases.

1) Ele se chama Daniel, e eu sou Helena. ....
2) Oi, Raul. Como vai? – Bem, obrigado, e você?
....
3) Até logo, Alejandro, até segunda. ....
4) Bom dia, senhor Rodriguez, como está? ....
5) Eles são o casal Gonzáles. ....
6) Eu me chamo Helena. Prazer! ....
7) Boa noite, Juan, até domingo! ....
8) Prazer, Helena, eu sou Guillermo. ....
9) Vocês são Pablo e Julio? Prazer, eu me chamo Antonio.
....
10) Eu me chamo Enrique, muito prazer. E o senhor, como se chama?
....

1.5 O *voseo* na América Latina

Agora que já vimos os pronomes pessoais na Espanha, estamos prontos para tomar outro avião e descobrir o que acontece com os falantes de espanhol da América Latina quando têm que se dirigir a alguém. Você sabe que na América Latina o espanhol, às vezes, é bem diferente, não apenas na pronúncia, mas também nas regras gramaticais. Visto que o espanhol é falado por muitas pessoas (a América Latina é um continente! A Espanha, um pouco menos...), frequentemente você vai se deparar com essas formas de expressão, e não queremos privá-lo da satisfação de conhecer algumas expressões características, ainda que não façam parte do espanhol "tradicional".

Em muitos países hispanófonos da América do Sul existe um pronome especial, o vos (o "você" do português), que se usa no lugar de tú, acompanhado do verbo na 2ª pessoa do plural, embora muitas vezes diferente da forma padrão que se usa na Espanha. O uso desse pronome caracteriza o *voseo*.
Espanhol padrão: ¿Tú a qué hora sales? A que hora você vai sair?
Voseo: ¿Vos a qué hora salís? A que hora você vai sair?

O *voseo* é usado na Argentina, no Uruguai e no Paraguai, enquanto em outros países, como Chile, Equador e Colômbia, usa-se tanto o tú quanto o vos.

Aqui estão alguns exemplos de verbos no presente do indicativo, em espanhol argentino (rio-platense) comparado ao espanhol padrão. Para esta comparação usamos, em português, a tradução literal na 2ª pessoa do singular. Mas, como já alertamos, o tú do espanhol padrão (e o vos do rio-platense) equivale ao tratamento informal "você" do português.

Espanhol padrão	***Voseo* (espanhol rio-platense)**	**Português**
Tú ríes	Vos reís	Tu ris (você ri)
Tú cantas	Vos cant-ás	Tu cantas (você canta)
Tú tienes	Vos ten-és	Tu tens (você tem)

> **DICA!**
> Se fizer uma viagem a Buenos Aires ou a Montevidéu, não entre em pânico: ao usar a forma padrão, com o tú, todos vão entendê-lo do mesmo jeito. Portanto, mesmo sabendo agora que existe o *voseo*, não se precipite e não cancele as passagens das suas férias!

1.6 Pronomes tônicos

Não fique olhando para a página com essa cara de póquer (expressão muito usada em espanhol, que significa "confuso"). Talvez o nome não lhe diga muito, ou talvez sim, mas, logo que vir o que estamos prestes a expor, você vai dizer, admirado: "Ah, era isso!".

Já vimos os pronomes que funcionam como sujeito, lembra?
Vamos repetir para aqueles que – nunca se sabe – dormiram em cima do livro. Aí estão:

Yo   eu
Tú   tu/você
Él   ele
Ella   ela
Usted   tratamento formal singular (o senhor/a senhora)
Nosotros/as   nós
Vosotros/as   vós/vocês
Ellos/Ellas   eles/elas
Ustedes   tratamento formal plural (os senhores/as senhoras)

Esses são pronomes tônicos (pronomes pessoais retos), mas agora veremos os outros pronomes também tônicos, que são sempre precedidos por uma preposição.
Trata-se dos equivalentes aos pronomes do caso oblíquo "mim", "ti" etc. Viu como não havia razão para pânico?

Agora, vejamos quais são:

Mí   **mim**
Ti   **ti**
Él/Ella   ele/ela/si
Usted   tratamento formal singular
Nosotros/as   nós
Vosotros/as   vós
Ellos/Ellas   eles/elas/si
Ustedes   tratamento formal plural

Funcionam como em português: as duas primeiras pessoas são diferentes (como destaquei), enquanto da 3ª pessoa em diante (exceto pelo "si", que

LIÇÃO 1

explicarei depois) são iguais aos pronomes pessoais retos que já havíamos visto há pouco. Fácil, não?
Esses pronomes, como já dissemos, são precedidos por preposições:

a
con
de
en
para
por
sin

e por várias outras...

A mí me asustan los fantasmas	os fantasmas me assustam
hablo de ti	estou falando de ti (você)
pienso en ti	estou pensando em ti (você)
este libro es para ti	este livro é para ti (você)
lo hago por ti	faço isso por ti (você)
el autobus se fue sin mí	o ônibus foi embora sem mim

> **DICA!**
> Quero chamar sua atenção para o fato de que apresentei um exemplo para cada preposição, exceto uma, con, porque precisamos estudá-la à parte. Os pronomes precedidos de con são especiais, têm uma característica toda espanhola.
>
> Diante de mí e ti, o "con" se une, formando uma única palavra:
> con + mí = conmigo
> con + ti = contigo
>
> ¿Quieres salir conmigo mañana? Quer sair comigo amanhã?

LIÇÃO 1

Atenção: as preposições seguintes são acompanhadas dos pronomes pessoais yo e tú, em vez de mí e ti.

entre
según
excepto
menos
hasta (quando significa "até")

Esto es entre tú y yo.
Isto é entre você (tu) e eu.

Según tu ¿Quién es la mejor profesora?
Segundo você (tu), quem é a melhor professora? (Obviamente, eu!)

Todos van a la fiesta excepto yo.
Todos vão à festa, exceto eu.

Todos vamos a la playa menos tú.
Todos (nós) vamos à praia, menos você (tu).

Es fácil, hasta yo lo entiendo.
É fácil, até eu entendo (você pode usar essa frase várias vezes enquanto lê este livro).

Antes que você pense, já digo: sim, em espanhol, entre, según, excepto, menos e hasta também assumem a função de preposição, mesmo não sendo preposições de fato. Mas isso também veremos mais adiante.

1.7 Pronomes com função de objeto direto e indireto

Bem, voltemos à dura realidade da gramática!
Estudamos anteriormente os **pronomes pessoais** (do caso reto) e os **pronomes regidos por preposição** (os pessoais oblíquos), ambos tônicos.

Como já vimos, nem sempre os pronomes funcionam como sujeito em uma frase: os dois tipos de pronomes átonos que veremos agora **podem exercer a função de objeto direto ou de objeto indireto**, e são eles que nos enlouquecem desde os primeiros anos do ensino fundamental. Dou alguns exemplos em português.

Você guardou as pimentas?
Sim, eu **as** guardei em um pote.

Façamos um pouco de análise lógica da última frase:

eu = sujeito
as = pronome, substitui "as pimentas"
guardei = verbo

Nessa frase, portanto, o pronome "as" substitui "as pimentas".
Com qual função? É um pronome com função de **objeto direto**. Para simplificar, o pronome pessoal oblíquo átono responde à pergunta "Quem?", "O quê?".

Guardei (o quê?) as pimentas (as) = as guardei

Vejamos esta segunda frase:

Marco lhe respondeu.
Marco = sujeito
lhe = pronome
respondeu = verbo

Para simplificar, o pronome pessoal oblíquo átono responde à pergunta "a quem", "a quê?".

LIÇÃO 1

Visto desse modo parece coerente, não é? Mesmo assim, também em português, às vezes, esses pronomes podem gerar confusão. Mas já que, como brilhante professora que sou, utilizo todos os pronomes com perfeição, vou ensinar agora a usá-los também em espanhol.

1.7.1 Pronomes com função de objeto direto

Força e coragem! Vejamos como esses pronomes funcionam: ainda bem que funcionam, basicamente, como em português. Portanto, não será tão difícil.

Como você já viu nos exemplos, esses pronomes substituem um nome, que pode ser tanto um objeto (o quê?) quanto uma pessoa (quem?), que já foi citado(a) ou que está presente na discussão. De todo modo, os pronomes substituem alguém ou algo que pode ser identificado sem ser nomeado com precisão.

Os pronomes que exercem a função de objeto são os seguintes:

Me	me
Te	te
Lo	o (também para a forma polida no masculino, usted, referindo-se a um homem)
La	a (também para a forma polida no feminino, usted, referindo-se a uma mulher)
Nos	nos
Os	vos
Los	os (também para a forma polida no masculino, ustedes, referindo-se a homens)
Les	as (também para a forma polida no feminino, ustedes, referindo-se a mulheres)

LIÇÃO 1

Tais pronomes normalmente **vêm antes do verbo**. Vejamos alguns exemplos lado a lado para entender melhor: os exemplos sempre nos ajudam muito a entender coisas que parecem grego. Exceto, claro, para aqueles que sabem falar grego.

Vamos começar pelos exemplos simples, ou seja, **as duas primeiras pessoas do singular e do plural**.

Alejandro **me** ama mucho.
Alejandro **me** ama muito. (Quem? Eu).

Te amo. [Eu] **Te** amo. (Quem? Tu)

Miguel **nos** invita siempre a su casa.
Miguel **nos** convida sempre para [irmos a] sua casa. (Quem? Nós)

Os conozco, sois los amigos de Helena.
[Eu] **vos** conheço, sois os amigos de Helena [Em linguagem coloquial: Eu os conheço, vocês são os amigos de Helena]. (Quem? Vós)

Passemos, agora, a alguns exemplos na 3ª pessoa, que é um pouco mais chato em espanhol, mas parecido com o português.

Perdí mi tapado. **Lo** dejé en el taxi.
Perdi meu casaco. Deixei-**o** no táxi. (O quê? O casaco)

¿Guardaste la blusa? Sí, **la** guardé bien.
Guardou a blusa? Sim, eu **a** guardei direitinho. (O quê? A blusa)

Carlos y Miguel están muy bien, **los** vi ayer.
Carlos e Miguel estão muito bem, [eu] os vi ontem. (Quem? Eles)

No me llevo las valijas. **Las** voy a dejar aquí.
Não vou levar as malas Vou deixá-**las** aqui (O quê? As malas)

LIÇÃO 1

Vamos treinar mais um pouco:

Yo **lo** conozco. Usted es el padre de Helena.
Eu **o** conheço, o senhor é o pai de Helena.

Usted es la madre de helena, **la** conozco.
A senhora é a mãe de Helena, [eu] **a** conheço.

Ustedes son los padres de Helena, **los** conozco.
Vocês são os pais de Helena, [eu] **os** conheço.

¿Ustedes son hermanas de Helena? Sí, **las** vi una vez.
Vocês são irmãs de Helena? Sim, [eu] **as** vi uma vez.

Agora que você já conheceu toda a minha família usando muito educadamente o padrão mais formal, vamos prosseguir.
Em alguns casos, esses pronomes vêm depois do verbo, formando um único elemento. Isso acontece quando existem dois verbos, ou com o imperativo, que veremos mais adiante. Atenção, porque embora isso também funcione em português, nem sempre a tradução é idêntica. E, em nosso caso, os pronomes não formam um único elemento com o verbo; são ligados a ele pelo hífen. De todo modo, dou um pequeno exemplo.

Mañana voy a ver**te** cantar. Amanhã vou **te** ver cantar.
Déja**lo** ahí. Deixe-**o** aí.

Está pronto para seguir adiante? ¡Vámonos!

LIÇÃO 1

1.7.2 Pronomes com função de objeto indireto

Já vimos para que servem: substituem pessoas ou coisas às quais se referem de modo indireto ou respondem à pergunta "A quem?" ou "A que?". Você logo verá que a 1ª e a 2ª pessoa, do singular e do plural, são muito fáceis, porque, como em português, são iguais às que funcionam como objeto direto. O que muda é a 3ª pessoa do singular e do plural. De novo. Não sei se devo dizer... Bem, vamos lá: a 3ª pessoa é uma chatice! Mas posso dizer que aqui são mais simples, como você verá daqui a pouco. De todo modo, não se preocupe. Superado esse último obstáculo, poderemos deixar esses pronomes de lado. Ah, não! Eu ainda não disse, mas há os exercícios! Você sabe, não posso deixar você sem exercícios.

Vejamos juntos os pronomes com função de objeto indireto:

Me	me
Te	te
Le	se, o, a, lhe
Nos	nos
Vos	vos
Les	se, os, as, lhes

Acredita em mim agora? As 3ª pessoas do singular e do plural são, de fato, mais simples, porque, neste caso, em espanhol se utiliza o mesmo pronome para o masculino e o feminino. Portanto, substancialmente, temos menos coisas para recordar, e isso é uma grande vantagem, não é?

LIÇÃO 1

Vejamos agora como usar esses pronomes com nossos preciosíssimos exemplos.

Luis **me** ha regalado un collar.
Luis **me** deu um colar de presente. (A quem? A mim)

Te preparo la comida todos los días
Eu **te** preparo o almoço todos os dias. (A quem? A ti)

No tengo noticias de Diego, **le** he telefonado hoy pero no contesta.
Não tenho notícias de Diego. Eu **lhe** telefonei hoje, mas ele não atende. (A quem? A ele)

¿Has hablado con Ana? Sí, **le** he dicho que estamos bien.
Falou com Ana? Sim, eu **lhe** disse que estamos bem. (Com quem? Com ela)

Nos han preguntado cuándo vamos.
Perguntaram-**nos** quando vamos. (A quem? A nós)

Os he dicho que hoy no salimos.
Eu **vos** disse que hoje não vamos sair. (A quem? A vós)

¿Qué tal tus padres? ¿**Les** contaste lo qué pasó?
E teus pais? Contou-**lhes** o que aconteceu? (A quem? A eles)

Pois é; em espanhol, como em português, não é preciso brigar com o cérebro para usar o pronome correto para cada um dos gêneros da 3ª pessoa, porque são os mesmos. Ponto para o espanhol e o português!

Em espanhol, o pronome vem, em geral, antes do verbo, exceto nos casos já citados (ver p. 28).

Manaña empiezo a hablar**le**.
Amanhã começo a falar-**lhe**.

Di**le** que es importante.
Diga-**lhe** que é importante.

LIÇÃO 1

Atenção: Em espanhol, estão perfeitamente corretas frases que em português soariam incorretas; não se espantem. Dou um exemplo:

Le he comprado unos caramelos a **mi hermano**
O sentido da frase acima é: "Comprei doces para meu irmão".

Mas, literalmente, a tradução seria: "Comprei-lhe doces para meu irmão". Não há necessidade de repetir "lhe" e "para meu irmão", não é? Já estamos dizendo para quem compramos os doces. Mas os espanhóis são detalhistas e querem que a coisa fique bem clara, que ninguém se engane, e, se os doces não acabarem efetivamente nas mãos do irmão, ficarão furiosos! Portanto, mesmo que pareça repetitivo, é assim mesmo que se diz em espanhol!

Quer aprofundar?

Me gusta

Com certeza, este verbo é familiar: significa "gostar" e em espanhol é usado de uma maneira um tanto diferente em relação ao português.

Me gusta el helado. Eu gosto de sorvete (ou, mais literalmente, "O sorvete me agrada").

Até aqui, tudo bem. Ainda, em espanhol, se quisermos, podemos acrescentar uma coisa que em português soa bem estranho: o "famoso" e pleonástico "a mim me agrada" ou:

A mí me gusta el helado. (A mim) o sorvete me agrada.

Esta construção serve para enfatizar o conceito e é correta em espanhol.

Vejamos agora, também, como responder quando nos perguntam do que gostamos e do que não gostamos.

A mí me gusta el fútbol, ¿y a ti? Eu gosto de futebol, e você?

LIÇÃO 1

As respostas a esta pergunta podem ser, essencialmente, duas:

A mí también. Eu também.
Pues, a mí no. Eu não.

Claro, também existe a opção "para mim, dá na mesma". Se quisermos responder que somos indiferentes ao futebol, podemos dizer Pues, a mí me da igual.

> **PUES:** esta palavra estranha, que em português é "pois", aqui funciona como uma interjeição, como "bem", e é muito usada em espanhol. Dá um ar de desenvoltura às conversações informais. Portanto, vá se familiarizando com o pues.

Se quiser enfatizar de verdade o quanto gosta de uma coisa, ou se algo lhes causa muito nojo, enfim, realce da seguinte forma:

A mí no me gusta nada. Não gosto nem um pouco.

Vejamos, agora, as respostas que damos quando alguém nos diz que não gosta de alguma coisa.

A mí no me gusta el baloncesto. Não gosto de basquete.
A mí tampoco. Nem eu.
Pues, a mí sí. Já eu, sim.

LIÇÃO 1

	gustar
Yo	(A mí) me gust-a
Tú	(A ti) te gust-a
Él/Ella/Usted	(A él/ella/usted) le gust-a
Nosotros/as	(A nosotros) nos gust-a
Vosotros/as	(A vosotros) os gust-a
Ellos/Ellas/Ustedes	(A ellos/ellas) les gust-a

Mas quando gostamos de mais de uma coisa, o verbo **gustar** vai para o plural em espanhol, diferente do português.

(A mí) me **gustan** los caramelos de fruta.
Eu **gosto** de balas de fruta.

	gustar
Yo	(A mí) me gust-an
Tú	(A ti) te gust-an
Él/Ella/Usted	(A él/ella/usted) le gust-an
Nosotros/as	(A nosotros) nos gust-an
Vosotros/as	(A vosotros) os gust-an
Ellos/Ellas/Ustedes	(A ellos/ellas) les gust-an

Como podemos perceber, quando nos referirmos a uma ou mais coisas, a estrutura fica diferente no espanhol em relação ao português. Também aprendemos a usar **también** ("também") e **tampoco** ("nem"), e estamos prontos para expressar nossas preferências e discordâncias com os gostos alheios.

Agora que você conhece o verbo **gustar**, use-o bem!

LIÇÃO 1

1.7.3 Pronomes com função de objeto direto e indireto na mesma frase

Sim, isso também acontece, até mesmo nas frases usadas no dia a dia, diferentemente do português, que só aceita essa construção na língua erudita.

Abaixo estão alguns exemplos: observem com atenção a posição dos pronomes e suas funções de objeto direto e indireto.

El libro **me lo** ha dado Manuel.
Manuel me deu o livro (em português erudito, O livro mo deu Manuel).

Te lo he dicho, no quiero salir contigo.
Eu lhe disse, não quero sair com você (erudito: Eu to disse, não quero sair contigo).

Se lo di a mi padre.
[Eu] o dei a meu pai (erudito: Lho dei a meu pai).

Las manzanas **nos las** han vendido.
(Eles) nos venderam as maçãs.

Hoy la comida **os la** voy a preparar yo.
Hoje eu é que vou preparar a refeição para vocês.

Los bolígrafos **se los** he dado yo.
Eu dei as canetas a eles.

LIÇÃO 1

Dá para ver as diferenças entre nossa linguagem coloquial?

Em espanhol, primeiro vêm os pronomes indiretos (para quem), e por último os diretos (Quem? O quê?); em português, a contração da combinação pronominal segue a mesma ordem, mas, como dissemos, só ocorre no português erudito.

pronome com função de objeto indireto +
pronome com função de objeto direto

De fato, parece que em espanhol as combinações pronominais seguem a mesma ordem que em português, com uma única pequena diferença na 3ª pessoa. Que surpresa, não? Não me olhe desse jeito, não é culpa minha se as 3ªˢ pessoas são assim: neste caso, os objetos indiretos da 3ª pessoa não são le, les: usa-se sempre se.
Não ~~le lo he dado~~, mas se lo he dado.

Vejamos todos em conjunto.

	indiretos		diretos
(yo)	me		
(tú)	te		lo (masculino singular)
(él/ella/usted)	se	+	la (feminino singular)
(nosotros)	nos		los (masculino plural)
(vosotros)	os		las (feminino plural)
(ellos/ellas/ustedes)	se		

Outra diferença é que, em espanhol, nunca se formam as contrações pronominais (como "lho", em português antigo): os dois pronomes ficam sempre bem separados, e não existem pronomes que perdem vogais; tudo muito mais simples, não?
Outro ponto para os espanhóis! Procure se recuperar, brasileiro, porque a Espanha está bem avançada em relação aos pronomes!

LIÇÃO 1

Quer aprofundar?

Uso dos pronomes com função de objeto direto e indireto

Antes de encerrar o capítulo sobre os pronomes, preciso dizer uma coisa. Existe uma pequena dificuldade para reconhecer os casos em que se deve usar o pronome com função de objeto direto ou indireto (átono ou tônico). Será mais natural usá-los seguindo a ideia do português antigo, mas, ainda assim, alguns verbos respondem a perguntas diferentes em espanhol e em português: esse é um problema de regência diferente dos verbos nas duas línguas. Muitas vezes, as regências nas duas línguas combinam, como, por exemplo, "telefonar a alguém", **telefonear a alguien**. Outras vezes, não.

Convidar
Em português se diz "convidar alguém" (não se usa preposição e se usa o pronome átono, que exerce a função de objeto direto).

> Eu **o** convido para a minha festa. (Quem? Ele)

Em espanhol, para o mesmo verbo é diferente: usa-se preposição e o pronome átono com função de objeto indireto: invitar **a** alguien.

> Le invito a mi fiesta (A quem? A ele)

Portanto, ~~Lo invito a mi fiesta~~ está errado.

Isso vai parecer uma tragédia, e você vai começar a pensar: "E como vou fazer para saber quando é igual ao português, quando não? Maldita língua espanhola!". Mais adiante, porém, você vai se familiarizar com a preposição "a" e com os verbos que a exigem. A prática também ajuda bastante, à medida que usar os verbos na fala; talvez você cometa alguns pequenos erros no começo, mas, seguindo em frente, tudo ficará cada vez mais fácil.
Mas, como vejo que você não está convencido, retiro o ponto recém-conferido ao espanhol em razão da simplicidade das preposições.
Agora que acabamos com essa "montanha" de pronomes, acho que é hora de colocá-los em prática, certo? Aqui vai, então, a série de exercícios.

LIÇÃO 1

Ejercicios

1) Complete com **yo/mí/migo** ou **tú/ti/tigo**.
Ej. Mi hermana quiere jugar con-**migo**.

1) Mañana quiero ir a la playa con ....
2) Para .... tú eres la mujer más guapa del mundo.
3) Quieres estar con .... para siempre ¿verdad?
4) Helena, ... eres mi profesora favorita.
5) Este es un regalo para ....
6) ¿Un regalo para ....? ¡Muchísimas gracias!
7) Cuidado que hay un coche detrás de ....
8) Las cosas han cambiado mucho entre .... y ....
9) Pablo, todos han aprobado el examen, menos ....
10) Todos los chicos están locos por el fútbol, excepto ....

2) Complete com o pronome adequado.
Ej. ¿Dónde está tu padre? Quiero hablar con **él**.

1) ¿Queréis salir con ....? Vamos a la discoteca.
2) Para .... lo que haces es una tontería.
3) Miguel no escucha a nadie, está enamorado perdido de ....
4) Helena es una chica muy guapa y estoy loco por ....
5) Mi jefe quiere hablar con .... pero no sé de qué.
6) A .... me encantan las gafas de sol azules.
7) .... no sabéis nada de mis problemas.
8) Mi pareja ya se ha cansado de ....
9) Mis padres no me dejan salir, no sé qué hacer con ....
10) A .... le gusta mucho maquillarse.

LIÇÃO 1

3) Complete com **la/las/los/las** (objeto direto).
Ej. ¿Me da unos tomates por favor? "¿Cómo los quiere, grandes o pequeños?"

1) Tengo que comprarme un vestido pero no .... quiero rosa.
2) Si te apetece comer gambas .... compramos.
3) Las manzanas siempre .... compro en la misma tienda.
4) Los bocadillos .... como todos los días. Basta ya.
5) ¿Dónde está Helena? No .... encuentro.
6) No encuentro mis gafas. ¿... has visto?
7) Allí están mis libros, ¿me .... puedes dar por favor?
8) He comprado un helado pero ya no .... quiero.
9) A mi madre le gustan las revistas y se .... compro todas las semanas.
10) Si no te gusta la sopa entonces que no te .... comas.

4) Complete com o pronome com função de objeto indireto.
Ej. Antonio **nos** ha dicho que no quiere estudiar.

1) Mi madre no .... ha hablado nunca de ti.
2) En la tienda .... han vendido un reloj roto, sois unos tontos.
3) Tus padres .... piden siempre si vamos a jugar al golf con ellos.
4) .... acaban de despedir, no sé qué hacer.
5) ¿Qué .... has regalado a Carlos? .... he regalado una camiseta.
6) No sé si a tus primos .... has contado lo que pasó ayer.
7) No puedo hablar con Pablo, ... llamo pero no me contesta nunca.
8) Ahora que María vive en Londres .... escribo todos los días.
9) Mis amigas están muy contentas porque .... han dado un premio.

LIÇÃO 1

5) Complete as frases com **me/te/se** e **lo/la/los/las**.
Ej. Estas flores **me las** has regalado tú.

1) El libro ………… he dado a Helena.
2) Qué vestido bonito ¿Cuándo ………… has comprado?
3) El coche a tus padres ………… he lavado yo.
4) ¿Dónde está la ensalada? ¿ ………… has comido toda?
5) El vino tinto que compré ayer ………… ha bebido Joan.
6) ………… habéis dicho a Samuel que mañana no hay clase?
7) Es verdad, ………… ha contado mi hermano.
8) ¿Le has cortado el pelo al perro? Sí ………… he cortado.
9) Los Dvd que querías ………… has comprado?
10) ¿Paula te ha dado las gafas de sol? No, no ………… ha dado.

6) Responda às perguntas.
Ej. Miguel te ha dado el libro? No, no me lo ha dado/ Sí me lo ha dado.

1) ¿Tu madre se ha comprado los zapatos? No…………………………
   …………………………
2) ¿Le has dicho a Ana que mañana no voy a su casa? No …………
   …………………………
3) ¿Les han enseñado a tus padres el piso nuevo? No …………
   …………………………
4) ¿Os han mandado los deberes? Sí. …………………………
   …………………………
5) ¿Me has comprado las cebollas? No. …………………………
   …………………………
6) ¿Te ha presentado a sus padres? Sí. …………………………
   …………………………

LIÇÃO 1

7) ¿Le ha prestado a usted Miguel el coche? No ....
....

8) ¿Les ha llamado Paloma a sus amigos? No ....
....

7) Faça a correspondência entre a pergunta e a resposta correta.

1) ¿Quién es esa mujer? ....
2) ¿Les has dado la leche a Manuel y Carla? ....
3) ¿ Quieres cenar conmigo mañana? ....
4) ¿Me puede dar unos pantalones talla 42? ....
5) Creo que lo conozco ¿usted es el padre de Eva? ....
6) ¿Te compraste el bolígrafo? ....
7) ¿Le has invitado al cine a Ana? ....
8) ¿Tus primos se han comido toda la paella? ....

A) Sí, se la he dado.
B) Sí, soy yo.
C) Sí pero me ha dicho que no quería ir.
D) No, al final no me lo he comprado.
E) No sé, no la conozco.
F) Sí se la han comido toda, les ha gustado mucho.
G) ¡Claro qué sí! Tengo muchas ganas de cenar contigo.
H) La talla 42 no la tengo, solo tengo la 40 y la 44.

1.8 Vocabulário: *la comida*

Vamos dar um tempo nos pronomes, porque vou precisar de toda sua energia para o próximo capítulo: vamos falar de um dos meus assuntos prediletos, ¡la comida! Na prática, vamos falar disso mesmo, de alimento. Mas, assim como em português, comida não significa apenas "alimento" em espanhol; com a palavra comida denominamos também uma refeição específica: preparar la comida = preparar o almoço; ou las tres comidas principales = as três refeições principais. Esta parte do livro, portanto, vai lhe dar água na boca!
Imagine que você está de férias; vamos deixar de lado aqueles dias estressantes em que comemos de pie y de prisa, em pé e com pressa... Vamos relaxar e mergulhar em um daqueles dias bonitos e tranquilos, em que acordamos com o café da manhã servido na cama (neste momento estou me sentindo muito *zen*!).

Comenzamos con un buen desayuno para empezar bien el día.
Começamos com um bom café da manhã para iniciar bem o dia.

El desayuno, o café da manhã. Desayunar, tomar café da manhã.

Vejamos os elementos típicos do café da manhã:

la leche, o leite
el café, o café
el té, o chá
el zumo de naranja, o suco de laranja
los zumos de fruta, os sucos de frutas
el yogur, o iogurte
las galletas, os biscoitos

los cereales, os cereais
el pan tostado, o pão torrado
la mantequilla, a manteiga
la mermelada, a marmelada
el azúcar, o açúcar
la miel, o mel

Y a vosotros, ¿qué os gusta desayunar?
E vocês, o que gostam de comer no café da manhã?

Yo siempre desayuno una taza de té, tres galletas, un yogur blanco y de vez en cuando una fruta.
Eu sempre tomo no café da manhã uma xícara de chá, como três biscoitos, um iogurte branco e, de vez em quando, uma fruta.

LIÇÃO 1

El almuerzo, o almoço. Almorzar, almoçar.
La cena, o jantar. Cenar, jantar
La merienda, o lanche. Merendar, fazer um lanche.

O que geralmente se come no almoço e no jantar? Vejamos um grupo de alimentos:

la pasta, a massa
la sopa, a sopa
el caldo, o caldo
el arroz, o arroz
las arvejas as ervilhas
el pan, o pão
la carne, a carne

el pescado, o peixe
los huevos, os ovos
el queso, o queijo
las verduras, as verduras
la fruta, a fruta
el postre, a sobremesa

La merienda es una comida ligera que se hace por la tarde.
O lanche é uma refeição rápida que se faz à tarde.

¿Merendáis en Brasil? Vocês lancham no Brasil?

un bollo, um pão doce, um bolinho
el chocolate, o chocolate
las golosinas, os docinhos

un bocadillo, um sanduíche
un bocadillo con:
jamón, presunto
chorizo, linguiça

Después de los deberes meriendo un bocadillo con jamón y tomate.
Depois das tarefas, como de lanche um sanduíche de presunto e tomate.

> **DICA!**
> Em espanhol, os verbos desayunar, almorzar, cenar e merendar são transitivos.
>
> Para fazer a lista de compras (hacer la compra) você pode ir diretamente ao apêndice, em la comida, no fim do livro.

1.8.1 No *restaurante*

Muy bien, agora vamos dar uma olhada no cardápio do Restaurante ¡Los Comilones! e tentar entender como é composto. Em espanhol, usam-se os termos menú e carta para designar a lista dos pratos e bebidas. Esse restaurante parece promissor, porque a palavra comilón significa "comilão": vejamos quais são as especialidades que ele nos oferece.

¡Los comilones!
Restaurante
Menú

Bebidas: (bebidas)
- *Agua del grifo/con gas*
- *Cerveza*
- *Vino tinto o blanco*
- *Licores*
- *Café*

Sopas y pasta:
- *Sopa de Pescados y mariscos*
- *Sopa de cebolla*
- *Espaguettis boloñesa*
- *Macarrones con salsa de tomate*

Pescados y mariscos:
- *Calamares fritos*
- *Salmón a la parrilla*
- *Mejillones a la marinera*
- *Parrillada de pescado*

Postres:
- *Flan casero*
- *Tarta de Santiago*
- *Copa de helado*
- *Fruta del tiempo*

Entrantes: (entradas)
- *Aceitunas y quesos*
- *Jamones y salchichones*
- *Gazpacho*
- *Verduras fritas*

Huevos y arroces:
- *Tortilla de patatas*
- *Huevos y patatas fritas*
- *Paella valenciana*
- *Arroz negro*

Carne:
- *Escalopines de toro*
- *Chuleta de ternera a la parrilla*
- *Bistec de vaca*
- *Cordero asado*

LIÇÃO 1

¡Qué rico! Que delícia! Eu não quis dizer antes, mas esse é meu restaurante preferido; você precisa experimentar a especialidade da casa, um prato melhor do que o outro. E ainda sou tratada como uma ¡estrella del cine! lá. Adoro!

Agora, leia o seguinte diálogo; primeiro só com os olhos, depois em voz alta: é um dos diálogos que mais facilmente poderá ser colocado em prática se você for a algum país de língua espanhola.

Diálogo

Camarero: ¡Cómo está Señorita Helena! Como vai, senhorita Helena? Le hemos destinado la mejor mesa, hay una vista estupenda desde la terraza. Nós lhe reservamos a melhor mesa; há uma vista maravilhosa do terraço.

Helena: Gracias Sergio, ¡usted es siempre muy amable! Obrigada, Sergio, o senhor é sempre muito gentil!

Camarero: Tome el asiento, aquí tiene la carta. ¿Qué le traigo para beber? Sente-se, aqui está o cardápio. O que lhe trago para beber?

Helena: Un vaso de vino tinto Rioja. Um copo de vinho tinto riojano.

Camarero: ¿Ya sabe lo que desea comer, Señorita? Já sabe o que deseja comer, senhorita?

Helena: Creo que sí, pero ¿qué recomienda usted? Acho que sim, mas o que o senhor recomenda?

Camarero: Hoy tenemos un plato especial: gambas con limón, ¡acaban de llegar esta tarde! Hoje temos um prato especial: camarão com limão, acabou de chegar esta tarde!

Helena: ¡Qué rico!, entonces gambas y patatas asadas para acompañar. Que delícia! Então, camarão e batatas assadas de acompanhamento.

Camarero: ¡Muy bien! ¿Y para empezar? Hoy tenemos una sopa de ajo deliciosa. Muito bem! E de entrada? Hoje temos uma sopa de alho deliciosa.

Helena: Gracias Sergio, pero no me gusta el ajo. Obrigada, Sergio, mas não gosto de alho.

Camarero: Está bien, ¿Qué le parece de un gazpacho? Tudo bem; o que acha de um gaspacho?

LIÇÃO 1

Helena: ¡Vale! Un poco de gazpacho. Está bem! Um pouco de gaspacho.
Camarero: ¿Cómo estaba la comida Señorita Helena? Como estava a comida, senhorita Helena?
Helena: ¡Todo estaba delicioso, vuestro restaurante es excelente! Estava tudo delicioso, o restaurante é excelente.
Camarero: ¿Desea postre o café? Deseja sobremesa ou café?
Helena: ¡Claro que sí! Una copa de helado de avellanas y después un café solo. Y, por favor Sergio, la cuenta también. Claro que sim! Uma taça de sorvete de avelã e depois um café puro. E, por favor, Sergio, a conta também.
Camarero: Aquí tiene su café y la cuenta. Aqui está seu café e a conta.
Helena: Gracias Sergio, quédese con el cambio. Obrigada, Sérgio, fique com o troco.
Camarero: ¡Muchas gracias Señorita Helena! Muito obrigado, senhorita Helena! Espero verla muy pronto. Espero vê-la em breve.
Helena: Sin dudas, ¡hasta luego Sergio! Sem dúvida, até logo, Sergio!

Esse diálogo é muito útil: você pode ir além e usar mais frases! Tenho certeza de que você quase não olhou a tradução e que está ficando muito bom!

Uma última coisa: sabe como se diz "bom apetite" em espanhol? É assim: ¡Qué aproveche! Ou então, assim: ¡Buen provecho!

E lembre-se: quando for a um restaurante na Espanha, é de bom tom deixar uma gorjeta, propina, para o camarero.

LIÇÃO 1

Ejercicios

1) Coloque os nomes ao lado das respectivas figuras.

mantequilla, melocotón, pollo, fresa, filete de cerdo, nata, bistec de ternera, agua del grifo, pepino, zanahoria, aguacate, salmón, mejillones, bollo, arroz, flan de leche

2) Desenvolva o seguinte diálogo, usando a linha pontilhada.

Pode usar o dicionário caso necessário.

TÚ: Buenos días, he reservado una mesa a nombre ....
....

CAMARERO: Buenos días Señor/a .... Aquí está su mesa. (ele lhe diz que se sente) .... (e pergunta o que pode lhe trazer para beber) ....
....

TÚ: (você responde que quer uma garrafa de água com gás, usa o presente e conclui a frase com "por favor") ....
....

CAMARERO: (com a água, trazendo também o cardápio) ....
....

LIÇÃO 1

(volta dali a pouco e lhe pergunta o que quer comer).................................
....

TÚ: (você responde que quer um prato de arroz ao sugo, frango grelhado, acompanhado de batata frita e salada)..
....

CAMARERO: (traz a comida e lhe deseja bom apetite) ....
....

TÚ: (você acabou de comer e pergunta se ele pode, por favor, lhe trazer a conta e um café)..

CAMARERO: (traz o café e a conta)..
....

TÚ: (você agradece e lhe diz que está deixando 2 euros de gorjeta) ....
....

CAMARERO: (ele agradece e se despede) ....
TÚ: (você responde e se despede) ....

3) Traduza para o espanhol as seguintes frases.
1) O que lhes trago para beber? ....
2) O que lhes trago para comer? ....
3) Tenho uma reserva em nome de Verdi. ....
4) Pode me trazer o cardápio? ....
5) Garçonete, a conta, por favor. ....
6) O que nos sugere? ....
7) Pode ficar com a gorjeta. ....
8) Quero um bife bem passado. ....
9) Quero uma fatia de vitela malpassada. ....
10) Um copo de suco de laranja com gelo. ....

1.9 Os interrogativos

A esta altura, sabemos dizer um monte de coisas, mas já nos sentimos seguros para pedi-las? Ah, sim, perguntas são muito importantes; portanto, precisamos saber como formulá-las.
A estrutura das orações interrogativas espanholas é (praticamente sempre) igual à da língua portuguesa; portanto, aprender a fazer perguntas de modo preciso vai ser uma moleza. Em resumo, para sermos cotillas (fofoqueiros) é necessário bem pouco; só precisamos saber fazer as perguntas certas!

A base de toda boa pergunta está nos interrogativos, aquelas partículas que frequentemente usamos para introduzir uma pergunta. Ou seja, os famosos *quem*, *como*, *onde*, *que*, *qual*, *quando*, *quanto*, *por quê*.

Vejamos tais partículas uma a uma e alguns exemplos.

"Quem" traduz quien, e, como em português, refere-se sempre e apenas a pessoas.

¿Quién es esa chica rubia? Quem é essa moça loira?

Então, como vê, começamos com um exemplo que sempre pode ser útil, espertinho!

Comecei de propósito com um exemplo divertido porque quién tem uma diferença importante em relação ao "quem" do português: o quién espanhol é flexionado no plural, enquanto, em português, como se sabe, "quem" é invariável. Assim, se precisar fazer uma pergunta na qual o "quem" se refira a mais de uma pessoa, coloque o quién no plural, desse jeito:

¿Quiénes son esas chicas rubias? Quem são essas moças loiras?

Descontado o fato de que você tem fixação por loiras, precisa se lembrar sempre de colocar esses elementos no plural.

"Como" é igual em português e espanhol (como), e se usa do mesmo modo.

¿Cómo estás? Como você está?

LIÇÃO 1

¿Cómo es tu casa? Como é sua casa?
Atenção:
Vejamos se você prestou atenção até agora! Existe outro jeito de perguntar "como é/como era" alguma coisa, lembra? Vamos, faça um esforço, você está quase lá, tenho certeza.
Isso mesmo! É o famoso qué tal; como já vimos no aprofundamento dedicado a essa expressão, nós a usamos não apenas para perguntar "como vai?", mas também para fazer perguntas sobre situações em geral, para perguntar "como era/estava/foi" alguma coisa. Vejamos novamente o exemplo:

¿Qué tal la peli? Como foi o filme?

Prometo que essa foi a última maldade... pelo menos pelas próximas duas ou três páginas!

"Onde" é traduzido por donde, que, como em português, indica lugar.

¿Dónde vives? Onde você mora?
¿Dónde está mi libro? Onde está meu livro?

"Onde", em português, e donde, em espanhol, não são flexionados, independentemente do que venha depois.

DICA!
Quando queremos indicar movimento, tanto em espanhol quanto em português acrescentamos "a" no início: donde se transforma em adonde, assim como "onde" se transforma em "aonde".

> ¿Adónde vas de vacaciones? Aonde você vai nas férias?
> ¿Adónde va este tren? Aonde vai este trem?

49

LIÇÃO 1

"Que" também é igual em espanhol e português: que.
¿Qué hacemos mañana?
(O) que faremos amanhã?
¿Qué te apetece comer hoy?
(O) que quer comer hoje?

"Qual" é traduzido como cual e, como em português, flexiona no plural:

cual, cuales = qual, quais.

¿Cuál es mes de tu cumpleaños?
Qual é o mês do seu aniversário?

¿Cuál de estos países tiene más habitantes?
Qual destes países tem mais habitantes?

O que pode ser usado no lugar de cual, mas apenas em determinadas situações. Cual também se usa antes da preposição de, seguida de demonstrativos, possessivos e antes de alguns verbos, geralmente o ser.

¿Cuál es tu hermana? Qual é sua irmã?
¿Cuáles son tus libros? Quais são seus livros?
¿Cuál de estas películas vais a ver? Qual destes filmes você vai ver?

Contudo, usaremos que nestes casos:

¿Qué médico te atendió? Que médico lhe atendeu?
¿Qué color te gusta más? De que cor você gosta mais?

Em resumo:

¿QUÉ + SUBSTANTIVO e ¿CUÁL + VERBO

Por sorte, "quando" não cria nenhum problema: é traduzido como cuando e usado exatamente como em português.

LIÇÃO 1

¿Cuándo vamos a casa de Luis? Quando vamos à casa de Luis?
¿Cuándo llega María? Quando Maria chega?

Como você já percebeu, em espanhol não existem elisões ou apócopes.

Permita-me pegar de volta o ponto que retirei do final da lição sobre os pronomes; pensando melhor, nós merecemos!

"Quanto" é traduzido como cuanto. É usado em relação a quantidades e funciona, em geral, como a palavra "quanto" em português, mudando em gênero e número (masculino/feminino e plural).

¿Cuánto pagas de alquiler? Quanto você paga de aluguel?
¿Cuánta fruta comes por la mañana? Quanta fruta você come de manhã?
¿Cuántos libros compras? Quantos livros você compra?
¿Cuántas chicas salen con Pablo? Quantas garotas saem com Pablo?

Como em português, "porque" é mais divertido que os outros; apresenta várias formas segundo as circunstâncias de uso.

Nas perguntas, usamos por qué separado; nas respostas, porque tudo junto. Como em português.
¿Por qué comes tanta carne? Porque me gusta.
Por que você come tanta carne? Porque eu gosto.

Podemos usar também para que, em alguns casos específicos:

¿Para qué quieres mi ordenador? Para que você quer meu computador?
Quiero leer mi correo. Quero ler meus *e-mails*.
Para leer mi correo. Para ler meus *e-mails*.

LIÇÃO 1

> **DICA!**
> Quem tiver um olho afiado certamente já notou que todos os interrogativos llevan tilde, isto é, têm acento. Em outros casos, você vai encontrar frases nas quais que, cuando, como etc. terão uma função diferente da interrogativa (por exemplo, este es el libro que me gusta) e não levarão acento. Isso porque llevan tilde, sem exceção, sempre que introduzirem uma pergunta (direta ou indireta) ou uma exclamação, muito frequente no caso de que.
> Por exemplo: ¡Qué cena más rica! Que jantar delicioso!

LIÇÃO 1

Ejercicios
1) Use cuál na forma correta.
Ej. ¿Cuáles son los amigos de María?

1) ¿.......................... es el vestido que te pones mañana?
2) ¿.......................... de esos chicos es el hermano de Paco?
3) ¿.......................... de estas películas te ha gustado más?
4) ¿.......................... de tus camisetas es la más cara?
5) ¿.......................... son las toallas que querías comprar?
6) ¿.......................... de estos son tus zapatos?

2) Escolha quando usar cuál ou qué.
Ej. ¿Qué nombre le vas a poner al perro?

1) ¿.......................... es el nombre de tu hijo?
2) ¿.......................... vestido te pones mañana?
3) ¿.......................... es el número de tu hermana?
4) ¿.......................... de tus amigos es el más simpático?
5) ¿Con .... compañía aérea viajas a España?
6) ¿A .... hora empieza la clase de español?
7) Necesito unas gafas de sol ¿.......................... tenéis?
8) ¿.......................... prefieres, vino o zumo de naranja?

3) Use cuánto na forma correta.
Ej. ¿Cuántos niños hay en el colegio?

1) ¿.......................... veces vas al teatro normalmente?
2) ¿.......................... bocadillos te has comido hoy?
3) ¿.......................... estudias el fin de semana?

LIÇÃO 1

4) ¿.................... años tienes?
5) ¿.................... gente ha venido al concierto?
6) ¿.................... personas estaban en el parque?
7) ¿.................... días de vacaciones tenéis?
8) ¿.................... manzanas has comprado?
9) ¿.................... agua bebes al día?

4) Complete com o interrogativo adequado.

1) ¿A.................... se lo has contado? Era un secreto.
2) ¿.................... vas el lunes? – Voy a Barcelona.
3) ¿.................... te llamas?
4) ¿.................... no comes? .... no tengo hambre.
5) ¿.................... gatos hay en el jardín?
6) ¿.................... tal tus clases de flamenco?
7) ¿.................... vas a trabajar? – Voy en coche.
8) ¿.................... naranjas sirven para hacer un zumo?
9) ¿De .... color es tu habitación?
10) ¿.................... quieres mi vocabulario? – Porque tengo que hacer una traducción
11) ¿De .... es el jersey azul?
12) ¿.................... son esos chicos tan guapos?
13) ¿.................... está Madrid?
14) ¿.................... te vas de vacaciones la próxima semana?
15) ¿En .... aula tenemos clase el martes?

LIÇÃO 1

5) Traduza para o espanhol as frases seguintes (mas com o dicionário à mão!).

1) Quantos livros você tem? ....
   ....

2) Por que você vai trabalhar no domingo? ....
   ....

3) Quando você come carne? ....
   ....

4) Como está sua mãe? ....
   ....

5 Quem é a irmã de Helena? ....
   ....

6) Aonde você vai nas férias? ....
   ....

7) Onde estão minhas camisetas? ....
   ....

8) Como foi a ópera? ....
   ....

9) Quantas laranjas você comprou ontem? ....
   ....

10) Quais destes livros você usará amanhã? ....
    ....

1.10 *Conocer, saludar* e *despedirse*

Nesta lição, encontramos três verbos: conocer, saludar e despedirse. Conocer é muito simples, significa "conhecer"; os outros dois verbos têm uma particularidade: saludar significa "cumprimentar", mas apenas quando se chega. Despedirse, por sua vez, também significa "cumprimentar", mas apenas quando se vai embora ("despedir-se").

Quando se refere a pessoas, o verbo conocer é sempre seguido pela preposição **a**.

¿Conoces a mi hermana Paula? Sí, la conozco, ¡hola Paula!
Conhece minha irmã Paula? Sim, conheço, oi, Paula!

O verbo saludar também pede a preposição **a**.

Quando estamos em uma festa e acabamos de cumprimentar:
He saludado a tu hermana Paula. Cumprimentei sua irmã Paula.

No entanto, o verbo despedirse requer a preposição **de**.

Quando estamos indo embora da festa e acabamos de nos despedir:
Me he despedido de tu hermana Paula.
Eu me despedi de sua irmã Paula.

	CONOCER	SALUDAR	DESPEDIRSE
Yo	Conozc-o	Salud-o	Me despid-o
Tú	Conoc-es	Salud-as	Te despid-es
Él/ Ella/Usted	Conoc-e	Salud-a	Se despid-e
Nosotros/as	Conoc-emos	Salud-amos	Nos desped-imos
Vosotros/as	Conoc-éis	Salud-áis	Os desped-ís
Ellos/Ellas/Ustedes	Conoc-en	Salud-an	Se despid-en

Como podemos ver, o verbo conocer é irregular, e o verbo despedirse funciona como o llamarse, com o pronome reflexivo. Não se esqueçam!

CULTURA

La comida española

Decidi colocá-lo à prova com um texto muito fácil para aprender a ler e a reconhecer aquilo que já estudamos juntos. Leia-o em voz alta; se não conhecer uma palavra, sublinhe-a e procure-a no dicionário: assim, pouco a pouco você vai melhorar seu vocabulário, sem nem perceber. Decidi começar com a comida espanhola porque, com certeza, muitas dessas palavras você já conhece! Bom apet... ops, vá fundo!

¡Hola a todos! Hoy por fin me voy a España, y lo primero que voy a hacer es ir a un restaurante típico para comer algunos de los platos riquísimos de la cocina española, que es una de las mejores del mundo. Sí, ya lo sé, parece que lo digo sólo porque soy española pero no es así, la cocina española es una cocina típicamente mediterránea, que cuenta con muchas variedades **de carne, embutidos, mariscos y pescados**, que son muy típicos y variados en muchas partes de España, sobre todo cerca del mar, y se pueden encontrar platos para todos los paladares, incluso los más exigentes.

Hay mucho que os puedo contar sobre la comida española, por ejemplo que cada parte de España tiene sus platos típicos. Seguro que ya conocéis muchos de ellos, con todos los viajes a España que habéis hecho, o simplemente porque algunos de ellos están entre los platos más conocidos en el mundo. ¡No pongáis esa cara! A ver si tengo razón, si os digo la palabra **Paella** seguro que os suena a algo conocido, ¿no es verdad?

Claro, la paella es probablemente el plato español más famoso en el mundo y es típica de Valencia, aunque se come por todas partes de España.

Todos sabemos qué es la paella, un plato a base de arroz, verduras, carne o pescado o los dos y se cocina en una paellera, que es una sartén especial que se usa justamente para cocinar paella.

Otro plato super famoso es la **Tortilla de patatas**, una tortilla riquísima con patatas y cebollas ¡Tenéis que probarla!

Si vais por la zona de Madrid, un plato muy especial es el **Cocido madrileño**. El cocido es un guiso cuyo ingrediente principal son los garbanzos, verduras y carnes que pueden ser diferentes, ya que el cocido tiene muchas variantes, y la carne puede ser de pollo, cerdo o ternera. Os recomiendo que comáis el cocido en invierno ya que, como podéis imaginar, no es un plato típicamente de verano.

CULTURA

Seguimos con nuestra ruta gastronómica a España y llegamos al norte, a Galicia, donde no podemos dejar de probar un plato de **Pulpo a la gallega** que es pulpo cocido con patatas. ¿Os gusta el pulpo? Espero que sí porque si no os perdéis mucho.
Otro plato que seguramente conocéis y que es típico de una zona especifica es el **Gazpacho andaluz**. Se trata de una sopa fría que se come sobre todo en verano y se hace con hortalizas crudas. Los ingredientes principales son los tomates, pepinos, pimientos, cebolla y ajo, se añaden aceite y vinagre y se sirve generalmente en una cazuela de barro.
Algunos de estos platos se comen a menùdo como tapas, y aquí no cabe duda, todos sabéis que son las **tapas y los pinchos**. En España, en los bares, cuando se pide una bebida normalmente va acompañada de algo para picar, en platos pequeños, un poco como el aperitivo italiano.
Entre los platos de los que hemos hablado podemos encontrar tortilla de patatas y pulpo a la gallega con mucha frecuencia entre las tapas, así como otras delicias como las **Croquetas de jamón o de gambas**, que son uno de mis platos favoritos, los **boquerones en vinagre**, los **calamares fritos** o los **calamares en su tinta** (los calamares fritos se comen mucho y es muy típico comerlos en bocadillos, ¡fenomenales!), los **pimientos del padrón**, un plato de pimientos donde unos pican y otros no, así que cuidado con ellos porque los que pican, pican de verdad, y mucho. Incluso hay **patatas bravas y patatas alioli**, que son patatas con salsas diferentes, las bravas son un poco picantes y la salsa alioli es una salsa a base de ajo y aceite de oliva.
Una de las comidas más preciadas de España es el **jamón serrano**, sobre todo el de pata negra, y es muy frecuente comerlo como tapas, acompañado de **pan con tomate**.
Todas estas exquisiteces se comen bebiendo una **caña**, o sea una cerveza pequeña, un vaso de **vino tinto**, o una buena **jarra de sangría** o de **tinto de verano**, que son vinos tintos con frutas y con limonada.
Ya que ahora hemos probado un poco de todo sólo nos falta una parte fundamental de la comida española: nuestros postres.
Hay muchos postres buenísimos y además bien conocidos, como el **arroz con leche**, el **flan de huevo**, las **natillas**, la **crema catalana** y muchos más, y hablando de dulces no podemos olvidarnos de algo especial, los **churros con chocolate**, que no son un postre sino que se comen para desayunar o merendar, y son otra cosa típica que, por lo menos una vez en la vida, hay que probar.

CULTURA

Pues, sí, nosotros los españoles sabemos cómo disfrutar de la vida y la comida es una parte importante de nuestra cultura.
Con tanto hablar de deliciosa comida como esta se me hace la boca agua, así que por fin me voy a comer. ¡Buen provecho!

PALAVRAS QUE VOCÊ NÃO CONHECE
¿Qué significa la palabra ....? O que significa a palavra ....?
....
....
....
....
....
....
....
....
....
....
....
....
....
....
....
....
....
....
....
....

LIÇÃO 2

2.1   Os artigos definidos
2.2   Os artigos indefinidos
2.3   O gênero dos substantivos
2.3.1   Os substantivos masculinos
2.3.2   Os substantivos femininos
2.3.3   Os substantivos de gênero invariável
2.3.4   Do masculino para o feminino
2.3.5   Substantivos que mudam de significado conforme o gênero
2.3.6   Substantivos que em espanhol são masculinos e em português são femininos... e vice-versa!
2.4   As profissões
2.5   Flexão de número dos substantivos
2.5.1   Substantivos que mudam de significado do singular para o plural
2.6   Os números cardinais
2.7   Os números ordinais
2.8   Perguntar as horas

2.1 Os artigos definidos

Em um idioma, tudo gira em torno das palavras; então, é hora de arregaçar as mangas, porque, neste capítulo, você vai aprender a flexionar os nomes (em gêneros, masculino e feminino; e em número, singular e plural) e a usar adequadamente o artigo antes dos substantivos. Prontos? ¡Vámonos!

Vamos começar falando dos artigos. Por sorte, entre o espanhol e o português não existem tantas diferenças, então tenho certeza de que eles logo cairão no seu gosto! Antes de tudo, porque existem tantos artigos em português quanto em espanhol (menos coisa para ter que lembrar!), mas principalmente porque você não vai precisar se cansar muito para saber qual artigo masculino singular se coloca, por exemplo, antes da palavra "livro" (que em espanhol se diz libro), pois só existe um.

Não, meus queridos, o espanhol é muito... como dizer? É simple, ¡fácil!, e só lhe dará uma opção: aquela que se deve usar, e acabou, sem drama! Não, não torça o nariz, não digo isso só porque se trata da minha língua materna. Você vai ver, à medida que for avançando na leitura, vai me dar razão!

Os artigos definidos em espanhol são:
- el (o) masculino singular: el perro (o cachorro), el zueco (o tamanco);
- la (a) feminino singular: la silla (a cadeira);
- los (os) masculino plural: los perros (os cachorros), los zuecos (os tamancos, que tanto estão na moda agora);
- las (as) feminino plural: las sillas (as cadeiras).

> **DICA!**
> Os substantivos femininos singulares de duas sílabas que começam por a- ou ha- precisam ser antecedidos por um artigo masculino, tanto quando falamos de artigo definido como indefinido.
> Mas atenção com o plural, porque o artigo feminino volta ao seu lugar.
> Aqui estão alguns exemplos:
> el ave/las aves (a ave/as aves); el aula/las aulas (a sala de aula/as salas de aula); el agua/las aguas (a água/as águas); el alma/las almas (a alma/as almas); el hada/las hadas (a fada/as fadas).

LIÇÃO 2

> Por que isso acontece? Por um problema de cacofonia (isto é, um som desagradável, pouco elegante), resolvido no espanhol pela mudança do artigo.

Quer aprofundar?

O artigo *lo*

Em espanhol também existe um artigo neutro: lo (já vou avisando, é só no singular, certo?). Na verdade, em espanhol não existem palavras neutras: lo é usado antes de um adjetivo, que assim se transforma em um substantivo abstrato.
Vejamos, por exemplo, qual a diferença entre el bueno e lo bueno. Com el bueno estamos indicando um indivíduo bom (pensem no filme de Sergio Leone *O bom, o mau e o feio*, de 1966; para nós, espanhóis, é *El bueno, el malo y el feo*); no entanto, se dissermos lo bueno, estaremos indicando tudo que existe de bom, trata-se de um conceito abstrato que compreende um montão de coisas!
Outro exemplo: você está assistindo a um filme que já viu com uma pessoa, mas ela o está assistindo pela primeira vez. Você quer dizer que uma das próximas cenas é a parte mais interessante do filme todo (que chatice: existe coisa mais chata que essas pessoas que fazem comentários durante o filme?), então, vai dizer: "Agora vem o melhor", Ahora viene lo mejor.
Ou então, apaixonado por uma garota espanhola, mesmo sem falar a mesma língua, você a compreende maravilhosamente bem. O que poderia dizer? "O bom é que não precisamos falar", que em espanhol é Lo bueno es que no necesitamos hablar.

2.2 Os artigos indefinidos

Em espanhol, os artigos indefinidos são:
- un (um) masculino singular, un perro (um cachorro), un zueco (um tamanco);
- una (uma) feminino singular: una silla (uma cadeira);
- unos (uns) masculino plural: unos perros (uns cachorros), unos zuecos (uns tamancos);
- unas (umas) feminino plural: unas sillas (umas cadeiras).

En España, como se pode ver, também temos as formas singular e plural: un mostruo/unos mostruos (um monstro/uns monstros).
Para as palavras de duas sílabas que começam com a- e ha- valem as mesmas regras dos artigos definidos: temos, portanto un ave/unas aves (uma ave/umas aves); un aula/unas aulas (uma sala de aula/umas salas de aula); un agua/unas aguas (uma água/umas águas); un alma/unas almas (uma alma/umas almas); un hada/unas hadas (uma fada/umas fadas).

E agora, teste seu conhecimento sobre os artigos em espanhol com os exercícios 5, 8 e 12, que estão nas páginas 84-97!

> **DICA!**
> O uso dos artigos indefinidos em espanhol é parecido com o do português! Pelas regras espanholas, estes são os casos em que os artigos indefinidos não são usados:
> Antes do adjetivo otro (outro); "outro copo de rum" = otro vaso de ron; outra vez = otra vez. Aqui, a regra é a mesma que no português: é errado dizer um outro dia, embora se veja por aí...
> Antes do adjetivo semejante (semelhante, tal): semelhante coisa = semejante cosa
> Antes de medio (meio): meio quilo de cerejas = medio kilo de cerezas
> Antes de cuarto (quarto), quando se diz a hora: quatro e quinze (quatro e um quarto) = las cuatro y cuarto
> Quando se fala de uma profissão: a noiva de Carlos é professora = la novia de Carlos es profesora
> Quando o objeto do verbo é abstração de uma categoria concreta: Juan está procurando apartamento = Juan está buscando piso.

2.3 O gênero dos substantivos

Por sorte, as línguas neolatinas não são muito diferentes entre si: em espanhol também existe distinção entre masculino e feminino. Nas linhas seguintes descobriremos que são muitas as semelhanças entre o português e o espanhol, mas também muitas as diferenças, lembra? São como duas lindas irmãs: parecem-se, mas cada uma tem suas particularidades!

2.3.1 Os substantivos masculinos

Normalmente (sim, em espanhol também existem exceções!), são masculinos os substantivos terminados em:

- o como el gato (o gato), el juego (o jogo), el palacio (o palácio)

> **DICA!**
> Mas preste atenção: nem todas as palavras terminadas em **o** são masculinas! Por exemplo, la moto (a moto, de motocicleta; as formas abreviadas são muito usadas), la radio (o aparelho de rádio e a estação radiodifusora), la foto (a foto) e la modelo (a modelo) são femininas!

- e como el hombre (o homem), el coche (o carro), el jefe (o chefe)

> **DICA!**
> Nem todas as palavras que terminam em **e** são masculinas! Por exemplo, la tarde (a tarde), la nieve (a neve) e la gente (as pessoas) são femininas!

- **substantivos terminados em consoante** como el director (o diretor), el pan (o pão), el pez (o peixe).

LIÇÃO 2

> **DICA!**
> Seria fácil demais se também não existissem exceções aqui! De fato, palavras como la piel (a pele), la imagen (a imagem) e la voz (a voz), mesmo terminando em consoante, são femininas, e não masculinas!

Recapitulando: é masculina a maior parte dos substantivos que terminam em o, or, e, aje, an. Aqui vai um exemplo com cada uma dessas terminações: el abuelo (o avô), el amor (o amor), el monje (o monge), el homenaje (a homenagem), el azafrán (o açafrão).

Além disso, são masculinos os nomes:
- dos dias da semana: el lunes (a segunda-feira)
- dos meses: Octubre (outubro)
- dos montes: el Pico de Aneto (o pico de Aneto)
- dos rios: el Ebro (o Ebro)
- das árvores frutíferas: el manzano (a macieira)
- das cores: el rojo (o vermelho)
- dos ventos: el levante (o levante)
- dos vinhos e das bebidas alcoólicas: el aguardiente (a aguardente)
- das agremiações esportivas: el Real Madrid (o Real Madri)
- de cidades/nações que NÃO terminam em -a: Marruecos (Marrocos)
- compostos: el paracaídas (o paraquedas)

> **DICA!**
> É preciso acrescentar os substantivos que terminam em -a e que em espanhol são masculinos. Sabe por que são diferentes? Porque são palavras de origem grega, por exemplo, el programa (o programa), el fantasma (o fantasma), el sistema (o sistema), el problema (o problema). Ora, são exceções que você, brasileiro, já conhece, portanto não quero ver cara feia, certo?

LIÇÃO 2

2.3.2 Os substantivos femininos

Vejamos agora os substantivos femininos.

Geralmente, são femininos os substantivos que terminam em:

-a como la ventana (a janela), la camarera (a garçonete), la pierna (a perna).

> **DICA!**
> Mas atenção! Outras palavras que terminam em -a podem ser masculinas, por exemplo, el idioma (o idioma), el día (o dia), el pijama (o pijama).

-ción/sión/zón como la canción (a canção), la misión (a missão), la razón (a razão)

-dad como la verdad (a verdade), la edad (a idade), la prosperidad (a prosperidade)

-ie como la serie (a série), la superficie (a superfície), la progenie (a progênie)

-umbre como la cumbre (o cume), la muchedumbre (a multidão), la incertidumbre (a incerteza)

-tud como la juventud (a juventude), la multitud (a multidão), la gratitud (a gratidão)

Recapitulando, é feminina a maioria dos substantivos terminados em a, ción, sión, zón, dad, ie, umbre, tud.

Além disso, geralmente são femininos os nomes:
- das horas   las dos (as duas [horas])
- das letras do alfabeto   la hache (o agá)
- das ilhas   las Islas Baleares (as ilhas Baleares)

LIÇÃO 2

- das empresas   la Ford (a Ford)
- de algumas flores   la margarita (a margarida)
- de muitas verduras   las espinacas (o espinafre)
- das frutas   la manzana (a maçã)
- das cidades que terminam em -a   Barcelona

E lá vêm de novo os nossos simpáticos netinhos dos gregos!
Ah! Sim, tanto o espanhol quanto o português estão cheios de palavras que derivam da antiga língua da Grécia. Eis o que herdamos no espanhol. Palavras femininas como la tesis (a tese), la síntesis (a síntese), la crisis (a crise).

> **DICA!**
> Atenção! Existem alguns nomes que, mesmo derivados do grego e terminados em -is, são masculinos em espanhol: el análisis (a análise), el paréntesis (o parêntese) e el énfasis (a ênfase).

2.3.3 Os substantivos de gênero invariável

Existem alguns substantivos que permanecem invariáveis: são os que têm a mesma forma no masculino e no feminino e cujo gênero é estabelecido conforme o contexto.
São palavras que terminam em:

-ista, como el/la artista (o/a artista), el/la pianista (o/a pianista), el/la periodista (o/a jornalista);

-nte, como el/la paciente (o/a paciente), el/la cantante (o cantor, a cantora), el/la estudiante (o/a estudante).

Isso acontece também em português, portanto não faça essa cara; além do mais, não é tão difícil!

LIÇÃO 2

2.3.4 Do masculino para o feminino

Os substantivos masculinos que se referem a seres animados assumem tanto o gênero masculino quanto o feminino. Como fazemos, então, para transformá-los de masculino em feminino, sem um tratamento hormonal? Vejam abaixo como isso é feito.

A maioria dos substantivos masculinos que terminam em **-o**, **-e** e **consoante** é flexionada no feminino substituindo-se a última letra por um **a** (ou se acrescentando, no caso de a última letra ser uma consoante).

el niño/la niña   o menino/a menina
el muñeco/la muñeca   o boneco/a boneca
el doctor/la doctora   o médico/a médica

Existem exceções (obviamente!), que para os brasileiros não são assim tão difíceis de identificar.

el duque/la duquesa   o duque/a duquesa
el barón/la baronesa   o barão/a baronesa

O feminino de outras palavras, no entanto, é formado de uma maneira diferente das anteriores, muito embora familiar aos brasileiros.

el príncipe/la princesa   o príncipe/a princesa
el poeta/la poetisa   o poeta/a poetisa
el sacerdote/la sacerdotisa   o sacerdote/a sacerdotisa
el alcalde/la alcaldesa   o alcaide/a alcaidessa

Além do mais, existem casos de substantivos espanhóis que possuem tanto a forma masculina quanto a feminina, que muitas línguas não têm. É o caso de substantivos como:

el jefe/la jefa   o/a chefe
el cliente/la clienta   o/a cliente
el colegial/la colegiala   o/a colegial
el enfermo/la enferma   o/a doente

LIÇÃO 2

Fique atento, use o gênero adequado para não ofender alguém mais sensível...

Em espanhol, como em português, também temos substantivos que têm outra forma para o feminino, partindo de uma base completamente diferente, sem necessidade de flexão, como:

el hombre/la mujer	o homem/a mulher
el padre/la madre	o pai/a mãe
el rey/la reina	o rei/a rainha
el macho/la hembra	o macho/a fêmea
el buey/la vaca	o boi/a vaca
el caballo/la yegua	o cavalo/a égua

Sobre a forma feminina de caballo: yegua, na América Latina, quando usado para se referir a uma pessoa, é um termo depreciativo! Não o use! Deve-se evitar ainda mais o termo hembra para se referir a uma mulher, porque é uma palavra usada apenas quando queremos indicar o sexo nas espécies animais ou vegetais. Mesmo em português, certo? Ainda que na literatura espanhola seja de uso muito frequente, lembre-se sempre de que reflete uma visão machista (outra palavra igual em espanhol e português) dirigida à mulher. Isso para não falar de outras associações animais--homens: não use também o termo cabrón (bode, chifrudo), um insulto igualmente ou até muito mais... pesado!

2.3.5 Substantivos que mudam de significado conforme o gênero

Aqui está uma parte do espanhol que você precisa saber de cor: alguns substantivos mudam de significado ao mudar de gênero; acontece a mesma coisa com o português: por exemplo, "o cabeça" (chefe, líder), "a cabeça" (parte do corpo). Em espanhol também temos casos assim: el frente (coalizão, aliança) e la frente (testa).

LIÇÃO 2

Há outros casos em que as diferenças de significado não coincidem de fato com o português... Veja estes exemplos:

el muñeco, o boneco – la muñeca, o pulso
el coma, o coma – la coma, a vírgula
el cero, o zero – la cera, a cera
el pez, o peixe – la pez, o piche
el corte, o corte (ferimento, por ex.) – la corte, a corte (conjunto dos nobres)
el cura, o padre – la cura, a cura
el cometa, o cometa – la cometa, a pipa
el foco, o refletor – la foca, a foca
el pendiente, o brinco – la pendiente, o declive
el cuento, o conto – la cuenta, a conta

Às vezes, o significado do termo permanece ligado ao mesmo campo semântico, por exemplo:

el anillo, o anel (no sentido de joia) – la anilla, a anilha, a argola
el bolso, a bolsa – la bolsa, a sacola
el leño, a tora – la leña, a lenha

2.3.6 Substantivos que em espanhol são masculinos e em português são femininos... e vice-versa!

Também pode acontecer de duas línguas muito afins, como o espanhol e o português, terem palavras que em um idioma pertencem a um gênero, e no outro pertencem a outro. Apenas a prática elimina as dúvidas. Veja alguns exemplos muito úteis para evitar passar vergonha.

LIÇÃO 2

MASCULINO EM PORTUGUÊS	FEMININO EM ESPANHOL
o cárcere	la cárcel
o leite	la leche
o mel	la miel
o paradoxo	la paradoja
o riso	la risa
o joelho	la rodilla
o sal	la sal
o protesto	la protesta
o sangue	la sangre
o sinal	la señal
o nariz	la nariz
o sorriso	la sonrisa
o costume	la costumbre
o cume	la cumbre
o legume	la legumbre
o lume	la lumbre
o massacre	la masacre
o alarme	la alarma
o pesadelo	la pesadilla
os óculos	las gafas

Bem, esses são alguns exemplos de substantivos que em português são masculinos e em espanhol, femininos. Como dá para notar, são palavras de uso cotidiano. Na verdade, são simples de aprender, justamente porque essa diferença de gênero nas duas línguas faz que fiquem mais gravadas na memória... Vejamos o contrário agora: palavras que são do gênero feminino em português e masculino em espanhol.

* Uma curiosidade nada a ver: La Cucaracha é uma canção mexicana de origem incerta e com muitas variantes. Provavelmente remonta ao período da Revolução Mexicana. A letra é a seguinte: La cucaracha, la cucaracha/ Ya no puede caminar/ Porque no tiene, porque le falta/ la patita principal (A barata, a barata, já não pode caminhar, porque não tem, porque lhe falta, a patinha principal). É possível que com o termo cucaracha se quisesse fazer referência ou ao carro de Pancho Villa, ou à maconha (cucaracha, na gíria, era o "baseado". Na versão em que se atribui ao termo cucaracha esse significado, na última estrofe o que falta é marihuana que fumar, maconha para fumar).

LIÇÃO 2

FEMININO EM PORTUGUÊS	MASCULINO EM ESPANHOL
a árvore	el árbol
a arte	el arte
a cor	el color
a desordem	el desorden
a dor	el dolor
a estante	el estante
a fraude	el fraude
a origem	el origen
a ferrovia	el ferrocarril
a ponte	el puente
a oficina	el taller
a aprendizagem	el aprendizaje
a coragem	el coraje
a homenagem	el homenaje
a linguagem	el lenguaje
a viagem	el viaje
a escova	el cepillo
a síndrome	el síndrome
a pétala	el pétalo
a escrivaninha	el escritorio
a equipe	el equipo

Essa é uma pequena lista de palavras femininas em português, mas masculinas em espanhol. Entre elas encontram-se dois falsos amigos, ou falsos cognatos, isto é, palavras que, pela maneira como são escritas ou pronunciadas numa língua, são parecidas com palavras de outra língua, mas cujos significados divergem em cada idioma. Veja uma lista de falsos amigos na página 343.
E, agora, teste seus conhecimentos com os exercícios 6, 7, 9, 11, das páginas 94-96!

2.4 As profissões

Cameron Diaz es actriz. Cameron Diaz é atriz.
Antonio Banderas es actor. Antonio Banderas é ator.

No parágrafo seguinte, vamos mais fundo na conversa sobre as profissões.

Y tú, ¿buscas un trabajo o tienes ya un trabajo?
E você, está procurando emprego ou já tem?

¿Cuál es tu trabajo?
Qual é seu trabalho?

¿Te gusta trabajar en equipo?
Você gosta de trabalhar em equipe?

Vamos começar vendo algumas profissões designadas por palavras de gênero masculino que formam o feminino pelo acréscimo de um -a:

peluquero → peluquera; cabeleireiro, cabeleireira
ingeniero → ingeniera; engenheiro, engenheira
enfermero → enfermera; enfermeiro, enfermeira
bailarín → bailarina; bailarino, bailarina
conductor → conductora; condutor, condutora
rector → rectora; reitor, reitora

Como você pode ver, são profissões que terminam em -o ou em consoante: para formar o feminino basta acrescentar um -a ou substituir o -o final pelo -a.
Nem tudo é igual, assim como nem tudo é diferente entre o espanhol e o português. Profundo isso, não? Por exemplo, neste caso, é simples em espanhol, e mais elaborado em português:

mesero → mesera; garçom, garçonete

LIÇÃO 2

La Señora Muñoz es la directora del colegio de Juanita.
A senhora Muñoz é a diretora da escola de Juanita.
Pepe trabaja de profesor en la Academia de Bellas Artes.
Pepe trabalha como professor na Academia de Belas-Artes.
Durante el verano Lola trabaja como camarera en el restaurante de su tío.
Durante o verão Lola trabalha como garçonete no restaurante de seu tio.

Existem profissões que formam o feminino pelo acréscimo de sufixos à forma masculina.
Algumas profissões formam o feminino acrescentando o sufixo -esa, como no caso de:

cónsul → consulesa; cônsul, consulesa
abad → abadesa; abade, abadessa
chofer → choferesa; motorista
alcalde → alcaldesa; alcaide, alcaidessa
líder → lideresa; líder

La alcaldesa de Granada era una mujer muy competente.
A alcaidessa de Granada era uma mulher muito competente.
El chofer del autobús chocó contra un coche.
O motorista do ônibus bateu em um carro.

Os títulos nobiliárquicos também formam o feminino com o sufixo -esa. Na verdade, tais títulos não podem ser considerados realmente profissões; mas, nos dias de hoje, quem não gostaria de vivir de las rentas, viver de rendas?

conde → condesa; conde, condessa
duque → duquesa; duque, duquesa
marqués → marquesa; marquês, marquesa
barón → baronesa; barão, baronesa
príncipe → princesa; príncipe, princesa

LIÇÃO 2

Outras profissões formam o feminino por meio do sufixo -isa, como:

profeta → profetisa; profeta, profetisa
sacerdote → sacerdotisa; sacerdote, sacerdotisa
papa → papisa; papa, papisa
poeta → poetisa; poeta, poetisa

Safo de Lesbo fue una poetisa griega.
Safo de Lesbos foi uma poetisa grega.
El papa Francisco tiene anciestros italianos.
O papa Francisco tem ancestrais italianos.

Por sorte, hoje, muitos substantivos próprios não são traduzidos de uma língua para outra! A tradução dos nomes próprios acontecia com frequência no passado: traduziam-se tanto os nomes de cidade (New York, Nova York, Nueva York) quanto os nomes próprios de pessoas. Mas, com a globalização, até os mais jovens conhecem Nicolau Maquiavel, o escritor italiano, também como Nicolò Machiavelli, seu nome original... Existem, porém, alguns nomes que sempre são traduzidos, como os dos papas e outros que passaram para a história em sua versão traduzida, diferente de país para país; pensemos em outro Nicolau: Mikołaj Kopernik, consagrado na Espanha como Nicolás Copernico, e no Brasil como Nicolau Copérnico. E sabe quem é Cristóbal Colón? Ah, é Cristóvão Colombo, que morreu em Valladolid e descansa na Catedral de Santa María de Sevilla!

Por fim, existem algumas profissões que formam o feminino em -iz. Por exemplo:

actor → actriz; ator, atriz
cantante → cantatriz; cantor, cantora
institutor → institutriz; preceptor, preceptora
venador → venadriz; caçador, caçadora
emperador → emperatriz; imperador, imperatriz
ductor → ductriz; condutor, condutora

LIÇÃO 2

La actriz Penélope Cruz tiene dos hijos.
A atriz Penélope Cruz tem dois filhos.
El emperador Adriano era uno de los cinco emperadores buenos.
O imperador Adriano era um dos cinco imperadores bons.

E também existem muitas profissões que não variam de forma ao passar do masculino para o feminino! Por exemplo:

el/la piloto; o piloto, a pilota
el/la modelo; o/a modelo
el/la atleta; o/a atleta
el/la taxista; o/a taxista
el/la astronauta; o/a astronauta
el/la dentista; o/a dentista
el/la periodista; o/a jornalista
el/la agente; o/a agente
el/la dirigente; o/a dirigente
el/la orfebre; o/a ourives
el/la maniquí; o/a manequim
el/la yóquey; o jóquei, a joqueta
el/la sumiller; o *sommelier*, a *sommelière*
el/la augur; o áugure, a auguratriz

La dentista curó una caries dental.
A dentista tratou uma cárie dental.
El sumiller se ocupa del servicio de los vinos.
O *sommelier* é encarregado de servir os vinhos.

Uma última coisa: temos que prestar atenção nos estereotipos sobre los trabajos masculinos y femeninos, isto é, a ideia de que existem trabalhos tipicamente masculinos ou femininos. Existem mulheres que exercem a função de pedreiro, albañil (não é necessário fazer a flexão do nome para o feminino), e homens que trabalham como babá, canguros! Temos obstetras homens, obstétricos, y mujeres que trabajan como bombero (bombeiro). Hay mujeres que trabajan como fontanero (encanador) y hombres que son maestros de guardería (professores de creche). ¡Menos mal!

LIÇÃO 2

Quer aprofundar?

O verbo *trabajar*

Yo trabajo
Tú trabajas
Él/Ella/Usted trabaja
Nosotros/as trabajamos
Vosotros/as trabajáis
Ellos/Ellas/Ustedes trabajan

Antonio y Beatriz trabajan en la oficina de correos.
Antonio e Beatriz trabalham nos correios.

Atenção! A palavra oficina, nesse contexto, é um falso amigo! Não significa "oficina" (que em espanhol se diz taller), e sim agência, escritório. Cuidado: não faça confusão! Na página 343, você encontrará outros falsos amigos.

Ejercicios

1) Complete as frases seguintes com a profissão correta (se a profissão não constar entre as que já vimos, procure no dicionário).

1) El .... enseña a los alumnos en el colegio.
2) La .... corta los cabellos de sus clientes.
3) El .... apaga los incendios.
4) La .... pinta un cuadro.
5) Los .... construyen los edificios.
6) La .... prepara el pan.
7) Las .... curan las mascotas.
8) La .... cura los niños.
9) El .... presenta uno de sus vestidos.
10) Los .... distribuyen el correo.

LIÇÃO 2

2) Qual é a profissão destas pessoas? Ligue os nomes aos desenhos.

- astronauta
- orfebre
- sumiller
- modelo
- cartero
- líder
- chófer
- albañil
- alcaldesa

LIÇÃO 2

3) Relacione as profissões com as frases que as descrevem.

A) Persona legalmente autorizada para juzgar, sentenciar y hacer ejecutar sentencias.

B) Persona que vende carne.

C) Persona que se dedica profesionalmente a cortar o vender leña.

1) carpintero
2) cocinero
3) barrendero
4) pastelero
5) juez
6) carnicero
7) farmacéutico
8) pescador
9) tendero
10) leñador

D) Persona que por oficio trabaja y labra la madera.

E) Persona que regenta la farmacia.

F) Persona que cocina especialmente si esta es su profesión.

G) Persona que pesca por oficio.

H) Persona que se dedica a la venta o a la preparación de pasteles, pastas u otro dulces.

I) Persona que como profesión tiene que barrer las calles.

L) Propietario o encargado de una tienda especialmente de comestibles.

2.5 Flexão de número dos substantivos

Acho que vamos tirar de letra a formação do plural no espanhol, visto que é bastante parecida com a do português.

Os substantivos que no singular terminam com uma vogal átona, ou com -é (tônico), formam o plural mediante o acréscimo de -s. Vejamos os exemplos com os substantivos que usamos no capítulo anterior:

el gato (o gato), los gatos
el palacio (o palácio), los palacios
la ventana (a janela), las ventanas
la superficie (a superfície), las superficies
la tribu (a tribo), las tribus
el café (o café), los cafés

Neste caso, também temos exceções: as palavras abaixo, mesmo terminadas com uma vogal tônica, formam o plural mediante o acréscimo de um -s:

la mamá (a mamãe), las mamás
el papá (o papai), los papás
el sofá (o sofá), los sofás
el menú (o cardápio), los menús

As palavras que terminam com uma consoante, com a letra -y ou com vogais tônicas (exceto -é), formam o plural mediante o acréscimo de -es:

el reloj (o relógio), los relojes
la emoción (a emoção), las emociones
el mes (o mês), los meses
el tabú (o tabu), los tabúes
el jabalí (o javali), los jabalíes
la ley (a lei), las leyes

As palavras terminadas em -z fazem o plural em -ces:

la voz (a voz), las voces
el pez (o peixe), los peces
la actriz (a atriz), las actrices
el lápiz (o lápis), los lápices

LIÇÃO 2

Todos os substantivos que têm duas ou mais sílabas e terminam em -s ou em -x não mudam a forma no plural.
Também os substantivos compostos que apresentam essas terminações não variam no plural:

el jueves (a quinta-feira), los jueves
la crisis (a crise), las crisis
el atlas (o atlas), los atlas
el paraguas (o guarda-chuva), los paraguas
el sacaplumas (o apontador de lápis), los sacaplumas
el sacacorchos (o saca-rolhas), los sacacorchos

E agora teste seus conhecimentos com o exercício 10, da página 96!

2.5.1 Substantivos que mudam de significado do singular para o plural

Algumas palavras mudam de significado conforme estejam no singular ou no plural. Aqui estão:
la esposa (a esposa), las esposas (as algemas)
el celo (o cio), los celos (os ciúmes)
el bien (o bem), los bienes (a propriedade)
la humanidad (a humanidade), las humanidades (as humanas, as humanidades)
la letra (a letra), las letras (saberes humanísticos)
el honor (a honra), los honores (cerimonial de dignidade)
el prez (a estima), los preces (as preces)
la lente (a lente), las lentes (os óculos)
el gemelo (o gêmeo), los gemelos (o binóculo)
el seso (o bom senso), los sesos (o cérebro)
el corte (o corte), las cortes (o parlamento)

2.6 Os números cardinais

Como você vai ver, os números em espanhol e português não são propriamente muito diferentes; mas, como sempre, existem algumas diferenças. Não dá para ser exatamente igual, não é? Nesse assunto, também temos coisas muito curiosas.

Vamos começar com passos curtos: os números até 30. Por que justo 30? Não seja curioso, logo você vai entender!

0 – cero		
1 – uno	11 – once	21 – veintiuno
2 – dos	12 – doce	22 – veintidós
3 – tres	13 – trece	23 – veintitrés
4 – cuatro	14 – catorce	24 – veinticuatro
5 – cinco	15 – quince	25 – veinticinco
6 – seis	16 – dieciséis	26 – veintiséis
7 – siete	17 – diecisiete	27 – veintisiete
8 – ocho	18 – dieciocho	28 – veintiocho
9 – nueve	19 – diecinueve	29 – veintinueve
10 – diez	20 – veinte	30 – treinta

Até aqui, basta você decorar, mas não há nada de complicado ou muito diferente em relação ao português.
Sim, eu disse decorar! Os exercícios que você encontrará daqui a pouco vão ajudar muito na memorização, portanto, nada de desculpas. Esforce-se!
Por que até o número 30? Porque até trinta os números são compostos por uma única palavra. Mas em todos os demais números, de 31 até 99, há um "y" no meio. Como nós fazemos a partir do "vinte e um".

Por exemplo: 32 = treinta **y** dos

		uno
30 – treinta		dos
40 – cuarenta		tres
50 – cincuenta		cuatro
60 – sesenta	**y**	cinco
70 – setenta		seis
80 – ochenta		siete
90 – noventa		ocho
		nueve

LIÇÃO 2

Portanto, teremos, por exemplo:
43 – cuarenta y tres
56 – cincuenta y seis
64 – sesenta y cuatro
75 – setenta y cinco
89 – ochenta y nueve
97 – noventa y siete

Atenção: quando se encontra antes de um substantivo, o número 1 se lê un, se o substantivo for masculino, e una, se feminino, estando sozinho ou fazendo parte de outro número.

1   chico – un chico
21 chicos – veintiún chicos
31 chicos – treinta y un chicos

1   chica – una chica
21 chicas – veintiuna chicas
31 chicas – treinta y una chicas

Agora, podemos passar aos números de 100 a 900. Afora a grafia, são iguais aos do português.

100 – cien/ciento
200 – doscientos/as
300 – trescientos/as
400 – cuatrocientos/as
500 – **quini**entos/as
600 – seiscientos/as
700 – setecientos/as
800 – ochocientos/as
900 – **nove**cientos/as

Do 200 em diante, os números ficam no plural e passam para o feminino quando se referirem a um substantivo feminino.
Qualquer semelhança não é mera coincidência!

"Professora, se é igual ao português, por que tenho que estudar isso?", você diria. Porque a grafia é outra, e todo treino é válido.

LIÇÃO 2

Por isso, aqui vai: o número 100, como no português, não muda no plural e se pronuncia cién, quando está sozinho, e ciento quando tem a companhia de outros números.

100 – cien chicos
103 – **ciento** tres chicos
142 – **ciento** cuarenta y dos chicos

Atenção: as centenas não têm o y, que divide apenas as dezenas das unidades. Portanto, nunca se dirá ~~doscientos y treinta y cuatro~~, e sim doscientos treinta y cuatro. Como você pode ver, as centenas e as dezenas são escritas sempre separadamente.

Vejamos alguns exemplos acompanhados de substantivos:

253 – doscient**os** cincuenta y tres chic**os**
576 – quinient**as** setenta y seis chic**as**

Aliviada, posso anunciar que o pior já passou. Daqui para frente, o caminho é só descida. Para conhecer os números de mil em diante, dê uma espiada no apêndice do livro!

2.7 Os números ordinais

Espere! Um momento! Quase esqueci! Existem também os ordinais, desculpe. Mas uma coisa justifica meu perdão. Em espanhol, os ordinais são usados apenas até 10. Que belo suspiro de alívio! Vejamos como e, principalmente, o que acontece depois do 10!

1º – primero/a 6º – sexto/a
2º – segundo/a 7º – séptimo/a
3º – tercero/a 8º – octavo/a
4º – cuarto/a   9º – noveno/a
5º – quinto/a   10º – décimo/a

Como dá para perceber, são muito parecidos com os ordinais em português. Talvez seja preciso um mínimo esforço para guardar a grafia diferente de alguns, portanto ¡qué bien!
Uma diferença importante: quando vêm antes de um substantivo masculino, primero e tercero perdem o -o final e se tornam primer e tercer (1er, 3er).

Este es mi primer trabajo.
Este é o meu primeiro trabalho.

Este es el tercer video que hago.
Este é o terceiro vídeo que faço.

Com os substantivos femininos, por sua vez, os ordinais mudam para o feminino, mas não perdem a vogal final.

Vivo en la primera casa a izquierda.
Moro na primeira casa à esquerda.

Es la tercera vez que te lo digo.
É a terceira vez que lhe digo isso.

Naturalmente, lembre-se de usar o plural quando necessário, ok?

María y yo hemos llegado segundas en el concurso de canto.
Maria e eu fomos as segundas colocadas no concurso de canto.

LIÇÃO 2

Mas o que acontece depois do décimo? Bem, nós, os espanhóis, adoramos simplificar a vida quando possível. Dez ordinais são mais do que suficientes; para todo o resto usamos os cardinais, mesmo para coisas que para os brasileiros podem parecer estranhíssimas.

Isso acontece com todos os ordinais, do 11 em diante. Claro, também existem os ordinais além do décimo, mas não perderemos tempo com eles porque são bem pouco usados. Parece engraçado, mas não se pode dizer que não seja prático!

Então, seu amigo dirá vivo en el piso once, e você vai entender que ele mora no 11º andar.

E a mesma coisa se ele disser: llegué en veinte en la carrera, cheguei em vigésimo lugar na corrida.

Ejercicios

1) Resolva as operações (tudo bem, pode usar a calculadora!).
   Ej. Siete x cuatro: veintiocho

1) Cuatro x cinco: ....
2) Nueve x nueve: ....
3) Tres x seis: ....
4) Ocho x dos: ....
5) Diez x cuatro: ....
6) Siete x ocho: ....
7) Seis x nueve ....
8) Cinco x seis: ....
9) Dos x diez: ....
10) Ocho x ocho: ....

LIÇÃO 2

2) Escreva os números em algarismos arábicos.
Ej. Ciento noventa y dos – 192

1) Ciento uno ....
2) Tres mil diecisiete ....
3) Diez mil cuatrocientos sesenta y uno ....
4) Quinientos setenta y uno ....
5) Trescientos noventa y cinco ....
6) Ocho mil seiscientos ....
7) Doscientos cuarenta y tres ....
8) Mil novecientos ochenta y cuatro ....
9) Cinco mil quinientos veintiséis ....
10) Quinientos mil quinientos cincuenta y cinco ....
11) Ochocientos treinta y nueve ....
12) Dos millones cuatrocientos mil trescientos veinte ....

3) Escreva os números por extenso.
Ej. 549.673 – quinientos cuarenta y nueve mil seiscientos setenta y tres

1) 348 ....
2) 2.865 ....
3) 780.652 ....
4) 1.425 ....
5) 787 ....
6) 7.341 ....
7) 203 ....
8) 520.957 ....
9) 664 ....

LIÇÃO 2

10) 579 ....
11) 50.400.349 ....
12) 930.220 ....

4) Escreva por extenso os números ao lado das palavras.
Ej. 250 niñas – doscientas cincuenta niñas

1) 100 sombreros ....
2) 698 camisas ....
3) 2.387 chicas ....
4) 10.000 euros ....
5) 548 botellas ....
6) 75.000 libros ....
7) 580.300 mesas ....
8) 800.300.243 cervezas ....

5) Escreva o número ordinal (ou cardinal).
Ej. Esta es la sinfonía (9º) NOVENA de Beethoven

1) Este es mi (1º) .... hijo.
2) Mañana estrena la edición (12º) ....
del festival de Cine de Sevilla.
3) He llegado a la (5º) .... página de este documento.
4) ¡Basta ya! Es el (3º) .... bocadillo que te comes.
5) En el siglo XX (20º) .... las cosas han cambiado mucho.
6) Mi familia y yo vivimos en el piso (14º) ....
.... de un edificio muy alto.
7) Felipe VI (6º) .... es el actual rey de España.

2.8 Perguntar as horas

Uma maneira certamente útil e importante de usar os números que você acabou de aprender é falando as horas.
De férias na Espanha, é bem possível que você precise preguntar la hora (perguntar as horas): como se sabe, todos nós esquecemos o relógio e os celulares descarregam rápido, principalmente com a quantidade de fotos que tiramos durante as férias. Assim, se você estiver nessa situação, vai saber o que perguntar, e mais importante, vai entender a resposta. Ou então, vai saber contestar (responder) se alguém lhe perguntar as horas. Em resumo, você vai se sentir bem preparado.

Para preguntar la hora, o diálogo é mais ou menos assim:

Perdone ¿Qué hora es?
Es la una.
Muchas gracias, adiós.

Com licença, que horas são?
Uma hora.
Muito obrigado, até logo.

Como você pode notar, se esse diálogo acontecer exatamente à uma hora, a resposta será es la una.
A resposta no singular (es la una) ocorrerá apenas com esse horário, ou se a resposta for "meio-dia" ou "meia-noite".

Perdone ¿Qué hora es?
Es mediodía. É meio-dia.
Es medianoche. É meia-noite.

Se, em vez disso, a mesma pergunta acontecer em qualquer outro horário, a resposta será no plural.
Son las dos. São duas horas.
Son las tres. São três horas.
Son las cinco. São cinco horas.

LIÇÃO 2

Naturalmente, você nem sempre terá a sorte de fazer essa pergunta exatamente nas horas cheias. Quais seriam, então, as outras respostas possíveis?

Son las dos y cuarto. São duas e quinze.
Son las dos y media. São duas e meia.
Son las tres menos cuarto. São quinze para as três.

Preste atenção: nunca diga menos un cuarto, e sim menos cuarto. Não me faça passar vergonha!
Você também podem dizer os minutos, por exemplo:
Son las dos y veinte. São duas e vinte.
Son las tres menos veinte. São vinte para as três.

Dá para notar que as estruturas do espanhol e do português para as horas são parecidas. Por exemplo, "Que horas são?" ou "A que horas...?" funcionam como no português. Vejamos juntos.

Perdone ¿A qué hora abre la tienda?
A las 8.00 de la mañana.
Desculpe, a que horas abre a loja?
Às 8 da manhã.

É muito simples, como se pode ver: se for preciso especificar se são 8 da manhã ou da noite, bastará acrescentar essa informação.

A las 8 de la mañana. Às 8 da manhã.
A las 8 de la tarde. Às 8 da noite.

LIÇÃO 2

Quer aprofundar?

Os verbos *preguntar* e *contestar*

Esses verbos guardam uma relação estreita e significam, respectivamente, "perguntar" e "responder". Um pede o outro.
Vejamos alguns exemplos de uso:
Le pregunté a que hora vendría.
Eu lhe perguntei a que horas viria.

Ella me contestó que a las seis.
Ela me respondeu às seis.

Quería preguntarte ¿Cómo está tu madre?
Queria lhe perguntar como está sua mãe.

No me contestes mal, ¡sé educado!
Responda direito, seja educado!

Vejamos os verbos conjugados:

	PREGUNTAR	PEDIR	CONTESTAR
Yo	Pregunt- o	Pid- o	Contest- o
Tú	Pregunt- as	Pid- es	Contest- as
Él/ Ella/Usted	Pregunt- a	Pid- e	Contest- a
Nosotros/as	Pregunt- amos	Ped- imos	Contest- amos
Vosotros/as	Pregunt- áis	Ped- ís	Contest- áis
Ellos/Ellas/Ustedes	Pregunt- an	Pid- en	Contest- an

LIÇÃO 2

Ejercicios

1) Escreva a hora marcada nestes relógios.

1   2   3   4

5   6

....

....

....

....

LIÇÃO 2

2) Agora, o contrário: você é bom de desenho? Desenhe relógios que marcam a hora dada abaixo!

1) Son las tres y veinte

2) Son las seis menos cuarto

3) Son las siete y diez

4) Son las diez y veinticinco

5) Es la una y media

6) Son las once menos veinte

7) Es doce y media de la noche

3) Complete as perguntas com os horários informados na tabela.
¿A qué hora abre el supermercado? Abre a **las ocho de la mañana**

	abierto	cerrado
farmacia	8.30	19.00
supermercado	8.00	20.00
restaurante	17.00	1.00
peluquería	9.15	18.30
cine	15.00	00.00
banco	9.00	13.30
discoteca	20.30	3.30

1) ¿A qué hora abre la peluquería? Abre a ....
....

2) ¿A qué hora cierra el supermercado? Cierra a ....
....

LIÇÃO 2

3) ¿A qué hora cierra el cine? Cierra a ....
....

4) ¿A qué hora abre el banco? Abre a ....
....

5) ¿A qué hora cierra la farmacia? Cierra a ....
....

6) ¿A qué hora abre el restaurante? Abre a ....
....

7) ¿A qué hora cierra la discoteca? Cierra a ....

4) Complete com os artigos definidos adequados.
..... casa ..... caballo ..... agua ..... profesor ..... mujer ..... persona ..... análisis ..... tésis ..... modelo ..... mapa

5) Coloque no feminino as palavras abaixo.
cocinero .... dependiente .... infante .... caballo .... león .... alcalde .... poeta .... macho .... sacerdote .... pariente ....

6) Traduza os seguintes grupos de palavra com a ajuda do dicionário.
el pendiente/la pendiente ....
el cuento/la cuenta ....
el naranjo/la naranja ....
el calavera/la calavera ....
el frente/la frente ....
el pez/la pez ....

LIÇÃO 2

el trompeta/la trompeta ....
el cometa/la cometa ....
el cura/la cura ....
el gallina/la gallina ....

7) Nas frases seguintes, use corretamente o artigo definido ou indefinido, ou não use artigo, se não houver necessidade.

- Rosa es .... española.
- Sergio es .... actor muy famoso.
- Mi primo es .... médico.
- Todos .... gatos no son negros.
- Mayte colecciona .... vasos. Tiene .... vasos muy raros.
- .... vasos raros llegan de Guatemala.
- Tomás canta .... flamenco.
- ¿Eres .... inglés?
- Encarnación siempre lleva .... falda. Hoy lleva .... minifalda roja. .... minifalda roja no le queda bien.
- El novio de Leire es .... escritor. Ha escrito .... novelas negras sobre diferentes asesinos.
- ¿Qué es eso? ¡Es .... bolsa de deportes nueva!

8) Estas palavras são masculinas ou femininas em espanhol? Traduza-as e coloque-as na coluna correta, juntamente com o artigo definido apropriado.

automóvel, cor, mesa, ar, sandália, sapato, cobra, manteiga, garfo, colher, domingo, papel, pássaro, sangue, correio, conta, oficina, verão, leite, ferrovia, flor

LIÇÃO 2

FEMENINOS	MASCULINOS
....	....
....	....
....	....
....	....
....	....
....	....
....	....
....	....
....	....
....	....

9) Qual é o plural das palavras abaixo?

el perro .... el bambú ....
el dominó .... el brindis ....
la luz .... el colibrí ....
la mamá .... el paraguas ....
la tribu .... el pez ....

10) Atribua o símbolo correto: como regra geral, as terminações seguintes indicam substantivos masculinos [♂] ou femininos [♀]?

-ción .... -tud .... -a .... -e ....
-zón .... -an .... -ma .... -or ....
-sión .... -aje .... -dad .... -ie ....
-umbre .... -o ....

LIÇÃO 2

11) Complete o seguinte trecho, do qual foram retirados os artigos.

Antonio Ortiz Echagüe (1883-1942) fue ...... artista esencialmente cosmopolita y viajero. Ausente de España muchos años (pero muy vinculado a San Sebastián, donde residían sus padres) vivió y trabajó en Italia, Holanda, Francia, Marruecos, Estados Unidos, Argentina...
Pintor de sólida formación académica (estudió en París y Roma) siguió ...... postulados del realismo costumbrista del tránsito del XIX al XX, centrándose en ...... representación de escenas y tipos populares de ...... diversos países que recorrió, tomando directamente del natural, sin idealizaciones ni folclorismos, y casi siempre a tamaño real. Su recio dibujo y su espectacular cromatismo le valieron el reconocimiento internacional y ...... más importantes galardones de su tiempo (incluida ...... Legión Honor francesa o varias medallas de ...... Salones de París y de ...... Nacionales de Madrid) gozando además de ...... gran prestigio como retratista.
Desde ...... punto de vista estilístico su conocimiento de ...... movimientos artísticos europeos le llevó a incorporar a su vena realista hispana algunos aspectos del modernismo, del simbolismo, del impresionismo, y hasta del fauvismo, como se aprecia en ...... decorativismo de algunos ambientes, en ...... soltura y densidad de ...... pincelada, en ...... valor que concede a ...... luz en su utilisación cada vez más atrevida y subjetiva del color.
Antonio Ortiz Echagüe constituye junto a Ignacio Zuloaga y Joaquín Sorolla ...... trío de ases de ...... pintura figurativa española del cambio de siglo. ...... presencia de sus cuadros en destacados museos de España, Europa y América (uno en Italia y otro en Argentina llevan su nombre) dan testimonio de la extraordinaria relevancia de ...... pintor que supo conjugar como pocos ...... tradición y ...... modernidad.

Monserrat Fornells

CULTURA

Antoni Gaudí

Você conhece Antoni Gaudí, o famoso arquiteto catalão? Com certeza já ouviu falar dele muitas vezes, principalmente se já foi a Barcelona. Leia este fragmento sobre sua vida e, como sempre, marque as palavras que você não conhece, para poder procurá-las no dicionário.

¿Cuántos de vosotros conocéis bien Barcelona? Levantad las manos.
Veo que sois muchos ¡Qué bien! Barcelona es una ciudad preciosa, y una de las cosas que la caracterizan es la presencia de obras de arquitectura de inestimable valor y belleza.
Casa Battló, Casa Milá, Parc Güell, la Sagrada Familia sólo son algunas obras entre las más famosas realizadas por el arquitecto Antoni Gaudí y se han convertido en los símbolos de la ciudad.
Antoni Gaudí i Cornet nació en 1852 y fue el máximo exponente del modernismo catalán, o sea el Art Nouveau, y probablemente el arquitecto español más famoso en el mundo, ya que sus obras están entre las más conocidas de la península y hay turistas procedentes de todas partes del mundo que a lo largo de todo el año viajan a Barcelona para visitar estas extraordinarias obras arquitectónicas.
Sus obras son famosas también por la originalidad de su trabajo y por el uso de materiales como vidriería, cerámica e hierro que él mismo trabajaba con sabiduría y experiencia, llegando a obtener resultados perfectos.
Siete de sus obras han sido declaradas patrimonio de la humanidad por la Unesco a partir de 1984 y son: El Parc Güell, el Palau Güell, la casa Milá (más conocida como la Pedrera), la fachada del Nacimiento, la cripta y el ábside de la Sagrada Familia, la Casa Vicens, la Casa Batlló y la cripta de la Colonia Güell , que es la única de las siete obras que no se encuentra en Barcelona sino en Santa Coloma de Cervelló, una localidad en la provincia de Barcelona.
La Sagrada Familia es probablemente la obra más conocida de Gaudí. Es una basílica católica iniciada en 1882 y todavía en construcción y, según datos de 2011, es la obra más visitada de España. A partir de 1914 Gaudí se dedicó exclusivamente a los trabajos de la Sagrada Familia, aislado y en soledad viviendo en el taller en el interior de la basílica, hasta su muerte, en 1926.

Gaudí murió atropellado por un tranvía (curiosamente el primer tranvía de la ciudad de Barcelona) mientras cruzaba la calle y la gente, a causa de su aspecto descuidado y de su ropa vieja, no se le reconoció y un guardia civil lo llevó a un hospital para mendigos y pobres, donde fue reconocido al día siguiente y murió dos días después. A pesar de las circunstancias de su muerte, su funeral fue organizado con todos los honores y muchísima gente atendió para darle el último saludo. Gaudí está sepultado en la cripta de la Sagrada Familia.
Fue un hombre que trabajó con mucha pasión y por eso se le recuerda con unas de sus frases más famosas:

"Para hacer las cosas bien, primero el amor, después la técnica" y "La belleza es el resplandor de la verdad, y como que el arte es belleza, sin verdad no hay arte."

¡Qué gran hombre! Si todavía no habéis ido a Barcelona, ahora seguro que tenéis que reservar los vuelos, la maravillosa obra de Gaudí os espera.

PALAVRAS QUE VOCÊ NÃO CONHECE
¿Qué significa la palabra ....? O que significa a palavra ....?

LIÇÃO 3

3.1   O alfabeto
3.2   A pronúncia
3.3   Os acentos
3.4   Os verbos *llevar* e *traer*
3.5   *Los animales*

3.1 O alfabeto

O alfabeto da língua espanhola (não faça essa cara, também é preciso aprender o alfabeto!) tem algumas diferenças em relação ao do português, portanto, aumenta agora o coro de vozes que nos lembra sempre que o espanhol e o português são duas línguas parecidas... mas diferentes!

Vejamos, então, o alfabeto: assinale a lápis todas as diferenças que encontrar em comparação com o português!

A	B	C	Ch	D	E	F	G
a	be	ce	che	de	e	efe	ge
H	I	J	K	L	LL	M	N
hache	i	jota	ka	ele	elle	eme	ene
Ñ	O	P	Q	R	S	T	U
eñe	o	pe	cu	erre	ese	te	u
V	W	X	Y	Z			
uve	uve doble	equis	i griega	zeta			

Observou tudo? Muito bem. Com certeza você deixou passar alguma coisa. Do contrário, o que eu estaria fazendo aqui? Vejamos o quadro acima em detalhes.
O alfabeto espanhol é composto de 29 letras, 26 das quais são iguais às do alfabeto português.

Existem algumas letras que imediatamente chamam a nossa atenção, como Ch e Ll, que, no entanto, desde 1994, logo após uma petição internacional (ah, sim! Nós, espanhóis, nos preocupamos com certas coisas), foram incluídas no vocabulário depois das letras C e L. Entretanto, continuam a ser estudadas separadamente por causa de seu som exclusivo.

A letra Ñ é única, só existe no alfabeto espanhol, e justamente por esse seu caráter único tornou-se um símbolo do idioma.

Existem outras letras comuns a vários alfabetos, por exemplo, aquelas que associamos comumente ao alfabeto inglês, mas que estão bastante difundidas em outras línguas, inclusive o espanhol e o português: J, K, W, X, Y, Z.

3.2 A pronúncia

Agora que conhecemos as letras, precisamos aprender também sua pronúncia correta, e aqui também teremos algumas surpresas divertidas. Algumas letras são pronunciadas como em português; então, vamos sofrer somente com o que precisar de uma explicação específica.

B – Pronuncia-se como em português, mas cuidado: a letra V se pronuncia do mesmo modo. Logo, a não ser que já a conheçamos, é muito difícil saber de ouvido se uma palavra se escreve com B ou com V. Se você nunca fez um ditado em espanhol, prepare-se, porque essa será a primeira armadilha que nós, espanhóis, vamos aprontar, e sabemos ser cruéis. Vamos imediatamente até sua antagonista, a letra V.

V – O som da letra V é mais próximo do da letra B; o símbolo fonético desse som, de fato, é [**b**]. Pronunciaremos, então, as seguintes palavras, todas com um som que *se aproxima* do da letra B (não gostamos de coisas definitivas, queremos sempre deixar margem para mudar de ideia):

vino, vinho   volver, voltar   broma, brincadeira   beber, beber

C – Esta letra, antes das vogais -a, -o, -u, pronuncia-se como o **c** do português, com o som [**k**].

casa, casa   comida, comida   cura, padre/cura

Mas quando é seguida das vogais -e ou -i, assume um som diferente e se pronuncia como o c do português nos mesmos casos.

cena, jantar   cine, cinema

CH – Esta dupla de letras tem um som igual ao "tch" em português, como em "tchau", e não varia, qualquer que seja a vogal que a acompanhe; o seu símbolo fonético é [**ʧ**].

chaqueta, jaqueta   cheque, cheque   chiste, piada
chocolate, chocolate   churros, churros

LIÇÃO 3

Outro exemplo que pode ajudar muito a entender esse som é um nome próprio, que certamente todos conhecem: Ernesto **Che** Guevara, cuja pronúncia todos conhecemos.

G – Esta letra se pronuncia de diferentes formas, conforme a vogal que a sucede. Quando vem seguida de -a, -o ou -u, pronuncia-se como em português [**g**]:

gato, gato   gorra, boné   gusto, gosto

Quando antecede as vogais -e ou -i, assume um som aspirado, como o que vamos encontrar também na letra J, e que lembra o som do RR do português.

gente, gente   gitano, cigano

Quando a letra g vem seguida por -ue ou -ui, o grupo de três letras que se forma assume o mesmo som que têm em português.

guitarra, guitarra   guerra, guerra

Quer aprofundar?

-gue-, -gui-

Existem algumas palavras com -gue- e -gui- (ainda que poucas, portanto essa situação raramente se apresentará) em que o "u" é pronunciado. Por sorte, a língua espanhola ainda conserva o trema, Ü.
Alguns exemplos dessas raras palavras são:

lingüista, linguista   vergüenza, vergonha   pingüino, pinguim

Dessa vez, a complicação fica para o português, que perdeu o trema, e assim, quem está começando a desenvolver seu vocabulário vai depender da decoreba e do hábito para saber a diferença entre -gue/-güe e -gui/-güi!

LIÇÃO 3

H – Esta letra é muda em espanhol, nunca é pronunciada: é um sinal gráfico que não corresponde a nenhum som, em suma, é completamente inútil!

J – Esta letra se pronuncia de forma aspirada, como o H inicial de muitas palavras inglesas, e mantém o mesmo som, qualquer que seja a vogal que a suceda (mas são poucas as palavras em que o J é seguido da vogal -i). O som é o mesmo da letra G quando seguida pelas vogais -e ou -i. Nesses casos, também é bastante complicado reconhecer se a palavra que ouvimos se escreve com G ou com J. Trata-se, portanto, da segunda armadilha que você encontrará em qualquer ditado. Vejo que o pânico dos ditados já está começando, e você tem razão.

el jamón, o presunto   jefe, chefe   juego, jogo

DICA!
Aqui estão dois truquezinhos para diferenciar J e G.
1 - Muitas vezes, se existe uma palavra igual em português com a letra G, em espanhol também se escreve com a mesma letra: é o caso, por exemplo, de general (general). Mas essa regra nem sempre é válida, portanto, cuidado!
2 - Algumas vezes, a letra J em espanhol é empregada onde em português se emprega a letra X, por exemplo: caja (caixa), ojalá (oxalá) e ejemplo (exemplo). Mas esta dica também não vale sempre: é o caso de éxodo (êxodo) e exacto (exato).

Quer aprofundar?

Como se ri em espanhol?

Uma pequena curiosidade servirá para você entender melhor o uso da letra J na língua espanhola. Você já viu uma risada escrita por uma pessoa de origem hispânica? Quem sabe em um *chat* ou no Facebook? Bem, a risada em espanhol é representada graficamente assim: Jajajajajajaja, diferentemente do típico "Hahahahahaha" do português. Isso porque, como vimos, para os espanhóis a letra H é muda. Portanto, para representar o som aspirado da risada eles usam a letra j. Para eles, "Hahahahahaha" equivale ao "Aaaaaaaaaaaa", um grito de espanto, mais do que a um som de risada!

LIÇÃO 3

LL – O L duplo é pronunciado de modo diferente. Em alguns países hispanófonos, a pronúncia corresponde ao -lh- em português, mas, em outros países, pronuncia-se como um Y, ou I: esse fenômeno recebe o nome de yeismo, mas, por ora, não vamos tratar dele.

llamarse, chamar-se   llegar, chegar   apellido, sobrenome
pollo, frango   lluvia, chuva

Ñ – Finalmente, aqui está a letra única e especial do alfabeto espanhol, e tenho certeza de que você já sabe como se pronuncia, não é mesmo? Em todo caso, é melhor dizer. Esta simpática letra se pronuncia exatamente como o -nh- do português. Portanto, palavras como

español, espanhol   niño, criança   baño, banho

pronunciam-se "espanhol", "ninho" e "banho" (aqui não haverá perigo para os brasileiros, e teremos 10 no ditado!).

Q – Esta letra, como em português, vem sempre antes da vogal U. Em espanhol, qu- só é empregado antes das vogais E e I, por isso, temos apenas "que" e "qui". Mas a pronúncia é diferente do português em alguns casos, porque é sempre a mesma do C de "casa" [**k**] (como em "quem"); o U, na prática, não é lido (diferente do que acontece no português com a palavra "qual").
Portanto, atenção, algumas palavras podem ser uma armadilha:

não ~~quando~~, mas cuando
não ~~quadro~~, mas cuadro
não ~~qual~~, mas cual

E palavras como queso (queijo), quiero (quero), que (que) são pronunciadas como se pronunciaria em português.

R – Esta letra é uma das poucas que em espanhol pode ser duplicada (como o C e o N; o L, como viram, é uma questão à parte). Pronuncia-se como em algumas variantes do português (como em "arame"), mas é preciso lembrar que quando estiver no começo da palavra, deve ser pronunciada como se fossem dois erres vibrantes.

LIÇÃO 3

Ratón (rato) e Roberto serão procunciados rrrrrrratón, rrrroberto, com um som vibrante, como se imitássemos um motor de carro (vrrrrrrrum) ou o som de um toque de telefone (trrrrrim).

S – Nós, espanhóis, gostamos muito do s, que se pronuncia sempre do mesmo modo, isto é, surdo, como o s de "sorte", "serra" e "suco"; experimente dizer socorro ou sal, que são palavras que existem tanto em português quanto em espanhol. Aí está; em espanhol, são lidas com o mesmo S de "sorte". O som parece quase o de SS, não é verdade? Sim, o espanhol não tem SS, e quando aparece o S, o som é sempre de SS. Portanto, anote: pronuncie todos os S como se fossem SS e você estará próximo do som correto.

Y – Esta letra, quando está no fim da palavra, é considerada uma vogal e pronunciada como o I:

jersey (malha)

Quando, no entanto, se encontra no começo de uma palavra ou entre duas vogais, é considerada uma consoante e pronunciada como o I ou, conforme o país hispanófono, como o J do português (e até como X: yo = io/jo/xo).

mayo, maio   yerba, erva   yo, eu

Z – O som desta letra também varia conforme o país hispanófono. Os espanhóis a pronunciam quase como "th" do inglês, cujo símbolo fonético é [θ]. E, na Argentina, por exemplo, tem pura e simplesmente som de SS.

zapato, sapato   zorro, raposa   zumo, suco

Ejercicios

Agora vamos praticar um pouco. Se necessário, pode usar o dicionário, eu autorizo (¡jajaja!).

LIÇÃO 3

1) Qual é a letra correta?

g ou j?	b ou v?	ll ou y?
1) extran......ero	1) fa.....orito	1) .....orar
2) má......ico	2) .....erde	2) .....ema
3) .....efe	3) mó.....il	3) pla.......a
4) mensa......e	4) o......jeto	4) ca......e
5) ....igante	5) ......itaminas	5) a......er
6) ur.....ente	6) pala.....ra	6) bo.......o
7) vie......o	7) a......ogado	7) se........o
8) mu.....er	8) cam......iar	8) ......erno
9) .....estión	9) ha......lar	9) estre........a
10) pá......ina	10) ......otella	10) co........ar

2) Nas frases seguintes, algumas palavras têm a letra N, e outras, a Ñ. Assinale quais se escrevem com Ñ!

1) A nosotros nos gusta jugar con los ninos.
2) Los pantalones son demasiado pequenos.
3) Mi sueno es trabajar en una tienda de ropa.
4) Voy a la playa pero no me gusta banarme.
5) Este ano me gustaría estudiar espanol.
6) Mi cunado es una persona muy carinosa.
7) En otono hace frío pero llevamos ropa bastante ligera.
8) El senor que está a tu lado es muy atractivo.

3.3 Os acentos

Passemos, agora, a um tema que vai aborrecê-lo bastante no aprendizado da língua espanhola, ou seja, os acentos.
Em português, existem acentos agudo, grave e circunflexo. Como já vimos, o acento gráfico espanhol, a tilde, é sempre agudo. O acento grave e o circunflexo não existem em espanhol.
Agora que dissipamos a tensão com essa informação, podemos passar para a parte um pouco mais complicada, ou seja: quando devemos colocar acento em uma palavra e quando não.
Existem regras bem precisas para os acentos espanhóis, e agora vamos vê-las juntos.

Como sabemos, as palavras são formadas por sílabas, e com base na sílaba tônica, podemos dividir as palabras (palavras) em várias categorias:

1) palabras agudas (cuja sílaba tônica é a última):
   ca-fé (café, mas isso você deve saber!)
2) palabras llanas (cuja sílaba tônica é a penúltima):
   a-zú-car (açúcar)
3) palabras esdrújulas (cuja sílaba tônica é a antepenúltima):
   mé-di-co (médico)
4) palabras sobresdrújulas (cuja sílaba tônica vem antes da antepenúltima):
   pá-sa-me-lo [passa-mo (passa + me + o)]

Agora que conhecemos essa divisão, podemos ver quando devemos ou não acentuar as palavras.

Palabras agudas

Quando terminam em vogal ou em -n ou -s, levam acento.

so-fá, sofá   ca-fé, café   es-quí, esqui   hin-dú, hindu
jar-dín, jardim   fran-cés, francês   ha-bi-ta-ción, quarto

LIÇÃO 3

> **DICA!**
> As palavras terminadas em -ción sempre levam acento. Pode ficar tranquilo com elas!

Palabras llanas

Todas as palabras llanas que terminam em consoante (com exceção de -n e -s) pedem acento.

fá-cil, fácil   lá-piz, lápis   ár-bol, árvore
a-zú-car, açúcar   di-fí-cil, difícil

No entanto, quando terminam em vogal ou em -n ou -s, não levam acento.

ha-bla, fala   lar-go, longo   ma-pa, mapa   can-tan-te, cantor

Palabras esdrújulas e sobresdrújulas

Boa notícia para você: essas são as mais simples, porque sempre têm acento gráfico, independentemente de como terminam.

mú-si-ca, música   rá-pi-do, rápido   mé-di-co, médico

plás-ti-co, plástico   pá-sa-me-lo, passe-mo   á-bre-me-lo, abre-mo

Como regra geral, as palavras compostas por uma única sílaba não têm acento gráfico:

pan, pão   sal, sal   sol, sol

LIÇÃO 3

Quer aprofundar?

Por que *día* sempre leva acento

Existe uma coisa que se chama ditongo... não é um palavrão, o ditongo existe também na língua portuguesa, e se você não o conhece, não sabe o que está perdendo! O ditongo é a união de duas vogais, que, conservando cada qual seu próprio som, são pronunciadas em uma única sílaba e sob um único acento. Tenha isto em mente: em um ditongo, existem vogais fortes (A, E, O) e vogais fracas (I, U).

A palavra día, portanto, contém um ditongo.
Por que tiramos fora os ditongos quando falamos dos acentos? Porque a regra é um pouco diferente. Quando a vogal tônica é o I ou o U, a palavra leva acento gráfico. Além de día, existem outros exemplos. Aqui estão alguns:

Ma-rí-a   rí-o (rio)   le-í-do (particípio passado do verbo leer, "ler")

Lembre-se, então, de sempre colocar acento na palavra día, mesmo no plural, quando escrever buenos días!

Casos especiais

Os advérbios formados por um adjetivo + -mente levam acento se o adjetivo originário tiver acento. Isso vale mesmo se, seguindo a regra oficial, o acento não devesse estar ali. Muito complicado? Não, você consegue! Veja os exemplos.

fá-cil-men-te, de fácil (facilmente)
có-mo-da-mente, de cómodo (comodamente)

Frequentemente, algumas palavras ganham acento para distingui-las de outras graficamente iguais, mas com significado diferente. Por exemplo:
si, se   tu, teu   solo, só (adjetivo: me siento solo, "sinto-me só")
sí, sim   tú, tu

LIÇÃO 3

Ejercicios

Bem, agora que completamos esta bela lição sobre os acentos, estou sentindo que estamos bem preparados para usá-los, não? Aplicando as regras que acabamos de aprender, precisamos entender quais palavras levam acentos e quais não.
Neste exercício, tente não usar o dicionário, senão fica fácil demais!
Só procure o significado das palavras no dicionário depois... Faça isso.
Aviso que uma língua não é feita só de regras gramaticais; é feita também de palavras!

1) Coloque o acento (se for o caso).

pajaro	doctor	salud	conductor	primo
arbol	ojala	caracteristicas	estudio	medicina
habitacion	sal	imbecil	comodamente	raiz
carta	puerta	sueño	diente	teorico
marmol	velocidad	riesgo	linea	momento
fabricante	invencion	economico	profesion	humano
publicitario	potencialidad	cancer	tunel	caracter
television	genetica	raton	alimentos	bebida
azucar	geologo	observacion	trabajador	emision

3.4 Os verbos *llevar* e *traer*

Dissemos que las palabras ou sílabas llevan tilde, mas qual o significado do verbo llevar? Já que vou explicar o verbo llevar, aproveito para explicar também o verbo traer, seu "amigo".
Ambos os verbos significam, genericamente, "portar", e merecem uma explicação à parte porque, naturalmente, não podem ser usados à vontade: cada um tem seu uso específico e é fácil confundi-los, mesmo em português. É mais do que isso, é facílimo! É uma confusão que acontece muito no português também, acarretando o uso incorreto. Assim, vejamos bem quando se deve usar llevar e quando traer.

Llevar   Usa-se quando se fala do deslocamento de um objeto até um lugar diferente daquele onde se encontra o sujeito, aquele que fala.

Le **llevo** el libro a Carlos. **Levo** o livro para Carlos.
Neste caso, o livro se encontra onde o sujeito que fala está e deve ser transportado para um lugar diferente, ou seja, até Carlos.

Traer   Usa-se quando o deslocamento do objeto começa em um lugar para chegar a outro lugar diferente, onde o sujeito que fala se encontra.

Carlos me **trae** el libro. Carlos **me traz** o livro.
Neste caso, o livro se encontra distante de quem fala, provavelmente na escrivaninha de Carlos, e será transportado para o lugar em que se encontra o sujeito que fala.

Atenção: traer é usado também quando a pessoa que fala se refere a um espaço no qual ela mentalmente se encontra. Não, não no sentido de que está delirando, mas no sentido de que se refere a um espaço que lhe pertence e no qual se coloca pensando no futuro (veja só que frase linda!).

Por exemplo, Carlos e Pablo estão no parque e Pablo diz:
– Carlos, puedes **traerme** el libro a mi casa mañana?
– Claro, te lo **llevo** mañana.
– Carlos, você pode me trazer o livro em casa amanhã?
– Claro, eu o levo amanhã.

Portanto, nesse caso, Pablo usa o verbo traer mesmo sem estar em casa no momento em que fala; mas amanhã estará lá, no momento em que a ação de transportar o livro vai acontecer.

LIÇÃO 3

	LLEVAR	TRAER
Yo	llev-o	traigo
Tú	llev-as	tra-es
Él/ Ella/Usted	llev-a	tra-e
Nosotros/as	llev-amos	tra-emos
Vosotros/as	llev -áis	tra-éis
Ellos/Ellas/Ustedes	llev-an	tra-en

Aqui também temos um verbo irregular, traer, que é irregular apenas na 1ª pessoa. Veremos tudo isso no capítulo dedicado aos verbos irregulares.

Depois dessa explicação, tudo ficou bem fácil. E não desanime, com a prática tudo sempre fica muito mais simples!

3.5 *Los animales*

Agora, vamos deixar a gramática um pouco de lado para nos dedicar exclusivamente a enriquecer nosso vocabulário. Nesta lição, aprenderemos um pouco de léxico e várias curiosidades ligadas aos nossos amigos animales y bichos (animais e bichos). Resolvi fazer uma brincadeira: já que nesta lição estudamos o alfabeto, talvez seja uma boa ideia (e, se é minha, com certeza é!) apresentar um animal com cada letra do alfabeto. Algumas letras deram trabalho, mas foi divertido. Vamos conhecer um pouco o mundo dos animais!

A la abeja – a abelha
 el águila – a águia
 el avestruz – o avestruz
 la avispa – a vespa

B la babosa – la lesma
 (não ria!)
 la ballena – a baleia
 el burro – o burro

C el caballo – o cavalo
 el camaleón – o camaleão
 la cabra – a cabra
 el cerdo – o porco
 el cocodrilo – o crocodilo
 el conejo – o coelho

D el delfín – o golfinho

E el elefante – o elefante

F el flamenco – o flamingo
 (não, não é só a dança!)
 la foca – a foca

G la gallina – a galinha
 el gallo – o galo

el gato – o gato
el gorila – o gorila

H el hipopótamo – o hipopótamo
 la hormiga – a formiga

I la iguana – a iguana

J la jirafa – a girafa

K el koala – o coala

L el león – o leão
 la libélula – a libélula
 la liebre – a lebre
 el lobo – o lobo
 el loro – o papagaio

M la mariposa – a mariposa
 la marmota – a marmota
 el mono – o macaco
 la mosca – a mosca
 el mosquito – o mosquito
 el murciélago – o morcego

N la nécora – o caranguejo

LIÇÃO 3

Ñ el ñu – o gnu

O el oso – o urso
la oveja – a ovelha

P el pájaro – o pássaro
la paloma – a pomba
el perro – o cachorro
el pez – o peixe (**atenção**: pez é o peixe entendido como animal; quando dizemos pescado, referimo-nos apenas ao peixe como alimento)
el pingüino – o pinguim
el pulpo – o polvo

Q el quokka – o *quokka* (se não souber o que é, procure na *internet*: você vai encontrar imagens adoráveis deste animalzinho!)

R la rana – a rã
el ratón – o rato
el rinoceronte – o rinoceronte

S el saltamontes – o gafanhoto
el sapo – o sapo
la serpiente – a serpente

T el tiburón – o tubarão
el tigre – o tigre
el toro – o touro
la tortuga – a tartaruga

U la urraca – a gralha

V la vaca – a vaca

W el wombat – o vombate (e agora não me diga que não o conhece!)

X la xarda – a cavala. Precisava de um peixe, certo? Se quiser, há também o utilíssimo *Xenopus laevis*, o sapo liso, um tipo de sapo que, por sorte – porque dá um pouco de nojo – vive na África! Viu? Nada menos do que dois! E ainda dizem que não existem animais com X!

Y el yacare – o jacaré

Z el zorro – o herói mascarado! Não, ou melhor, não só. O zorro é a raposa! Apelido apropriado para o *alter ego* de Don Diego de la Vega!

Quantos nomes simpáticos, não é mesmo?
Se quiser aprender mais nomes, procure no dicionário os que estão faltando, mas eu passei uma lista de todos os que serão mais úteis. Especialmente o wombat e o *Xenopus laevis*: não acredito que você não o cite pelo menos uma vez ao dia!

LIÇÃO 3

Quer aprofundar?

Modismos e refranes – Ditos e provérbios

Você deve saber que nós, espanhóis, como também vocês, brasileiros, somos loucos por refranes (provérbios) e modismos (ditos): temos centenas deles, e um monte faz referência a animais. Quer aprender alguns? Você vai fazer bonito ao usá-los em uma conversa! Alguns são fáceis de lembrar porque são exatamente os mesmos em espanhol e português, ao passo que outros são uma divertida descoberta. Vejamos juntos alguns dos mais usados.
Dar gato por liebre Significa enganar alguém, como o "Comprar/vender/entregar gato por lebre" em português. Certamente, se dermos um gato a alguém dizendo que é uma lebre, estaremos enganando completamente a pessoa.
Aquí huele a gato encerrado É como o dito brasileiro "Tem gato na tuba", "Aí tem coisa". Usamos quando suspeitamos de algo obscuro.
No le busque tres pies al gato Significa, literalmente, "não procure três pés no gato", equivalente a ficar "procurando pelo em ovo", usado quando uma pessoa vê problemas até onde eles não existem. É um pouco como aconselhar a viver tranquilo.
Llevar el gato al agua "Levar o gato à água" significa conseguir algo realmente difícil. Quem tem um gato e já tentou lhe dar um banho certamente conhece a força desse ditado.
Llevarse como el perro y el gato Exatamente como em português, "ser como cão e gato". Refere-se às pessoas não se entendem, brigam. Às vezes, as pessoas a quem reservamos esse ditado são piores do que cães e gatos...
Ser más pesado que una vaca en brazos "Ser mais pesado que uma vaca no colo." Como eu gosto disso! Acho que é bem claro: usamos essa frase para aquelas pessoas que são um saco, de fato, impossíveis de suportar. Pensei em algumas pessoas a quem este modismo serve perfeitamente... E você?
Matar dos pájaros de un tiro "Matar dois coelhos com uma paulada só"; também se usa em português quando com uma só manobra obtemos dois resultados satisfatórios.
Vender la piel del oso antes de cazarlo. O significado de "vender a pele do urso antes de caçá-lo" parece com um modismo que você conhece

LIÇÃO 3

bem em português: "contar com o ovo no cu da galinha": cuidado com os projetos e as promessas que fizer antes de ter certeza de que está tudo em ordem!
Llorar lágrimas de cocodrilo "Chorar lágrimas de crocodilo." Quem nunca o fez? Na Espanha ou no Brasil, expressamos da mesma forma o choramingar pouco sincero por alguma coisa que aconteceu por nossa própria culpa.
A caballo regalado no le mires el diente "A cavalo dado não se olham os dentes." Aqui estamos de novo com um provérbio que é igual nas duas línguas e sempre nos lembra que aquilo que cai do céu deve ser aceito como vem, sem reclamação!
(Hacer algo) en menos que canta un gallo Significa "rapidamente", "pá-pum" ou, em um dito bem brasileiro, "em um piscar de olhos". Por exemplo, com minhas aulas, vas a aprender español en menos que canta un gallo.
Ser una mosquita muerta A tradução para o português é "ser uma mosca morta", mas, em espanhol, o principal significado é "ser uma pessoa aparentemente apática, que, porém, não perde a oportunidade de tirar proveito ou de prejudicar os outros". Na Espanha, todo mundo sabe o que é uma mosquita muerta; melhor não entrar muito em detalhes, porque podemos trazer à tona nossos piores instintos. Especialmente nós, mulheres!
Ponérse (a alguien) la piel de gallina Sei que você está rindo, mas o significado é só "ficar arrepiado", "ficar com o cabelo em pé"!
Ser más listo que un zorro A raposa é o animal mais astuto de todos, então este ditado popular não poderia ser mais parecido em todas as línguas. No Brasil se diz "esperto como uma raposa"!
Echarle los perros a alguien Deixei esta por último porque, entre todos os ditos e provérbios citados, este tem uma particularidade interessante: significa duas coisas diferentes, na Espanha e na América Latina. Ouso dizer muito diferentes! Espanha: "soltar os cachorros, dar bronca, censurar em voz alta". América Latina: "flertar, seduzir". Qual dos dois significados lhe agrada mais? Já vou avisando para usar este modismo com mucho cuidado (muito cuidado), porque poderá gerar graves mal-entendidos: se você repreender assim um ou uma colega de trabalho, na América Latina podem pensar que está se engraçando com ele ou ela; melhor evitar, não é mesmo?

LIÇÃO 3

Ejercicios

1) Palavras cruzadas El animal misterioso.

LIÇÃO 3

2) Associe a descrição ao animal mais adequado.
Se necessário, pode usar o dicionário.

1) Es el animal más valiente y el rey de la selva ....
2) Es un tipo de pájaro que no vuela y vive donde hace mucho frío ....
3) Es amarilla con manchas y tiene un cuello muy largo ....
4) Si nos pica nos puede hacer mucho daño ....
5) Es muy bonita y con alas coloradas ....
6) Es el animal más grande y vive en el mar ....
7) A muchos les gusta montar a ....

a) abeja   b) jirafa   c) ballena   d) pingüino   e) caballo   f) león
g) mariposa

3) Complete as frases com o dito popular mais apropriado. Se precisar, pode usar o dicionário. Hoje estou bem boazinha!

1) Miguel siempre sabe como obtener lo que quiere de sus padres, es
   ....

2) Antonio tenía mucha hambre, se ha comido todo el cocido en
   ....

3) Javier me habla solo de su trabajo, ¡qué aburrido! Es
   ....

4) Mis hermanos se pelean continuamente, en serio, se llevan
   ....

5) ¡Cuánto te complicas la vida! ¿No ves que va todo bien?
   ....

6) Mi padre siempre llega tarde por la noche y mi madre hoy le ha echado ....

CULTURA

La corrida de toros

Aqui estamos em nosso texto de fim de capítulo. Não poderíamos deixar de falar da tourada! Leia o trecho seguinte, faça uma reflexão a respeito e, principalmente, marque e procure no dicionário as palavras que não conhecer!

¡Hola amigos! Hoy me encuentro en la Plaza de toros de Madrid. ¿Y qué es la Plaza de toros? Es nada menos que sitio donde tiene lugar la corrida, que literalmente significa "carrera de toros". Como todos sabéis, en España la corrida de toros forma parte de nuestra tradición cultural y es una de nuestras tradiciones más antiguas, quizás una de las más antiguas del mundo que todavía se siguen practicando.
¿En qué consiste la corrida de toros?
Normalmente en la corrida de toros participan tres toreros que torean frente a seis toros, que se alternan en la arena. La corrida de toros sigue un protocolo tradicional y unas reglas, que pueden variar según el tipo de corrida y la zona donde se practica.
Los participantes son muchos: el torero, los banderilleros, los picadores, el mozo de espadas, y todos tienen su papel en lo que es el objetivo final, o sea matar al toro, que es la tarea del torero. Siempre se piensa que la corrida es una tradición sólo española, sin embargo la corrida de toros se practica en muchos otros países, sobre todo países de tradición hispánica, como por ejemplo México, Perú, Venezuela, Colombia, Costa Rica y Ecuador.
Además esta tradición existe también en países europeos como por ejemplo en Portugal y hasta Francia.
El tema de la corrida es un tema muy controvertido, sobre todo en los últimos tiempos, porque según la opinión de muchas personas se trata de una práctica violenta que no se puede considerar una tradición. Por otro lado muchos defienden la corrida de toros, opinando que se trata de una tradición española que se lleva a cabo desde hace siglos y que no hay que eliminarla.
Por supuesto yo os dejo a vosotros todos los comentarios. ¿Qué opináis vosotros sobre la corrida de toros?

PALAVRAS QUE VOCÊ NÃO CONHECE
¿Qué significa la palabra ....? O que significa a palavra ....?

LIÇÃO 4

4.1   *El verbo*: antes de começar
4.2   As três conjugações e o tempo presente
4.3   *Tener* e *haber*
4.3.1 *Tener que* – *Haber que*
4.4   O verbo *estar*
4.5   Usos de *ser* e *estar*
4.5.1 Quando *ser* e *estar* produzem mudança de significado
4.6   *Hay*
4.7   *Estar* + gerúndio

4.1 *El verbo:* antes de começar

¡Hola chicos! Finalmente chegamos aqui ao ponto crítico, ou seja, às lições sobre verbos!
Na verdade, são muito menos assustadores do que você pensa. Claro, vai exigir trabalho, alguns tempos verbais vão dar uma pequena canseira, mas eu também tive uma canseira para aprender português. E você vai se sentir bem satisfeito depois!

Por ora, não vamos nos concentrar em nada complicado, porque começaremos com o presente do indicativo dos verbos e veremos como conjugá-los; note que o sistema é parecido com o português. Não serve de consolo? Ânimo, e você vai ver que também é divertido!

4.2 As três conjugações e o tempo presente

Exatamente como em português, os verbos em espanhol se dividem em três grandes categorias, as famosas três conjugações. Tanto em português quanto em espanhol, os verbos terminam em -ar, -er e -ir.

Vejamos, agora, como se conjugam no presente, usando três verbos regulares bastante comuns:

estudiar (estudar)   comer (comer)   vivir (viver)

	ESTUDI**AR**	COM**ER**	VIV**IR**
Yo	estudi-**o**	com-**o**	viv-**o**
Tú	estudi-**as**	com-**es**	viv-**es**
Él/ Ella/Usted	estudi-**a**	com-**e**	viv-**e**
Nosotros/as	estudi-**amos**	com-**emos**	viv-**imos**
Vosotros/as	estudi-**áis**	com-**éis**	viv-**ís**
Ellos/Ellas/Ustedes	estudi-**an**	com-**en**	viv-**en**

Como você pode ver, é só questão de memorizar as conjugações no presente e **lembrar que a 2ª pessoa do plural** *lleva tilde*, sempre.
A aplicação do tempo presente é idêntica em português e espanhol: utiliza-se para falar de uma situação que acontece no presente, referente a algo certo e seguro.

Me gusta el chocolate. Gosto de chocolate.
Es un coche muy bonito y va muy rápido.
É um carro muito bonito e anda muito rápido.

Usa-se para falar de eventos e ações habituais no presente, situações que acontecem regularmente.

Me voy al cine todas las semanas. Vou ao cinema todas as semanas.
Vivo en casa de mis padres. Moro na casa dos meus pais.

E, ainda, é usado para verdades patentes...

Los españoles hablan español. Os espanhóis falam espanhol.
... e para falar sobre o futuro de coisas sobre as quais se tem certeza.

LIÇÃO 4

Mañana mi hermano hace el examen de italiano.
Amanhã meu irmão faz o exame de italiano.

La próxima semana vamos a la playa.
Na semana que vem vamos à praia.

Agora que vimos o presente dos verbos regulares das três conjugações, já podemos começar a usá-lo em alguns exercícios; depois, passaremos a ver o emprego de alguns verbos específicos no presente.

Ejercicios

1) Conjugue no presente os verbos nas seguintes frases, sempre com o dicionário em mãos.
Ej. Yo (hablar) hablo tres idiomas.

1) Mi padre y yo (caminar) .... mucho todos los días.
2) Carlos siempre (escuchar) .... música pop.
3) Pero ¿Qué (pasar) .... aquí? Ya basta de juegos ¡a la cama!
4) Los padres de José, el fin de semana, (llegar) .... a casa muy tarde por la noche.
5) ¿(vosotros, comer) .... con nosotros mañana?
6) ¿Mario (leer) .... el periódico todas las mañanas?
7) Paco, te (presentar) .... a mi novia Conchita.
8) Los alemanes (hablar) .... un idioma muy difícil.
9) Mi madre (trabajar) .... todos los domingos.
10) ¿Dónde (vivir) .... Carla y José?
11) La tienda (abrir) .... a las 11.30.
12) (vosotros, beber) .... demasiado.
13) ¿(tú, fumar) ....? No, no fumo.

LIÇÃO 4

14) Antonio (tocar) .... guitarra y violín.
15) (yo, buscar) .... un piso compartido.

2) Complete com o pronome correto, conforme o verbo.
Ej. Tú hablas demasiado por la mañana.

1) .... corren en la playa todas las semanas.
2) .... atiendo a los clientes en el banco.
3) .... espera las vacaciones para irse de viaje.
4) ¿ .... siempre ordenáis los documentos los jueves?
5) .... estudias por la noche cuando tienes exámenes.
6) .... nunca usan mi ordenador.
7) .... llegamos al colegio a las 9.00.
8) ¿ .... llamo a mis hermanos todos los días?
9) .... canta muy bien.
10) .... levantan las manos si quieren hablar.

3) Complete o diálogo com os verbos entre parênteses.

- Hola Mercedes, ¿(trabajar) .... todavía?
- Hola Samuel, pues sí.
- Pero ¿por qué no te (tomar) .... un descanso?
- Gracias Samuel, pero mañana (presentar) .... un proyecto muy importante en la conferencia.
- Ay sí es verdad, pero ¿no (hablar) .... siempre tú en estas conferencias?
- Sí pero bueno, yo siempre (cumplir) .... con mis

LIÇÃO 4

- deberes, no como otros que (pasar) .... todo el tiempo de brazos cruzados.
- Eso también es verdad, como yo.
- Jaja, que no Samuel, que no (hablar) .... de ti.
- Entonces ¿De quién (hablar) ....?
- Pues, por ejemplo del chico de la oficina a la izquierda, nunca (parar) .... de hacer lo que le da la gana.
- ¿Manuel? Pero si (abrir) .... la oficina todos los días, un poco (trabajar) ....
- Vale vale, tienes razón.
- Entonces ¿De qué va tu proyecto?
- Luego te lo (explicar) ...., por cierto, si quieres me (escribir) .... un comentario, o si no lo quieres hacer solo, me lo (escribir) .... tú y Manuel, a ver si (mejorar) ....
- Claro, pero ahora basta con el trabajo Mercedes.
- Sí, (terminar) .... unas cosas y voy a casa.
- Muy bien, (saludar) .... a tu marido por mí.
- Por supuesto, buenas noches Samuel.
- Buenas noches Mercedes.

4.3 *Tener* e *Haber*

Vamos conhecer mais duas personalidades interessantes, os verbos tener e haber, ter e haver, bem conhecidos dos brasileiros.

Mas na Espanha se faz um uso muito especial do verbo haver. E se respeita rigorosamente a diferença entre um e outro. No Brasil, na linguagem coloquial, o verbo *ter* costuma ser usado no lugar de haver (diz-se "Não tem nada na bolsa" em vez de "Não há nada na bolsa"). Tener indica posse, e haber, quando não é usado em tempos compostos, é impessoal e tem o sentido de existir.

Muito bem, vejamos o verbo tener em uso.

Yo tengo un perro. Eu tenho um cachorro.
Mi madre tiene un piso en Barcelona. Minha mãe tem um apartamento em Barcelona.
Tengo 33 años. Tenho 33 anos.

O verbo tener é **irregular**, mas não se espante, depois veremos como esses verbos funcionam... Por ora, dou-me por satisfeita se você aprender muito bem este! Leia em voz alta:

TENER	
Yo	tengo
Tú	tien-es
Él/Ella/Usted	tien-e
Nosotros/as	ten-emos
Vosotros/as	ten-éis
Ellos/Ellas/Ustedes	tien-en

LIÇÃO 4

Bem, e o verbo haber? O que significa? Quando se usa? Ele é usado de três maneiras, **apenas e exclusivamente** dessas três maneiras; uma delas vamos ver agora, porque é a mais simples. As outras veremos nos próximos capítulos, uma vez que exigem maiores explicações.

O uso mais simples do haber é como verbo auxiliar.
Hoy **he comido** paella y croquetas. Hoje **comi** *paella* e croquetes.

HABER	
Yo	he
Tú	has
Él/ Ella/Usted	ha
Nosotros/as	hemos
Vosotros/as	habéis
Ellos/Ellas/Ustedes	han

LIÇÃO 4

4.3.1 *Tener que - Haber que*

Vamos tratar de novo do verbo tener, mas em um contexto diferente. Quando está acompanhado da partícula que, assume o significado de outro verbo.

tener que = dever

Que fácil, é como em português. Mas cuidado: existe também o verbo deber, dever, mas com uma nuance sutil de significado.
Ambos exprimem uma obrigação ou uma necessidade, mas tener que é muito mais forte, refere-se a uma necessidade real, em suma, a uma verdadeira obrigação.

Tengo que marcharme, es muy tarde.
Tenho que ir, é muito tarde.
Se ha acabado la leche, tienes que comprarla.
Acabou o leite, você tem que comprar.

Por sua vez, deber exprime um tom mais brando, para conselhos ou para necessidades que não têm origem externa, que são mais reflexões pessoais.

Debo cortarme el pelo, está demasiado largo.
Preciso cortar o cabelo, está muito comprido.
Debes estudiar más si quieres aprobar los exámenes.
Você tem que estudar mais se quiser ir bem nas provas.

Em português, essa nuance não é tão clara. Na prática, você vai usar quase sempre tener que, muitas vezes também em contextos nos quais deber poderia ser igualmente usado: tener que é muito mais frequente.

Como o título desta lição dá a entender, existe uma distinção também entre tener que e haber que. Usamos haber em sua forma neutra, hay + que, para exprimir uma necessidade geral, impessoal, com o sentido de "é preciso", "é necessário".

LIÇÃO 4

Para viajar a otros países hay que tener pasaporte.
Para viajar para outros países é preciso ter passaporte.
No hay que ser muy listo para entender este chiste.
Não é necessário ser muito esperto para entender essa piada.

Lembre que todos esses verbos que exprimem o conceito "dever/ser necessário" funcionam exatamente como em português, ou seja, são sempre seguidos do verbo no infinitivo. Se necessário, dê outra olhada nos exemplos.

Atenção: lembre que para fazer frases negativas, basta colocar no antes do verbo. Muito simples!

Agora que já vimos a diferença entre haber e tener, nada melhor que uns exercícios para fixar. Eu sei que você estava esperando ansiosamente por isso!

Ejercicios

1) Tener ou quedarse con?
Ej. Mi hermano se queda con el Dvd un día más.

1) La casa .... muchas ventanas.
2) (yo) .... 35 años.
3) Yo y Alejandro .... la misma bicicleta.
4) Santiago .... con las fotos del viaje.
5) Las naranjas .... muchas vitaminas.
6) Mi vecino .... un gato negro muy cariñoso.
7) (yo) .... con el libro que me prestaste ¿Qué te parece?
8) (vosotros) .... un montón de zapatos.
9) Mis padres .... con el coche de tus padres este fin de semana también.
10) (tú) .... mucha paciencia, eres un santo.
11) (ella) .... una semana con los libros que acaba de coger en la biblioteca.
12) ¿Qué os parece si mi hermano y yo .... con el piso de verano en Agosto?

LIÇÃO 4

2) Use tener que na forma afirmativa ou negativa.
Ej. Mañana no tengo que ir al colegio. Es domingo.

1) Mi padre .... trabajar mucho si quiere ganar un buen sueldo.
2) Paula y yo .... andar hasta el colegio de su casa.
3) José .... ir al hospital, su gripe ha mejorado mucho.
4) Mis compañeros del colegio .... estudiar para el examen, en cambio yo .... hacer nada porque estoy enfermo.
5) ¿(vosotros) .... ir a cenar con Carlos? ¿Puedo ir yo también?
6) Miguel, ... fregar los platos todos los días, puedo hacerlo yo también.
7) Hoy (yo) .... cocinar, comemos pizza.
8) (usted) .... decirme lo que puedo hacer y lo que no.
9) (ustedes) .... preocuparse, yo me encargo de organizar las vacaciones.
10) (tú) .... escucharme muy bien cuando te hablo.

3) Complete com tener que ou haber que.
Ej. Si se quiere comer buen pescado hay que ir a restaurantes cerca del mar.

1) Para trabajar bien, ... acostarse pronto.
2) Los martes .... coger el coche si quiero llegar a tiempo al trabajo.
3) Mi amiga .... comprar un libro pero no lo encuentra.
4) En los cines .... portarse bien y no hablar en voz alta.
5) Si hay un robo .... llamar a la policía.
6) Cuando no desayunas demasiado .... comer algo a media mañana.
7) No .... hablar ruso si se va a Moscú, todo el mundo habla inglés.
8) No .... hablar tan rápido contigo, ya lo sé, lo siento.

4.4 O verbo *estar*

E agora, mais canja de galinha.

Mesmo parecendo tudo tão igual ao português, é importante que você se habitue a ver a grafia das palavras e exercite o seu uso diretamente no espanhol, especialmente quando se trata de um verbo irregular, como este.

Vejamos como conjugá-lo.

ESTAR	
Yo	estoy
Tú	estás
Él/ Ella/Usted	está
Nosotros/as	estamos
Vosotros/as	estáis
Ellos/Ellas/Ustedes	están

Lembre que com exceção da 1ª pessoa do singular e do plural, todas as outras llevan tilde.
Como se usa o verbo estar? Vejamos os usos mais **simples**.

1) Para indicar a posição de alguma coisa ou de alguém.

Mi familia está en Madrid. Minha família está em Madri.
Madrid está en España. Madri fica na Espanha.

2) Para falar de um estado físico e/ou psicológico momentâneo.

Estoy cansado. Estou cansado.
Estoy bien/mal. Estou bem/mal.
Estoy triste. Estou triste.

3) Em geral, para tudo aquilo que se considera transitório.

La ropa está mojada.
A roupa está molhada. (Vai secar, não pode ficar molhada para sempre!)
La habitación está sucia.
O quarto está sujo. (Alguém vai limpar, não ficará sujo para sempre!)

LIÇÃO 4

Atenção: nas orações interrogativas em espanhol, o verbo estar, geralmente, fica antes do sujeito.

¿Está tu padre en casa? Seu pai está em casa?
¿Dónde están mis camisas? Onde estão minhas camisas?

Não é tão difícil, certo? Agora, tente fazer os exercícios!

Ejercicios

1) Conjugue o verbo estar corretamente.
Ej. (yo) Estoy de mal humor.

1) Manuel y Federico .... en el colegio.
2) Pablo .... muy triste.
3) Hoy no (nosotros) .... para bromas, es un mal día.
4) ¿(vosotros) .... en casa el viernes?
5) Lucia, mejor si te vas a casa, se nota que .... muy cansada.
6) (Ustedes) .... de viaje?
7) ¡Hola Francisco! Sí, ... en casa de Ramón, ¿vienes?
8) (usted) .... muy bien con ese vestido.

4.5 Usos de *ser* e *estar*

Não se preocupe, não há nada muito difícil de absorver aqui; há apenas alguns usos dos verbos ser e estar que são levemente diferentes no espanhol e no português.

Vamos al grano, ou direto ao ponto?
Como já vimos, o verbo estar é usado nas seguintes situações.

1) Indicar a posição de alguma coisa/alguém.

La iglesia está en el centro de la ciudad.
A igreja fica no centro da cidade.
Mis padres están de vacaciones en Salamanca.
Meus pais estão de férias em Salamanca.

> **DICA!**
> Quando se fala da localização de alguma coisa, usa-se sempre a preposição en, nunca a.
> ~~Mis padres están a Salamanca~~. Nunca! Mas veremos melhor isso no capítulo sobre as preposições. Só quis me antecipar, antes que você cometa algum erro.

2) Como já dissemos, usamos estar também para exprimir um estado físico e/ou psicológico momentâneo.

Estoy de mal humor. Estou de mal humor.
Estoy bien/mal. Estou bem/mal.
Estoy feliz. Estou feliz.

A **diferença principal** com o verbo ser é que este último é usado para as coisas que definem algo ou alguém, referindo-se a uma condição permanente. Em contrapartida, estar se refere principalmente a situações temporárias, ao estado transitório em que alguém ou alguma coisa se encontra.

LIÇÃO 4

Atenção: reflita sobre uma coisa. Para você, está certo dizer Mi casa está en Madrid ou Mi casa es en Madrid? A primeira frase é a correta, Mi casa está en Madrid. De fato, o verbo estar é usado também para **exprimir localização de pessoas ou de coisas (não de eventos)**.

Vejamos, agora, os principais casos em que usaremos o verbo ser.

- **Para a identidade**: Yo soy Helena, soy una mujer. Eu sou Helena, sou uma mulher.
- **A nacionalidade**: Yo soy española. Eu sou espanhola.
- **A procedência**: Yo soy de Madrid. Eu sou de Madri.
- **A religião**: Yo soy católica. Eu sou católica.
- **A profissão**: Yo soy profesora. Eu sou professora.
- **As relações pessoais**: Carlos es mi hermano. Carlos é meu irmão.
- **O material**: La mesa es de madera. A mesa é de madeira.
- **As características físicas**: Paula es alta, es rubia, es guapa. Paula é alta, é loira, é bonita.
- **A classe**: Los perros son mamíferos. Os cães são mamíferos.
- **As cores**: Mi coche es rojo. Meu carro é vermelho.
- **O preço**: ¿Cuánto es? Son dos euros. Quanto é? São dois euros.
- **A data e a hora**: El Jueves es Navidad. Quinta-feira é Natal. Son las tres y media. São três e meia.

Como você pode ver, são todas situações que dificilmente podem sofrer alteração: Yo soy Helena, soy una mujer y soy española, apesar dos enormes progressos da cirurgia, é uma verdade absoluta e dificilmente mudará, por isso uso o verbo ser.
Para entender a diferença entre os dois verbos, precisamos nos perguntar, então, se falamos de algo permanente ou não.

Estar será usado para falar de:

1) Estados de espírito.
Estoy triste, estoy alegre. Estou triste, estou alegre.

2) Estado de saúde ou condições gerais.
Estoy bien, estoy malo, estoy cansado. Estou bem, estou mal, estou cansado.

LIÇÃO 4

Como dá para notar, são situações momentâneas, que podem variar: hoje estamos alegres, mas amanhã podemos não estar; hoje estamos bem, mas quem sabe o que poderá acontecer amanhã (e já aviso que, em espanhol, para afastar maus espíritos e o azar se usa tocar madera, que é o mesmo que "bater na madeira")?

Existem, ainda, outros casos que não se encaixam nessa categorização, porque não são necessariamente transitórios, mas podem não ser definitivos. Pedem o verbo estar:

1) Exprimir uma opinião.
Estoy de acuerdo. Estou de acordo.

2) O estado civil.
Estoy casado, estoy divorciado. Sou casado, sou divorciado (mulheres, cuidado ao se apaixonarem por um espanhol: como podem perceber, o casamento não é algo definitivo para nós!).

Atenção: aos solteiros que nos leem, tenho uma má notícia! Embora se use o verbo estar para dizer estoy casado (situação temporária), dizemos soy soltero. Nem tente ficar quebrando a cabeça, senão, vamos acabar falando sobre a origem do universo. Esse é um caso especial. Assim como é um caso especial – e curioso – o seguinte:

Estar vivo, estar morto. Estar vivo, estar muerto.

Uma vez mais, usamos o verbo estar (situação temporária). Nada é para sempre!

LIÇÃO 4

4.5.1 Quando *ser* e *estar* produzem mudança de significado

Em alguns casos, é preciso ficar particularmente atento à escolha entre os dois verbos, porque, conforme o que usarmos, alteraremos o sentido do que dissermos. Por exemplo, se você estiver falando com um amigo e quiser dizer que ele é mesmo uma boa pessoa, dirá: ¡Qué bueno eres!. Se, por acaso, disser ¡Qué bueno estás!, provavelmente ele vai sair correndo, porque vai pensar que você é um canibal, já que estar bueno, na maior parte dos casos, significa "ser gostoso", literalmente ou em sentido figurado.

Esse é um exemplo de caso em que o uso do verbo ser ou estar muda totalmente o significado da frase. Vejamos mais alguns para ficarmos tranquilos e não meter la pata (pisar na bola).

Ser listo. Ser inteligente.
Estar listo. Estar pronto.

Ser malo. Ser mau.
Estar malo. Sentir-se mal.

Ser bueno. Ser bom.
Estar bueno. Ser gostoso. (**Cuidado**: estar bueno/a, quando aplicado a uma pessoa, em alguns lugares também significa "ser atraente").

Ser aburrido. Ser uma pessoa chata.
Estar aburrido. Estar entediado.

Ser vivo. Ser vivo (criatura com vida).
Estar vivo. Estar vivo (no sentido de respirando e com batimentos cardíacos).

Ser rico. Ter dinheiro.
Estar rico. Estar gostoso (em referência a comida).

LIÇÃO 4

Ser distraido. Ser distraído (como característica, ser uma pessoa que se distrai).
Estar distraido. Estar distraído (num determinado momento, por exemplo, na aula).

E aqui está uma variante regional bem importante:
Ser borracho. Ser um alcoólatra.
Estar borracho. Estar bêbado.

Vimos muitos exemplos e provavelmente compreendemos o mecanismo geral desses dois verbos: vamos fazer um teste de campo? ¡Vámonos!

Ejercicios

1) Escolha o verbo correto.
Ej: Paula, esta es/está mi familia

1) Mi madre es/está enfadada conmigo porque mi habitación es/está desordenada.
2) Hoy no soy/estoy bien, me voy a casa.
3) Juana es/está soltera, qué raro, con lo guapa que es/está.
4) Javi, ¿Por qué no quieres ir a la fiesta conmigo? ¡Qué aburrido eres/estás!
5) Paloma y María son/están de viaje a México. ¡Qué suerte!
6) El chico que te gusta es/está casado con otra mujer, lo siento.
7) Son/Están las 5.00 de la tarde.
8) Usted es/está muy bien con ese traje.
9) Las paredes de mi casa son/están verdes.
10) La comida es/está fría, siempre llegáis tarde.

LIÇÃO 4

2) Complete com ser ou estar.
Ej. La nevera está vacía.

1) Mi marido .... camarero, trabaja en un restaurante muy importante.

2) Ana ¿Dónde .... las camisetas de Julio?

3) Los niños .... en casa de la vecina.

4) ¿ .... nerviosa por tu boda?

5) Mis compañeros y yo .... cansados de trabajar hasta las tantas.

6) Mañana .... el día de mi cumpleaños.

7) La Puerta del Sol .... en el centro de Madrid.

8) Mi coche .... viejo, pero todavía funciona bien.

9) El coche de Pepe .... aparcado en Calle Mayor.

10) Mi novio .... bastante rico, sus padres .... ambos abogados.

11) Las ballenas .... mamíferos.

12) El presidente .... muy amable pero últimamente .... de mal humor.

13) Estos bollos .... riquísimos.

14) Andrés .... listo.

15) Mi madre .... enferma, mejor llamar al médico.

LIÇÃO 4

3) Agora, um pouco de tradução. Traduza as frases seguintes. Aconselho que você tenha sempre o dicionário à mão!
Ej. Miguel é muito simpático. Miguel es muy simpático.

1) Eu e minha mãe somos loiras. ....
2) O sanduíche está muito bom. ....
3) As flores de Paco estão muito perfumadas. ....
4) Meu pai é muito bonito e interessante. ....
5) A minha cidade é Madri e fica na Espanha. ....
6) Morango é minha fruta preferida. ....
7) Paco está na Plaza Mayor e nos espera. ....
8) Paula está sempre de mau humor, não sei o que fazer. ....
9) As margaridas são brancas e amarelas. ....
10) Os meus óculos estão sobre a mesa da cozinha. ....

4.6 *Hay*

Hay, há, é a forma impessoal do verbo haber, que significa haver, existir. É muito utilizada em espanhol. Infelizmente, mais do que no Brasil, pois na linguagem coloquial há o vício de usar o verbo "ter" na função de "haver", existir.

Por isso, morda a língua antes de tentar traduzir com base na linguagem coloquial. Dizer "tiene un banco por aquí?" está tão errado quanto pedir uma "cueca-cuela" no boteco! Me poupe!

¿Hay un banco por aquí? Há um banco por aqui? (e não "tem um banco por aqui?")
¿Hay niños hoy en el parque? Há crianças hoje no parque?

Atenção: o mais simples em hay é que é invariável, é usado tanto para o singular quanto para o plural. No primeiro caso, falamos de um banco, no singular, e no segundo, falamos de crianças, no plural. Mas nos dois exemplos hay não precisou de flexão.

Vejamos mais exemplos.

Hay un vaso sobre la mesa. Há um vaso sobre a mesa.
¿Hay un cine por aquí? Sí, hay uno al lado del banco. Há um cinema por aqui? Sim, há um ao lado do banco.
Hay cinco estudiantes en la clase. Há cinco estudantes na aula.
Hay muchos cursos de español en Madrid. Existem muitos cursos de espanhol em Madri.
Hay pocos libros en tu casa. Há poucos livros em sua casa.
No hay ningún documento sobre tu mesa. Não há nenhum documento sobre sua mesa.

LIÇÃO 4

Atenção: aqui também, naturalmente, a negativa é formada colocando o costumeiro no antes de hay. Muito simples!

No hay agua, voy a comprarla. Não há água, vou comprar.
Hay mucho pan, podemos preparar unos bocadillos. Há muito pão, podemos fazer uns sanduíches.

Agora atenção: para fazer perguntas sobre quantidades, usaremos estas duas formas:

1) No plural, no caso dos contáveis.
¿Cuántos/cuántas + sujeito + hay?
¿Cuántos gatos hay en tu jardín? Quantos gatos há no seu jardim?
¿Cuántas manzanas hay en tu bolso? Quantas maçãs há na sua bolsa?

2) No singular, no caso de não contáveis.
¿Cuánto/cuánta + sujeito + hay?
¿Cuánta leche hay en la nevera? Quanto leite há na geladeira?
¿Cuánto dinero hay en el banco? Quanto dinheiro há no banco?

LIÇÃO 4

Você está pronto para pôr em prática o que acabou de aprender, certo? Muito bem, porque chegamos aos exercícios!

Ejercicios

1) Escolha o verbo correto.
Ej. En mi casa hay/está mucha luz.

1) En el colegio   **hay/están**   unos niños.
2) Tu perro   **hay/está**   en casa de mi amigo Federico.
3) ¿**Hay/está**   azúcar ? Sí,   **hay/está**   sobre la mesa.
4) En la calle Alcalá   **hay/está**   un cine con películas en idioma original.
5) En mi edificio   **hay/están**   muchos pisos compartidos.
6) Mi edificio   **hay/está**   cerca de la farmacia.
7) El pueblo de mi abuelo   **hay/está**   cerca de Valencia.
8) En la nevera   **hay/está**   leche suficiente para ti y tu hermano.
9) ¿Dónde   **hay/está**   una tienda de ropa?
10) ¿Dónde   **hay/está**   el banco, por favor?

2) Complete com hay/está ou están.
Ej. Hay muchos libros en mi estantería.

1) ¿Dónde .... mis gafas de sol? No las encuentro.
2) En mi clase .... 12 estudiantes.
3) .... demasiado ruido, por favor, un poco de silencio.
4) ¿ .... mis hijos en casa? No, ... en casa de sus amigos.

LIÇÃO 4

5) Allí en ese edificio .... la oficina del alcalde.
6) No .... tantas cosas que visitar en esta ciudad.
7) En mi casa .... cuatro dormitorios.
8) La playa .... a cinco minutos de aquí.
9) Las fajitas .... casi listas. Vamos a comer.
10) Quiero comprar un ramo de flores para Marta pero no .... floristerías por aquí cerca.

3) Ligue as perguntas às respostas corretas.
1) Perdone ¿Dónde está la tienda de zapatos?
2) ¿Dónde están mis vaqueros?
3) ¿Hay muchos estudiantes en tu colegio?
4) ¿Dónde está de vacaciones tu mujer?
5) ¿Dónde hay una oficina de turismo?
6) ¿Hay embutidos en casa?

A) Pues sí, hay ochenta más o menos
B) Está en Ibiza, se lo está pasando muy bien
C) Creo que sí, podemos preparar bocadillos
D) Está al lado de la tienda de ropa
E) Hay una muy buena por ahí
F) No lo sé, a lo mejor están en la lavadora

LIÇÃO 4

4) Complete a seguinte descrição de *Guernica*, o famosíssimo painel de Picasso, usando hay/está ou están.

Este cuadro se llama "Guernica", es una de las pinturas españolas más famosas, y es una de las las obras más importantes del siglo XX, conocida en todo el mundo. .... en el Museo "Reina Sofía" que .... en Madrid. En el Reina Sofía .... muchas obras pero Guernica es la más famosa y .... gente que viene de todas partes del mundo para verla. .... en la sección "Guerra Civil" del museo, donde .... muchos cuadros y hasta videos sobre la Guerra Civil española.

Guernica es la obra maestra del pintor Pablo Picasso, que dijo "La pintura no .... hecha para decorar las habitaciones. Es un instrumento de guerra ofensivo y defensivo contra el enemigo."

Guernica es un óleo sobre lienzo, ... pintado en blanco y negro y a pesar de su título y de las circunstancias no .... en el cuadro ninguna referencia directa al bombardeo de Guernica, una ciudad que .... en el País Vasco.

.... muchos personajes e imágenes, personas, animales y objetos. El toro y la madre con hijo muerto .... en la parte izquierda del cuadro, el guerrero muerto .... en la parte de abajo y el caballo .... en el centro. También .... unas personas en la parte derecha. Las figuras .... organizadas en triángulos y el más importante es el del centro, donde .... el caballo y la mujer que lleva la lámpara.

LIÇÃO 4

Es un cuadro impresionante y .... mucha tristeza en él, y sensación de miedo. Sin embargo es una obra que nos hace entender bien el horror que causó la guerra.

Quer aprofundar?

Dias, meses e estações

Los días de la semana
lunes	segunda-feira
martes	terça-feira
miércoles	quarta-feira
jueves	quinta-feira
viernes	sexta-feira
sábado	sábado
domingo	domingo

Atenção: em espanhol, os nomes dos dias da semana são todos masculinos, diferentemente do português, em que todos são femininos, exceto o sábado e o domingo.

El domingo siempre nos vamos al cine. No domingo sempre vamos ao cinema.

Los meses del año
enero	janeiro	julio	julho
febrero	fevereiro	agosto	agosto
marzo	março	septiembre	setembro
abril	abril	octubre	outubro
mayo	maio	noviembre	novembro
junio	junho	diciembre	dezembro

LIÇÃO 4

En julio nos vamos de vacaciones. Em julho saímos de férias.

Las estaciones
  primavera   primavera
  verano   verão
  otoño   outono
  invierno   inverno

En primavera mi jardín está lleno de flores.
Na primavera, meu jardim fica cheio de flores.

4.7 *Estar* + gerúndio

Ainda o verbo estar? Bem, sim, mas estamos bem no final e vamos fechar o capítulo com uma lição muito simples, para que não nos afastemos de modo algum do português.

O gerúndio é um tempo que se usa para uma ação de desenvolvimento, e em espanhol forma-se como em português.

estar + gerúndio

Basta conjugar o verbo estar, enquanto o gerúndio é invariável.

Estoy estudiando español con Helena.
Estou estudando espanhol com Helena.

Viram? A estrutura é a mesma do português, como também o uso. Portanto, espero grandes coisas de você com esse tempo verbal. Sei que vai se sair muito bem!

O que pode cansar um pouco é o gerúndio. Vejamos logo detalhes de como se forma, e depois veremos como funcionam os verbos de gerúndio irregular.

O gerúndio se forma assim:

verbos em **-ar** → **-ando**   estudi-**ar** – estudi-**ando**
verbos em **-er** → **-iendo**   com-**er** – com-**iendo**
verbos em **-ir** → **-iendo**   viv-**ir** – viv-**iendo**

Assim, a construção verbal fica da seguinte forma:

Yo   estoy
Tú   estás   trabaj-**ando**
Él/Ella/Usted   está
Nosotros   estamos   beb-**iendo**
Vosotros   estáis
Ellos/Ellas/Ustedes están   escrib-**iendo**

LIÇÃO 4

Agora vem a parte mais chata, ou seja, os irregulares.
Infelizmente, é uma praga inevitável, mas não são tantas. Então, vamos aprender quais são os gerúndios irregulares mais importantes!

Antes de tudo, os verbos que apresentam uma vogal + -er ou -ir se transformam assim:

le-er (ler) → le-yendo
o-ír (ouvir) → o-yendo

re-ír (rir) → r-iendo
fre-ír (fritar) → fr-iendo

E o verbo "ir", como sempre, é especial:

ir (ir) → yendo

Temos, ainda, outros irregulares.

- Em alguns verbos, o E se transforma em I na raiz.

E → I
decir, dizer → diciendo
corregir, corrigir → corrigiendo
mentir, mentir → mintiendo
pedir, pedir → pidiendo
repetir, repetir → repitiendo
seguir, seguir → siguiendo
sentir, sentir → sintiendo
venir, vir → viniendo
vestir, vestir → vistiendo

- Em outros, o O se transforma em U na raiz.

O → U
dormir, dormir → durmiendo
morir, morrer → muriendo
poder, poder → pudiendo

LIÇÃO 4

¡Aquí están! Não são muitos, não é mesmo?
Agora, vamos tentar fazer alguns exercícios juntos. Mas fique tranquilo, porque são muito simples. Assim você relaxa antes do próximo capítulo!

Ejercicios

1) Complete com estar + gerúndio na forma correta.
Ej. No voy al restaurante hoy, estoy comiendo un bocadillo.

1) Hoy no entiendo nada de lo que (explicar) .... el profesor.
2) Pilar (hablar) .... con sus padres, y no tiene buena cara.
3) No (nosotros, comentar) .... tu manera de vestir, de verdad.
4) El chico tan guapo que (entrar) .... es el novio de Carla.
5) (vosotros, hacer) .... demasiado ruido y yo no puedo dormir.
6) No puedo más Pablo, me (molestar) .... mucho esta vez.
7) Julio y Ana (caminar) .... en el parque. Voy con ellos.
8) Hola Miguel, nosotros (ir) .... al cine, ¿vienes?
9) El bebé (llorar) ...., tengo que ir a calmarle.
10) Diego ¿Qué quieres? ¿No ves que (leer) ....?

2) Escolha os verbos e conjugue-os no gerúndio com estar.

hacer	ver	mentir	subir
escuchar	pedir	hacer	limpiar
estudiar	trabajar	preparar	

Ej. Los niños están jugando en el jardín

1) Mi madre .... en la oficina de mi padre.
2) José .... las escaleras.
3) Raúl y yo .... la compra para la fiesta.

LIÇÃO 4

4) (yo) .... la comida, no puedo salir ahora.
5) ¿Qué .... aquí? Sabéis que no se puede entrar.
6) Hola Federico ¿Qué .... ? – Una canción estupenda.
7) Mis abuelos .... la tele, no tenemos que molestarles.
8) Javier, me .... ¿Por qué no me dices la verdad?
9) Paco .... para el examen que tiene mañana.
10) (nosotros) .... pidiendo informaciones en la oficina de turismo.
11) Inés y Luisa no pueden jugar ahora .... sus habitaciones.

3) Faça a correspondência correta entre as frases.

1) ¿Tienes algo que mandarle a María?..................................
2) Mi hermano está bebiendo demasiado ....
3) No puedes moverte ahora Virginia..................................
4) Ahora voy a comer mamá ....
5) Esa peli seguro que es muy divertida..................................
6) Mañana mis padres van de vacaciones, ...
7) ¿Qué estáis esperando? ....

A) la peluquera te está cortando el pelo.
B) estoy terminando mis deberes.
C) están haciendo las maletas.
D) Le estoy enviando un paquete.
E) Es muy tarde y hay que salir.
F) tengo que decirle algo para que lo deje.
G) mira como están riendo todos.

LIÇÃO 4

Quer aprofundar?

Advérbio de frequência

Para expressar a frequência com que desenvolvemos as atividades, usamos as seguintes expressões:

todos los días todos os dias
todas las tardes/mañanas todas as tardes/manhãs
todos los sábados/domingos todos os sábados/domingos
todas las semanas todas as semanas
todos los meses todos os meses
todos los años todos os anos

una vez a la semana/una vez al mes/una vez al año uma vez por semana/uma vez por mês/uma vez por ano
dos veces a la semana/dos veces al mes/dos veces al año duas vezes por semana/duas vezes por mês/duas vezes por ano

siempre sempre
casi siempre quase sempre
normalmente normalmente
a menudo com frequência
a veces/de vez en cuando às vezes/de vez em quando
casi nunca quase nunca
nunca nunca

Hago deporte todos los días. Pratico esporte todos os dias.
Voy de vacaciones una vez al año. Saio de férias uma vez por ano.
Voy a menudo al cine. Vou com frequência ao cinema.
Voy de vez en cuando a ver el partido de fútbol. De vez em quando, vou ver uma partida de futebol.
No como nunca pescado. Nunca como peixe.

CULTURA

Las celebraciones de Navidad y Nochevieja

Você pensa que o Natal é igual em todo lugar? Na Espanha, comemoramos de maneira diferente. Tenho certeza de que este texto lhe interessará muito! Marque todas as palavras que não conheça e dê especial atenção aos verbos no presente, já que acabamos de estudá-los!

¡Hola a todos! Esta vez os voy a contar algo sobre un periodo del año que me gusta mucho, la Navidad. ¿Os gustan las fiestas de Navidad? A mí me encantan, ¡todo es tan alegre! Los regalos, las luces y todos los adornos navideños ¡Qué maravilla!
Primero están las comidas, se come mucho y muchas cosas diferentes. Una cosa muy típica de la Navidad son los dulces, en particular los turrones, blandos o duros, y uno de los más famosos es el turrón de Alicante. También se comen otros dulces como el polvorón, un bollo pequeño hecho con harina, manteca y azúcar, y los mazapanes modelados con diferentes formas.
Los dulces que se comen son diferentes en muchos países hispánicos, por ejemplo en Argentina el dulce típico de la Navidad es el Panettone, por las grandes influencias italianas que hay en este país.
Una tradición muy popular en España es la cesta de Navidad, que las empresas suelen regalar a sus empleados, o también se les regala a los médicos, por ejemplo. Es una cesta con productos típicos de las fiestas de Navidad, como turrón, bombones, botellas de cava o vino, embutidos y latas de espárragos. La cesta es costumbre en Italia también, pero en España es realmente popular. Se hacen muchas de las cosas que se hacen en Italia también, como el árbol de Navidad, el belén, se cantan villancicos, que son las canciones típicas navideñas como por ejemplo Noche de Paz.
Las fiestas de Navidad empiezan el 24 de diciembre en Nochebuena y terminan el 6 de enero con los Reyes, aunque oficiosamente empiezan el 22 de diciembre con el sorteo de la lotería navideña, una tradición que empezó en 1812 en Cádiz.
Algo muy curioso para vosotros es que nosotros celebramos la Navidad, pero no abrimos los regalos el 25 de Diciembre. En España no hay Santa Claus, los que traen los regalos a los niños son los Reyes Magos en la noche entre el 5 y 6 de enero, aunque últimamente la costumbre de

Papá Noel se hace cada vez más popular con las influencias de otras culturas. La tradición es que los Reyes traigan los regalos y que se coma el Roscón de Reyes, un bollo con forma circular con una sorpresa dentro. En las ciudades españolas tiene lugar la Cabalgata de los Reyes, un desfile de carrozas típico.

En este periodo se celebra también el fin del año, y en España por Nochevieja es costumbre comer 12 uvas, una por cada campanada del reloj de la Puerta del Sol de Madrid. La tradición de las doce uvas dice que los que no consigan terminar sus 12 uvas antes de que terminen las campanadas va a tener un año de mala suerte. ¿Os gustan nuestras tradiciones de Navidad? Son muy divertidas. Os aconsejo que vengáis a España alguna vez en este periodo, seguro que os va a encantar. ¡Feliz Navidad y Feliz año nuevo!

PALAVRAS QUE VOCÊ NÃO CONHECE
¿Qué significa la palabra ....? **O que significa a palavra ....?**

....
....
....
....
....
....
....
....
....
....
....
....
....

LIÇÃO 5

5.1	O adjetivo
5.1.1	Do masculino ao feminino e do singular ao plural
5.2	Os pronomes demonstrativos
5.3	Os pronomes possessivos
5.4	O grau dos adjetivos
5.4.1	O comparativo
5.4.2	O superlativo
5.5	Descrever uma pessoa
5.5.1	Como se pergunta como uma pessoa é?
5.6	Os pronomes indefinidos
5.7	*Los colores*
5.8	*La ropa*

5.1 O adjetivo

Em espanhol, como em português, os adjetivos concordam em gênero e número com o substantivo a que se referem:

una mujer hermosa, uma mulher bonita
un perro ruidoso, um cão barulhento
unas calles sucias, umas ruas sujas
unos bolígrafos rojos, umas canetas vermelhas

Podem ser colocados antes ou depois do substantivo a que se referem; sua função gramatical não muda, geralmente muda apenas a nuance de significado que adquire, exatamente como acontece em português.
Por exemplo:
un perro bueno, um cão bom, tranquilo, afetuoso, fiel
un buen perro, um bom cão, isto é, um cão de constituição física boa ou um cão eficaz.

> **DICA!**
> Alguns adjetivos, se postos antes de um nome masculino, perdem o -o final. Comportam-se assim bueno (bom), malo (mau), alguno (algum), ninguno (nenhum), primero (primeiro), tercero (terceiro): buen, mal, algún, ningún, primer, tercer.

un buen día, um belo dia
un mal gato, um gato mau
algún amigo, algum amigo
ningún hombre, nenhum homem
el primer día, o primeiro dia
el tercer día, o terceiro dia

LIÇÃO 5

Quer aprofundar?

Bueno vs. bien

Bueno é um adjetivo muito utilizado em espanhol. Funciona como qualquer outro adjetivo (existem a forma masculina bueno e a feminina buena; no plural, buenos, buenas) e perde o -o quando vem antes de um substantivo masculino singular.

BUENO, BUENA, BUENOS, BUENAS + SUBSTANTIVO

Rafael es un buen padre.
Rafael é um bom pai.

Paloma es una buena atleta.
Paloma é uma boa atleta.

Los niños son buenos.
As crianças são boas.

Las tartas del cumpleaños de Jaime eran muy buenas.
Os bolos do aniversário de Jaime estavam muito bons.

Os brasileiros muitas vezes confundem buen com bien, que é um advérbio e, como tal, modifica o significado do verbo. Significa "bem" e é empregado sempre depois do verbo.
Portanto, a construção é:

VERBO + BIEN

¿Cómo está Juan?
Está bien, gracias.
Como está Juan?
Está bem, obrigado.

LIÇÃO 5

Bueno pode ser usado também como fórmula de consenso e, neste caso, corresponde ao português "bem", ou "está bem", ou, ainda, "claro".

¿Estás contento con tu nuevo trabajo?
Bueno, sí.
Você está contente com o novo trabalho?
Bem, sim.

Nos vemos mañana.
Bueno.
[Nós] nos vemos amanhã.
Está bem.

¿Vamos a comer?
Bueno.
Vamos comer?
Claro.

LIÇÃO 5

5.1.1 Do masculino ao feminino e do singular ao plural

O feminino dos adjetivos masculinos terminados em -o, -ón, -or, -án, -ín (inclusive os adjetivos pátrios) é formado acrescentando-se um -a ao final.

bueno/buena	un niño bueno, um menino bom
malo/mala	una gata mala, uma gata má
dormilón/dormilona	un chico dormilón, um garoto dorminhoco
trabajador/trabajadora	un hombre trabajador, um homem trabalhador
chiquitín/chiquitina	una mujer chiquitina, uma mulher pequena
alemán/alemana	una salchicha alemana, uma salsicha alemã
francés/francesa	un postre francés, uma sobremesa francesa
inglés/inglesa	una profesora inglesa, uma professora inglesa

Como em português, também em espanhol existem adjetivos que não sofrem variação, seja no feminino ou no masculino: são os que terminam em -í, -e e os que não terminam em -ón, -or, -án, -ín.

israelí	un dátil israelí, uma tâmara israelense
árabe	una alfombra árabe, um tapete árabe
marroquí	un té marroquí, um chá marroquino
feliz	una chica feliz, uma moça feliz
legal	un acto legal, um ato legal
joven	un chaval joven, um rapaz jovem

Quanto à formação do plural dos adjetivos, as regras são as mesmas que se aplicam aos substantivos.

feo/feos	Para las madres, sus hijos nunca son feos.
	Para as mães, seus filhos nunca são feios.
mala/malas	Las heladas son malas para los cultivos.
	As geadas são ruins para as plantações.
intensa/intensas	unas luces intensas
	umas luzes intensas
obediente/obedientes	los niños obedientes
	as crianças obedientes

LIÇÃO 5

feliz/felices   Las personas felices son hermosas.
As pessoas felizes são lindas.
alemán/alemanes   Los coches alemanes son muy buenos.
Os carros alemães são muito bons.
marroquí/marroquíes   Me gustan los paisajes marroquíes.
Gosto das paisagens marroquinas.

Quer aprofundar?

Adjetivos pátrios

E agora, vamos examinar a fundo o nome dos países e as diferentes nacionalidades.

¡Hola, soy Helena y soy española, ¿y tú de dónde eres?
Oi, sou Helena e sou espanhola. E você, de onde é?

Vosotros sois brasileños.
Vocês são brasileiros.

E todas as outras pessoas que vivem nos diferentes países do mundo? Como se diz a nacionalidade de cada uma em espanhol?
Vamos começar pelos países que fazem fronteira com a Espanha!

Francia → francés/a   Laetitia Casta es francesa
Laetitia Casta é francesa

Portugal → portugués/a   El gallo de Barcelos es un souvenir portugués.
O galo de Barcelos é um suvenir português.

Inglaterra → inglés/a   El Príncipe Guillermo de Inglaterra es inglés.
O príncipe William da Inglaterra é inglês (sim... nós, espanhóis, traduzimos tudo o que é passível de tradução. No começo isso vai parecer excêntrico, mas depois você se acostuma).

Vejamos, agora, outros países.

LIÇÃO 5

Suiza → suizo/a
El chocolate mejor es el chocolate suizo.
O melhor chocolate é o suíço.

Austria → austriaco/a
(atenção, também pode ser escrito com acento no i: austríaco/a)
La Venus de Willendorf es una escultura austriaca de una diosa madre prehistórica.
A Vênus de Willendorf é uma escultura austríaca de uma deusa-mãe pré-histórica.

Albania → albenés/a
La música polifónica tradicional albanesa está inscrita en la lista del Patrimonio Cultural Inmaterial.
A música polifônica tradicional albanesa está inscrita na lista do Patrimônio Cultural Imaterial.

Vamos continuar com a Europa.

Eslovenia → esloveno/a
Los paisajes eslovenos son maravillosos.
As paisagens eslovenas são maravilhosas.

Alemania → alemán/a
El coche BMW es un coche alemán.
A BMW é um carro alemão.

Noruega → noruego/a
Las mujeres más bonitas son las noruegas.
As mulheres mais bonitas são as norueguesas.
(Não é verdade, são as espanholas, e eu sou um claro exemplo disso!)

Bélgica → belga
Las patatas fritas son una invención belga.
As batatas fritas são uma invenção belga.

Grecia → griego/a
Los griegos bailan el sirtaki.
Os gregos dançam *sirtaki*.

Irlanda → irlandés/a
Al final de los arcoíris irlandeses hay una olla llena de oro.
No final dos arco-íris irlandeses há um pote cheio de ouro.

Dinamarca → danés/a
Las galletas danesas son muy ricas.
Os biscoitos dinamarqueses são muito gostosos.

Rusia → ruso/a
Los rusos beben mucho vodka.
Os russos bebem muita vodca.

LIÇÃO 5

Suecia → sueco/a El sueco es una lengua nórdica.
 O sueco é uma língua nórdica.
Rumanía → rumano/a Ceauşescu era un dictador rumano.
 Ceauşescu era um ditador romeno.
Bulgaria → búlgaro/a El búlgaro es la lengua oficial de Bulgaria.
 O búlgaro é a língua oficial da Bulgária.
Hungría → húngaro/a El cubo Rubik es un invento de un arquitecto húngaro.
 O cubo mágico é invenção de um arquiteto húngaro.
Holanda → holandés/a Los tulipanes son flores holandesas.
 As tulipas são flores holandesas.

Concluímos com uma porção de outras nacionalidades; assim, teremos certeza de não termos esquecido de ninguém!

América → americano/a, que, por sua vez, pode ser: norteamericano/a, se a pessoa vive na América do Norte, ou também estadounidense. Quando se refere a uma pessoa que vive na América do Sul, diz-se suramericano/a ou sudamericano/a.
Australia → australiano/a
África → africano/a
Arabia → árabe
India → indio/a (não confunda indio com indiano! Nós, espanhóis, usamos a palavra indio em referência aos originários da Índia. E indiano, em espanhol, é o aborígene da América. Muitas vezes, "indiano" designava um espanhol que havia feito fortuna na América e depois voltara para a Espanha.)
China → chino/a
Japón → japonés/a

Agora, vamos ver os países sul-americanos em que se fala espanhol (de habla hispana):

LIÇÃO 5

Costa Rica → costarricense
Cuba → cubano/a
Guatemala → guatemalteco/a
Puerto Rico → puertorriqueño/a
El Salvador → salvadoreño/a

México → mexicano/a
Honduras → hondureño/a
Ecuador → ecuatoriano/a
Nicaragua → nicaraguense
Panamá → panameño/a

Colombia → colombiano/a

Venezuela → venezolano/a

Perú → peruano/a

Bolivia → boliviano/a

Uruguay → uruguayo/a

Chile → chileno/a

Argentina → argentino/a

LIÇÃO 5

Ejercicios

1) Complete as frases seguintes (em caso de novas nacionalidades, pode buscar auxílio no dicionário).

1) Clauss es de Alemania, es ....
2) Ellas son de Irlanda, son ....
3) Marion es de Francia, ella es ....
4) Él es de Japón, es ....
5) John y Jane son de Canadá, son ....
6) Heleni es de Grecia, es ....
7) Ronaldo es de Brazil, es ....
8) Britney es de EEUU (=Estados Unidos), es ....
9) Manuel es de Portugal, es ....
10) Xiu Yang es de China, ella es ....

2) Complete a tabela.

PAÍS	NACIONALIDAD	
	MASCULINO	FEMENINO
Japón	japonés	
Uruguay		
Italia		
Dinamarca		
Corea		
Marruecos		
Australia		

| 165

LIÇÃO 5

PAÍS	NACIONALIDAD	
	MASCULINO	FEMENINO
Eslovenia		
República Checa		
Honduras		
Guatemala		

3) Responda: ¿Cuál es el adjetivo referido a los/las ...?

1) Niños que viven en India ....
2) Chicas que llegan de Panamá ....
3) Personas que llegan de Arabia ....
4) Hombres que llegan de Ecuador ....
5) Escribe las dos variantes gráficas de los que llegan de Austria ....
6) Los muchachos de Puerto Rico ....
7) Las mujeres de Rumanía ....
8) Las niñas de Suecia ....
9) Los chavales de El Salvador ....
10) Las viejas de Hungría ....

5.2 Os pronomes demonstrativos

Este assunto é meio espinhoso; portanto, vamos abordá-lo a passos de criança. Para facilitar a compreensão, tenha em mente que, em espanhol, os adjetivos demostrativos são aquilo que em português chamamos de pronomes demonstrativos: este, esse, aquele. Por ahora, por enquanto, não falaremos dos pronombres demostrativos.

Adjetivos demostrativos
No masculino singular: este, ese, aquel
No masculino plural: estos, esos, aquellos
No feminino singular: esta, esa, aquella
No feminino plural: estas, esas, aquellas

Se tentar relembrar o que você aprendeu na escola, vai saber como usar os demonstrativos. Vamos imaginar todos nós saindo juntos para um café, falando, com maior ou menor delicadeza, sobre fofoca, cotilleo. Este, esta, estos, estas são usados para o que está perto de quem está falando.

Este coche es de Juan. Este carro é de Juan.
Esta alfombra es persa. Este tapete é persa.

Ese, esa, esos, esas são usados para o que está mais próximo de quem está ouvindo.

Ese bolígrafo es tuyo. Essa caneta é sua.
Esa bufanda es cara. Essa echarpe é cara.

Aquel, aquella, aquellos, aquellas são usados para o que está distante de nós.

Aquellos edificios son nuevos. Aqueles prédios são novos.
Aquellas casas son viejas. Aquelas casas são velhas.

Lembramos que, para os adjetivos demostrativos, o masculino singular termina em -e, e não em -o! A propósito, o café será por sua conta, certo? ¡Qué lindo!

LIÇÃO 5

Quer aprofundar?

E o esto

Esto é neutro e não é o masculino de esta! Lembre que o masculino dos adjetivos demostrativos é formado com -e final.

Este espejo está sucio   Este espelho está sujo
Encontré esto en la calle Encontrei isto na rua

Ejercicios

1) Observe os desenhos e escolha os adjetivos demonstrativos corretos.

1 .... libro

4 .... revista

2 .... mujeres

5 .... tenedor

3 ....grafas

6 .... perro

5.3 Os pronomes possessivos

Você não está cansado, não é mesmo? Vamos, só mais um esforcinho! Chegou a hora dos pronomes possessivos, los adjetivos posesivos, que indicam a quem pertence o objeto ou a pessoa a que se referem.

Vejamos isso juntos!

PESSOAS	SINGULAR	PLURAL
1ª pessoa singular (yo)	mi (meu, minha)	mis (meus, minhas)
2ª pessoa singular (tú)	tu (teu, tua)	tus (teus, tuas)
3ª pessoa singular (él, ella, usted)	su (seu, sua)	sus (seus, suas)
1ª pessoa plural (nosotros/-as)	nuestro, nuestra (nosso/a)	nuestros, nuestras (nossos/as)
2ª pessoa plural (vosotros/-as)	vuestro vuestra (vosso/a)	vuestros, vuestras (vossos/as)
3ª pessoa plural (ellos/-as, ustedes)	su (seu, sua)	sus (seus, suas)

Mi novio es el mejor del mundo. Meu namorado é o melhor do mundo.
Mi casa es pequeña y luminosa. Minha casa é pequena e iluminada.
¡Su cara no me gusta! Não gosto da cara dele!
Nuestros vecinos son muy amables. Nossos vizinhos são muito gentis.
Sus libros son viejos. Seus livros são velhos.

> **DICA!**
> Esses adjetivos posesivos aparecem sempre antes do nome ao qual se referem e não são precedidos por nenhum artigo, como pode acontecer em português. Preste atenção, você jamais ouvirá ~~el mi novio~~, o meu namorado, e sim mi novio, meu namorado.

LIÇÃO 5

Por que na dica anterior eu escrevi "esses adjetivos posesivos"? Existem outros? Sim! Lembra que em espanhol os adjetivos podem vir antes ou depois do nome? Pois bem, os que vêm a seguir são aqueles que vêm depois do nome a que se referem.

PESSOAS	SINGULAR		PLURAL	
	masculino	feminino	masculino	feminino
	mío	mía	míos	mías
2ª pessoa singular (tú)	tuyo	tuya	tuyos	tuyas
3ª pessoa singular (él, ella, usted)	suyo	suya	suyos	suyos
1ª pessoa plural (nosotros/-as)	nuestro	nuestra	nuestros	nuestras
2ª pessoa plural (vosotros/-as)	vuestro	vuestra	vuestros	vuestras
3ª pessoa plural (ellos/-as, ustedes)	suyo	suya	suyos	suyas

Preste sempre atenção às mudanças de gênero e número – masculino/feminino e singular/plural.

São usados desta forma:
- Nas perguntas iniciadas por pronome interrogativo:
  ¿Qué bolso mío te gusta más?
  De qual bolsa minha você mais gosta?

- Nas frases iniciadas por adjetivos demostrativos:
  Aquella amiga tuya es una cotilla.
  Aquela sua amiga é uma fofoqueira.

LIÇÃO 5

- Quando se referem a um número indeterminado de coisas ou pessoas:
  Amigos nuestros viven en Chile.
  Uns amigos nossos moram no Chile.

- Quando se referem a um elemento indefinido dentro de um conjunto:
  Un amigo mío habla muy bien ruso. (uno dentre muchos amigos)
  Um amigo meu fala russo muito bem. (um dentre muitos amigos)

Ejercicios

1) Preencha com os pronomes possessivos corretos:

1) Este coche no es .... coche es aquel coche rojo allí. (Estoy hablando de mí mismo)

2) No es .... bolígrafo, ... bolígrafo .... está allá.

3) Jaime es italiano, pero .... padres no son de Italia.

4) Los señores Encontrada y .... hijos se han mudado de casa.

5) Micaela Clara, ese es .... profesor. (Estoy hablando con las chicas)

5.4 O grau dos adjetivos

Os adjetivos exprimem qualidades de pessoas e coisas. E essas características podem ser indicadas com diversas nuances. Graças aos comparativos e superlativos, podemos modificar a dimensão e intensidade dos adjetivos.

5.4.1 O comparativo

O comparativo de superioridade é usado para indicar que uma coisa ou alguém tem uma qualidade superior ou inferior a outra pessoa ou coisa. Por exemplo, se eu quiser dizer que sou mais simpática (e modesta) do que você, como faço? Uso o comparativo de superioridade! Yo soy más simpática (primeiro termo da comparação) que tú (segundo termo da comparação). Forma-se com más para o primeiro termo da comparação, e que para o segundo. Até aqui nenhuma novidade, certo?

COM ADJETIVOS: más + adjetivo + que

Helena es más guapa que Cameron Diaz
Helena é mais bonita que Cameron Diaz.

Vou encher o livro de mensagens subliminares para convencê-lo. Repita comigo: Helena es más guapa que Cameron Diaz.

COM SUBSTANTIVOS: verbo + más + substantivo + que

Pedro tiene más libros que Carlos. Pedro tem mais livros que Carlos.

> **DICA!**
> Sua namorada pegou você contemplando a beleza de uma mulher alta e vistosa? Como sair desse enrosco? Dizendo: Mi amor, ella es bella, pero ¡no es más hermosa que tú! Tú eres, sin dudas, más atractiva, más delgada, tu rostro es más delicado, tu sonrisa más encantadora... E tente ser convincente: nós, espanholas, somos muito melindrosas!

LIÇÃO 5

Atenção: em espanhol também existem formas irregulares do comparativo de superioridade.

BASE	COMPARATIVO REGULAR	COMPARATIVO IRREGULAR
grande	más grande	mayor (maior)
pequeño	más pequeño	menor (menor)
bueno	más bueno	mejor (melhor)
malo	más malo	peor (pior)
alto	más alto	superior (superior)
bajo	más bajo	inferior (inferior)

Hola, soy el hermano mayor de Carlos. Olá, sou o irmão mais velho de Carlos.
Eva es menor que Javi. Eva é mais nova que Javi.
Tu coche es mejor que el mío. Seu carro é melhor que o meu.
Este queso es peor que el de ayer. Este queijo é pior que o de ontem.

Quando se usa superior e inferior, o segundo termo de comparação é introduzido por a.

Rocío es superior a Pilar en cuestión de cocina. Como cozinheira, Rocío é superior a Pilar.
No somos inferiores a ellos. Não somos inferiores a eles.

O comparativo de inferioridade é usado para fazer um paralelo entre duas coisas e dizer que a primeira é inferior à segunda.
Vanessa Encontrada es menos simpática (primeiro termo de comparação) que Helena (segundo termo de comparação).
Vanessa Encontrada é menos simpática que Helena.

É praticamente igual ao comparativo de superioridade, basta colocar menos no lugar de más.

LIÇÃO 5

COM ADJETIVOS: menos + adjetivo + que

Yo soy menos guapa que Helena.
Eu sou menos bonita que Helena. (Você... sempre tão simpática comigo!)

COM SUBSTANTIVOS: verbo + menos + substantivo + que

Carlos tiene menos libros que Pedro.
Carlos tem menos livros que Pedro.

Com os comparativos (seja de superioridade ou de inferioridade), **o advérbio "muito"** é traduzido por mucho (e não muy! Preste atenção).

Seu sanduíche é muito mais saboroso que o meu.
Tu bocadillo es mucho más sabroso que el mío.
Meu sanduíche é muito menos saboroso que o seu.
Mi bocadillo es mucho menos sabroso que el tuyo.

> **DICA!**
> Em espanhol, tanto para o comparativo de superioridade quanto para o de inferioridade, o segundo termo de comparação é introduzido por de (em vez de que) quando:
>
> - é precedido por lo;
> Helena estudia menos de lo necesario.
> Helena estuda menos que o necessário.
>
> - é precedido por lo que, la que, los que, las que;
> Mi prima es más vieja de lo que aparece.
> Minha prima é mais velha do que parece.
>
> - é uma quantidade, ou a comparação é feita com um número.
> Este libro cuesta más de mil euros.
> Este livro custa mais de mil euros
> Raúl tiene más bocadillos de los que necesita.
> Raul tem mais sanduíches do que precisa.

LIÇÃO 5

O comparativo de igualdade, como o próprio nome diz, é usado quando se comparam duas coisas que são iguais!

Tú eres tan alto (primeiro termo de comparação) como yo (segundo termo de comparação).

Para fazer essa comparação usa-se tanto/tan no primeiro termo de comparação e como no segundo. Ou igual de no primeiro e que no segundo termo de comparação.

COM ADJETIVOS: tan/tanto + adjetivo + como

María es igual de guapa que Helena.
María é tão bonita quanto Helena. (Mas não é verdade!)
María es tan alta como Helena.
María é tão alta quanto Helena.

COM SUBSTANTIVOS: verbo + tanto/a, tantos/as + substantivo + como
ou verbo + igual de + substantivo + que

Paula tiene tantos juguetes como Laura ou Paula tiene igual de juguetes que Laura. Paula tem tantos brinquedos quanto Laura.

> **DICA!**
>
> Também é possível a combinação **tanto/a/os/as** + **substantivo** + **cuanto/a/os/as** + **verbo**, ou seja, o segundo termo de comparação também pode ser introduzido por como.
>
> Tienes tantos libros como quieres ou tienes tantos libros cuantos quieres.
> Você tem tantos livros quanto quer.
>
> Tanto e como podem vir também um em seguida do outro quando o comparativo de igualdade se referir a verbos.
> Leo tanto como tú. Leio tanto quanto você.

LIÇÃO 5

Ejercicios

1) Complete as frases com o comparativo de superioridade.

1) Helena es .... inteligente .... su hermano.
2) La ciudad es .... ruidosa .... el pueblo.
3) Estos relojes son .... caros .... aquellos.
4) Mi hermana es .... (mas vieja) .... yo.
5) Soy .... (menos vieja) .... mi hermano.
6) Tu no eres inferior .... nadie.

2) Complete as frases com o comparativo de inferioridade.

1) Soy menor de mi hermana, pero ella es .... alta .... yo.
2) Estas blusas son .... caras, pero son peores.
3) Alberto es .... caprichoso .... su hermana.
4) Luisa es .... trabajadora .... su novio.
5) Sofía estudia .... lo que debe.
6) Este coche cuesta .... mil euros.

3) Complete as frases com o comparativo de igualdade.

1) Carlos es .... alto .... Juan.
2) Lola es .... simpática .... Pilar.
3) Las cebras son .... grandes .... los caballos.
4) Jorge lee .... libros .... Luis
5) Mayte no tiene .... amigas .... Julieta.
6) Hoy no hay .... gente .... ayer.

LIÇÃO 5

5.4.2 O superlativo

Eis um exemplo de **superlativo relativo de superioridade**:
Helena es la más bella del universo.
Helena é a mais bela do universo.

Forma-se com:
el, **la**, **los**, **las** + **más** + **adjetivo** + **de**

Raquel es la más inteligente del curso.
Raquel é a mais inteligente do curso.

Eis um exemplo de **superlativo relativo de inferioridade**:
El verano es la estación menos fría del año.
O verão é a estação menos fria do ano.

Forma-se com:
el, **la**, **los**, **las** + **menos** + **adjetivo** + **de**

Este ejercicio es el menos fácil de la página.
Este exercício é o menos fácil da página.

> **DICA!**
> **Atenção!** Se o segundo termo de comparação for um verbo, usa-se **que** (e não **de**):
>
> Leire es la mujer más amable que conozco.
> Leire é a mulher mais gentil que conheço.

E – a cereja do bolo – eis o **superlativo absoluto**!

Helena es muy linda./Helena es lindísima.
Helena é muito linda./Helena é lindíssima.

LIÇÃO 5

Como você pode ver, em espanhol podemos formar o superlativo absoluto de duas maneiras diferentes: muy + adjetivo, ou com o sufixo -ísimo/a/os/as. Embora se use comumente muy + adjetivo, os falantes de espanhol adoram usar o sufixo -ísimo; é muito mais popular do que no português.

Aquella chica es altísima.
Aquela garota é altíssima.

Como acontece com os comparativos, os superlativos também têm suas formas irregulares.

BASE	REGULARES		IRREGULAR
grande	muy grande	grandísimo	máximo
pequeño	muy pequeño	pequeñísimo	mínimo
malo	muy malo	malísimo	pésimo
bueno	muy bueno	buenísimo	óptimo
alto	muy alto	altísimo	supremo
bajo	muy bajo	bajísimo	ínfimo

E se desejar tranquilizar uma amiga quanto à primeira impressão que ela causou em um garoto?
No te preocupes, ¡Has causado una óptima impresión!

Ejercicios

1) Complete com o superlativo relativo de superioridade (+) ou de inferioridade (−).

1) Miguel es .... alto .... su clase. (−)

2) Antonio es el hombre .... atractivo .... conozco. (−)

3) Esther es .... alegre .... del grupo. (+)

4) Es el pastel .... sabroso .... he comido. (−)

5) Lucas es .... elegante .... mundo (+)

LIÇÃO 5

2) Transforme as frases do exercício anterior em superlativos absolutos fazendo as modificações necessárias.

1) ....
2) ....
3) ....
4) ....
5) ....

Quer aprofundar?

Muy, mucho e demasiado

Muy é um advérbio que significa "muito"; mucho pode ser um adjetivo, um pronome ou um advérbio. Frequentemente, os brasileiros fazem confusão entre essas duas palavras, portanto, vamos analisá-las em detalhe: quando se usa muy, e quando se usa mucho?

Muy é uma palavra invariável e pode ser empregada antes de outros advérbios ou adjetivos.
 muy + adverbio ou muy + adjetivo

Álvaro es un hombre muy rico. Álvaro é um homem muito rico.
Me voy, es muy tarde. Vou embora, está muito tarde.

Mucho pode ser flexionado: existe também no feminino e no plural (mucha, muchos, muchas).
Mucho significa igualmente "muito", mas também "vários", "demais", "em grande quantidade" e é empregado antes dos substantivos ou depois dos verbos.
 mucho + substantivo ou verbo + mucho

Sara tiene mucha hambre. Sara tem muita fome.
Helena duerme mucho. Helena dorme muito.
Mucha gente no entiende el japonés. Muita gente não entende japonês.
Tengo muchos DVD. Tenho muitos (em demasia) DVD.

LIÇÃO 5

Já que estamos aqui, vamos apresentar também o termo demasiado, que pode ter função de adjetivo, pronome ou advérbio, e tem tanto a forma feminina, quanto o plural: demasiada, demasiados, demasiadas. Significa "demais".

demasiado + substantivo

Hace demasiado calor. Faz calor demais.
Hay demasiada gente. Há gente demais.
He comido demasiados pasteles. Comi docinhos demais.
Has trabajado demasiadas horas. Trabalhei horas demais.

Ejercicios

3) Complete as frases com *muy*, *mucho*, *demasiado*, *bueno*, *bien*.

1) En este centro comercial hay (há) .... gente. Vamos a otro.

2) Estoy .... cansado, ¿regresamos a casa?

3) Es un .... muchacho, siempre me ayuda.

4) Paulo tenía gripe, pero ahora está ....

5) Pedro hace .... favores a sus amigos.

6) Marta habla .... el chino.

7) Las habitaciones de esta casa son .... amplias.

8) No sé si te gusta pero yo creo que es una .... novela.

9) Tengo .... amigas en México.

5.5 Descrever uma pessoa

Agora que já vimos os adjetivos e o grau dos adjetivos, estamos qualificados a descrever uma pessoa. Como podemos descrever Helena, por exemplo? Vamos começar com nossa opinião sobre sua aparência.

> Helena es una chica joven y bonita.
> Helena é uma garota jovem e bonita.

A seguir, podemos começar a esboçar seu aspecto físico. Vamos começar pela cabeça.

> Tiene el pelo castaño, liso, largo y los ojos marrones.
> Tem cabelo castanho, liso, comprido e olhos castanhos.

Prosseguimos dizendo como é seu rosto.

> Su cara es muy expresiva, su frente es amplia y sus ojos intensos.
> Seu rosto é muito expressivo, sua testa é ampla e seus olhos, intensos.

Continuamos acrescentando particularidades.

> Su nariz es un poco grande, y su cuello es fino.
> Seu nariz é um pouco grande, e seu pescoço é fino.

E aí damos uma visão de conjunto da pessoa.

> Es bastante alta y tiene un físico atlético.
> É bastante alta e tem porte atlético.

Para concluir, podemos passar a descrever seu caráter.

> Es una persona alegre, amable y muy simpática.
> É uma pessoa alegre, gentil e muito simpática.
> Es divertida e inteligente.
> É divertida e inteligente.

> **DICA!**
> A conjunção y, antes de palavras que começam por i- ou hi-, transforma-se em e!

LIÇÃO 5

5.5.1 Como se pergunta como uma pessoa é?

É simples. Podemos perguntar com um ¿Cómo es?, ou ¿Sabes cómo es?, ou ainda ¿Me puedes decir cómo es?

Para responder a essas perguntas precisamos dos adjetivos: vejamos juntos alguns que podem ser úteis na descrição das pessoas.

EL ASPECTO GENERAL
¿Cómo es?

alto/a	alto
bajo/a	baixo
de estatura mediana	de estatura mediana
atlético/a	atlético
robusto/a	robusto
corpulento/a	corpulento
esbelto/a	esbelto
delgado/a	magro
gordo/a	gordo
deportivo/a	esportivo
ágil	ágil
barrigudo/a	barrigudo

EL CARÁCTER Y LA PERSONALIDAD
¿Cómo son su carácter y su personalidad?

tranquilo/a	tranquilo
nervioso/a	nervoso
tímido/a	tímido
sincero/a	sincero
alegre	alegre
amable	gentil

LIÇÃO 5

inseguro/a	inseguro
generoso/a	generoso
simpático/a	simpático
antipático/a	antipático
educado/a	educado
extravagante	extravagante
divertido/a	divertido

Quer aprofundar?

Feo, bajo e gordo

O espanhol é uma língua educada: normalmente, não se diz que alguém simplesmente é bajo (baixo) ou feo (feio); procura-se dourar a pílula com o sufixo -ito. Por exemplo: Pedro es gordito (Pedro é gordinho), Pedro es bajito (Pedro é baixinho) ou Pedro es un poquito feo (Pedro é um pouquinho feio). Pobre Pedro, por que tanta raiva dele?

Quer conhecer mais alguns adjetivos? Vamos começar pelos cabelos!

EL PELO
¿Cómo es su pelo? Tiene el pelo corto. Tem cabelo curto.

corto	curto	ondulado	ondulado
rizado	cacheado	liso	liso
rapado	raspado	largo	comprido

Uma curiosidade: em espanhol usamos sempre el pelo, no singular, em referência ao cabelo ou cabelos: tengo el pelo lacio, meus cabelos são lisos, ou meu cabelo é liso.

¿De qué color es? Tiene el pelo moreno. Tem cabelo escuro.

moreno	moreno	rojizo	ruivo
rubio	loiro	blanco	branco
castaño	castanho		

LIÇÃO 5

LA CARA
¿Cómo es su cara? Su cara es preciosa. Seu rosto é lindo.

alargada	alongado	preciosa	lindo
ovalada	oval	curtida	curtido
redonda	redondo	expresiva	expressivo
rolliza	rechonchudo	inexpresiva	inexpressivo
arrugada	enrugado		

LOS OJOS
¿De qué color son sus ojos? Sus ojos son azules. Seus olhos são azuis.
¿Cómo son sus ojos? Sus ojos son intensos. Seus olhos são intensos.

azules	azuis	negros	pretos
verdes	verdes	tiernos	doces
intensos	intensos	rasgados	puxados
maquillados	pintados	soñadores	sonhadores
redondos	redondos		

LA NARIZ
¿Qué forma tiene su nariz? Su nariz es recta. Seu nariz é reto.

recta	reto	torcido	torto
chata	achatado	puntiaguda	pontudo
fina	fino	aguileña	aquilino
larga	comprido		

LA BOCA
¿Cómo es su boca? Su boca es redonda. Sua boca é redonda.

sutil	fina	redonda	redonda
grande	grande	habladora	tagarela
pequeña	pequena		

LIÇÃO 5

Quer aprofundar?

Os verbos *amar* e *querer*

Não gostaria que todos esses adjetivos fizessem você esquecer a conjugação dos verbos. Portanto, preste atenção a estes dois verbos belíssimos: querer e amar. Qual a diferença? Antes, dê uma olhada nas conjugações.

	AMAR	QUERER
Yo	am-o	quier-o
Tú	am-as	quier-es
Él, Ella, Usted	am-a	quier-e
Nosotros, Nosotras	am-amos	quer-emos
Vosotros, Vosotras	am-áis	quer-éis
Ellos, Ellas, Ustedes	am-an	quier-en

Vamos começar pelo verbo amar, que é o que causará menos problemas, porque o significado em espanhol não é diferente do português: significa "amar", sentir amor por alguma coisa ou alguém.

Marta ama la música rock. Marta ama *rock*.
Juan ama su trabajo. Juan ama seu trabalho.
Pilar ama a Pedro. Pilar ama Pedro (lembre que, em espanhol, se ama a alguien, que pode ter 2 pernas ou 4 patas, não importa, será sempre amar a e nunca amar e pronto).

E querer, um verbo tão bonito, qual seria seu significado? Lendo as definições, descobrimos que querer, *grosso modo*, tem muita compatibilidade com o significado que em português se dá ao mesmo verbo (que tem a mesma grafia, ora!). Pode significar:

- desejar, querer
  ¿Quieres un zumo de fruta?
  Quer um suco de fruta?

LIÇÃO 5

- ter a vontade ou determinação
  Laura estudia psicología, quiere ser psicóloga.
  Laura estuda psicologia, quer ser psicóloga.

- decidir, determinar, tomar uma decisão
  Quiero comprar un coche nuevo.
  Quero comprar um carro novo.

- amar, querer bem
  Ana quiere a Luis. Ana ama Luis.

E aqui começam os problemas! Você conhece uma mulher falante de espanhol em sua viagem de férias, vocês ficam duas semanas juntos, e ela diz te quiero. Você fica feliz porque entende que ela o deseja, ou sai correndo porque a maluca mal o conhece e já diz que o ama?
Na Espanha (repare bem, estou falando daquele quadrado de terra que fica entre França e Portugal, não dos outros países hispanófonos), usa-se muito mais o verbo querer no sentido de amar. Portanto, se quiser dizer a alguém que o ama, use querer. Por exemplo, aos amigos, aos avós, à mamãe e ao papai diremos mami, papi, abuelita, abuelito, compañeros ¡os quiero!, e estamos combinados.
Então, a diferenciação entre querer e amar, ambos no sentido de sentir amor, fica mais no plano subjetivo, ou poético. Como cantava José José no final dos anos 1970:

Casi todos sabemos querer. Pero pocos sabemos amar.
Quase todos sabem querer. Mas poucos sabem amar.

5.6 Os pronomes indefinidos

São vários os pronomes indefinidos em espanhol. Muitos funcionam tanto como adjetivos quanto como pronomes, mas não nos ocuparemos dessa função neste tópico.
Eis alguns dos pronomes indefinidos mais usados.

- Alguno, alguna, algunos, algunas ("algum, alguma, alguns, algumas"): concordam com o substantivo ao qual se referem. Lembre que se alguno estiver antes de um substantivo masculino que começa por vogal transforma-se em algún.

    Leo algunos cuentos de los hermanos Grimm.
    Leio alguns contos dos irmãos Grimm.

- Ninguno, ninguna (nenhum, nenhuma); ninguno transforma-se em ningún antes de substantivos masculinos.

    Hoy no he visto ningún telediario.
    Hoje não assisti a nenhum telejornal.

    As formas plurais ningunos e ningunas têm uso especial:

1) Diante de substantivos usados no plural com sentido de singular:
    No tengo ningunas gafas de sol.
    Não tenho óculos de sol.

2) Em enunciados negativos de valor enfático:
    Ya no somos ningunos jóvenes.
    Já não somos mais jovens.

3) Com plurais expressivos:
    No tengo ningunas ganas de hablar con él.
    Não tenho nenhuma vontade de falar com ele.

- Bastante, bastantes (um tanto, muito, bastante, bastantes, o bastante, quanto basta, o suficiente).

    He comido bastante pasta.
    Comi bastante massa.

LIÇÃO 5

Tengo amigos bastantes.
Tenho amigos o suficiente.

- Cada (cada), invariável.

  En cada parada del autobús hay una señal.
  Em cada ponto de ônibus há uma sinalização.
  Cada vez que nos ve se pone a llorar.
  Cada vez que nos vê começa a chorar.

- Todo, toda, todos, todas (todo, toda, todos, todas) indica quantidade.

  Todas las mañanas bebo un vaso de zumo de naranja.
  Todas as manhãs bebo um copo de suco de laranja.

- Cierto, cierta, ciertos, ciertas (certo, certa, certos, certas) são usados para indicar uma quantidade indeterminada, reduzida ou algo bem específico que não se quer (ou não se pode) especificar.

  En esta calle no se puede aparcar a ciertas horas.
  Não se pode estacionar nesta rua em certas horas.

- Cualquiera (qualquer), invariável, mas diante de substantivo masculino sofre apócope e se torna cualquier.

  Dame un cuaderno cualquiera.
  Dê-me um caderno qualquer.
  Dame cualquier cuaderno.
  Dê-me qualquer caderno.

- Mismo, misma, mismos, mismas (mesmo, mesma, mesmos, mesmas) usam-se, como em português, tanto para identificar quanto para enfatizar (neste caso, é colocado depois do substantivo).

  Estudiamos en la misma escuela.
  Estudamos na mesma escola.
  Pueden hacerlo ellos mismos.
  Eles mesmos podem fazer isso.

LIÇÃO 5

Otro, otra, otros, otras (outro, outra, outros, outras); lembremos que antes de otro não se pode colocar o artigo indefinido un.

¿Puedes darme otro vaso de agua?
Você pode me dar outro copo d'água?

Ejercicios

1) Complete as frases com os pronomes indefinidos todo, poco, alguno, tanto, otro, bastante, cada, mucho, cualquiera, mismo, vario, cierto, ninguno.

1) Luis compra el periódico .... los días.
2) Este niño tiene .... paciencia a la hora de hacer sus deberes.
3) He comprado .... revistas de moda.
4) Tengo .... cosas que hacer que no sé por dónde empezar.
5) Ese coche es muy viejo, necesitas .... coche si quieres viajar todos los días.
6) No has comprado .... peras y ahora ¿qué fruta comen los otros invitados?
7) .... persona tiene su personalidad.
8) Había (Havia) .... gente el día de la fiesta de Clara.
9) No te preocupes, te ayudaré (ajudarei) en .... circunstancia.
10) Mi novio y yo nos vemos todos los días, estudiamos en la .... universidad.
11) Hay (Há) .... flores que me gustan, mis favoritas son las margaritas.
12) .... compañeros de mi hermana son de un pequeño pueblo muy lejos.
13) No lo haría (não o faria) por .... motivo.

5.7 *Los colores*

Uma vez que as cores têm também a função de adjetivos, aproveitamos a oportunidade para aprender o utilíssimo vocabulário espanhol.

LOS COLORES		
masculino/femenino singular		masculino/femenino plural
blanco/a	branco	blancos/as
negro/a	preto	negros/as
rojo/a	vermelho	rojos/as
amarillo/a	amarelo	amarillos/as
verde	verde	verdes
gris	cinza	grises
azul	azul	azules
marrón	marrom	marrones
rosa	rosa	
violeta	violeta	
naranja	laranja	
beis	bege	

Aí está a nossa bela paleta de cores.
Já em um primeiro olhar podemos notar que as primeiras quatro (blanco, negro, rojo, amarillo) podem variar em número.

una camiseta blanca, uma camiseta branca
um jersey negro, uma malha preta
unos zapatos rojos, uns sapatos vermelhos
unas sandalias amarillas, umas sandálias amarelas

Os quatro seguintes (verde, gris, azul, marrón), por sua vez, não em gênero, apenas em número.
una manzana verde, uma maçã verde
un zapato verde, um sapato verde
una piedra gris, uma pedra cinza
un edificio gris, um edifício cinza
unos ojos azules, uns olhos azuis
unas joyas azules, umas joias azuis

LIÇÃO 5

unas castañas marrones, umas castanhas marrons
unos ojos marrones, uns olhos marrons

Os quatro últimos, por fim, não têm plural: rosa, violeta, naranja, beis.
un vaso rosa, um copo rosa   un plato naranja, um prato laranja
una silla violeta, uma cadeira violeta   una boletta beis, uma garrafa bege

> **DICA!**
> Na linguagem coloquial, é comum que os espanhóis façam a cor invariável concordar em número com o substantivo a que se refere. Por exemplo:
> unos vasos rosas, uns copos rosas
> unas sillas violetas, umas cadeiras violetas
> unos platos naranjas, uns pratos laranjas
>
> Mas, ainda assim, a gramática é clara. Não há necessidade de passá-los para o plural diante de substantivos plurais.

Quer aprofundar?

Os contos de fadas espanhóis

Você sabe como terminam os contos de fadas em espanhol? Com esta rima: Y, colorín colorado, este cuento se ha acabado. Que não tem nada a ver com "e viveram felizes para sempre"! Aí está a diferença entre as mulheres espanholas e as brasileiras! Para nós, espanholas, é um passarinho colorido que anuncia o fim do conto de fadas – fim –, e cada um imagine o que quiser! E você sabe como se diz "contar" em espanhol? Ora, contar, como em português! Dê uma olhada no presente do indicativo desse verbo, porque você vai usá-lo muitas e muitas vezes!

Yo cuent-o   Nosotros/nosotras cont-amos
Tú cuent-as   Vosotros/vosotras cont-áis
Él/Ella/usted cuent-a   Ellos/ellas/ustedes cuent-an

¿Papá, me cuentas un cuento? Papai, conte-me uma história.

Abuelo, nos cuentas ¿cómo era el pueblo cuando erais niños?
Vovô, conte-nos como era a cidade quando você era criança.

5.8 *La ropa*

Você sabia que a sede de muitas marcas de roupas encontradas em outros países fica na Espanha? Neste tópico, falaremos disso mesmo, de como fazer compras na Espanha. Obviamente, existem inúmeras peças de roupa. Vou passar algumas noções aqui, e o resto você encontrará no apêndice.

Como se diz "o que você está vestindo" em espanhol? Pode ser dito de diversos modos.

¿Qué llevas puesto? O que você está vestindo? (Mas também simplesmente ¿Qué llevas?)
¿Qué llevaba ayer Ana en la fiesta? O que Ana estava vestindo ontem na festa?
¿Qué te vas a poner para la cita? O que você vai vestir para o encontro?

O verbo llevar pode significar "levar, conduzir, tolerar, induzir..." e dentre tantas outras acepções também é utilizado para indicar aquilo que usamos ou vestimos, seja uma peça de roupa, um perfume ou um acessório. Corra para fazer uma revisão desse ponto, assim vai recordá-lo com mais facilidade.

Por onde você começa a se vestir de manhã? Se for uma pessoa normal, vai tirar el pijama (o pijama) e, então, vestir primeiro a ropa interior, isto é, a roupa de baixo.

Existem:

los calcetines, as meias
la camiseta de interior, ou seja, uma camiseta por baixo, daquelas que a vovó nos forçava a vestir para "agasalhar o peito". Pode ser sin mangas, sem manga, de mangas cortas, de manga curta, ou de mangas largas, de manga comprida.

Para las mujeres teremos:
el sujetador ou sostén, o sutiã
la braga, a calcinha

E para los hombres:
el slip, cueca tipo *slip*
el calzoncillo, cuecas tipo *boxer* ou samba-canção.

LIÇÃO 5

Vamos ver as peças de roupa mais comuns, que servem tanto para homens quanto para mulheres.

el jersey, a malha
la chaqueta, o casaco
la camiseta, a camiseta
los vaqueros, o *jeans*
los pantalones, a calça
la sudadera, o moletom

Normalmente, uma mulher também usa:

la falda, a saia
el vestido, o vestido
la rebeca, o cardigã

E se quisermos algo mais formal?
El traje, o terno masculino, normalmente é composto por los pantalones, a calça; la camisa, a camisa (la blusa para as mulheres); e la chaqueta, o paletó. Algumas vezes, é possível incluir também el chaleco, o colete, e caso se trate de um homem bem elegante, também la corbata, a gravata. A versão feminina do terno, o *tailleur*, é chamado el traje de chaqueta.

Falta alguma coisa? Jamais saia sem sapatos! Vejamos los calzados, os calçados:

los zapatos, os sapatos
las sandalias, as sandálias
las botas, as botas
las deportivas, os tênis
la zapatillas, as pantufas, mas também, às vezes, os tênis!
los zapatos de tacón ou los tacones, os sapatos de salto, os saltos
las chanclas, os chinelos
los mocasines, os mocassins

LIÇÃO 5

Ejercicios

Para fazer os exercícios, dê uma espiada na lista completa do vocabulário de la ropa no apêndice ao final do livro.

1) Quais destas peças de vestuário são tipicamente masculinas, femininas ou *unissex*? Coloque cada qual na coluna correta e escreva sua tradução em português:
el sujetador, el gorro, la gorra, los vaqueros, el calzoncillo, la braga, el slip, la combinación, el panty, la corbata, el reloj, la pajarita, los zapatos de plataforma, el bóxer, el jersey, la rebeca, los calcetines, el abrigo, la camiseta.

DE HOMBRE	TRADUÇÃO	DE MUJER	TRADUÇÃO	UNISSEX	TRADUÇÃO

LIÇÃO 5

2) Quem são e o que vestem os personagens a seguir?

1) Un chico que lleva un albornoz, gafas de sol, chanclas, boxer, un reloj.

2) ....
....

3) ....
....

4) ....
....

5) ....
....

6) ....
....

LIÇÃO 5

3) Encontre as palavras no quadro: podem estar na vertical, na horizontal, na diagonal, da direita para a esquerda, da esquerda para a direita, de baixo para cima e de cima para baixo. As letras faltantes darão a resposta a esta charada: Es algo que distingue al Inspector Gadget de los dibujos animados.

```
D E P O R T I V A S E B
L C H A L B O R N O Z O
U C H A N D A L B A O T
N A S S Q T R A J E G A
O Z M O N O A M A J I P
S A U T E R O L G R R A
I D F A L D A R O I B N
M O S P B R A G A N A T
A R C A M I S E T A E Y
C A L Z O N C I L L O S
```

ABRIGO   CAMISÓN   PANTALONES
ALBORNOZ   CAZADORA   PANTY
BOTA   CHÁNDAL   PIJAMA
BRAGA   DEPORTIVAS   TRAJE
CALZONCILLOS   FALDA   ZAPATOS
CAMISETA   MONO

4) Faça a correspondência entre os adjetivos e os substantivos.
estrechas, caliente, grande, fría, amable, ligera, negros, viejas, dura, salvajes

1) sandalias ....
2) té ....
3) llanura ....
4) señoras ....
5) agua ....
6) pluma ....

LIÇÃO 5

7) pantalones ....
8) piedra ....
9) amigo ....
10) animales ....

Quer aprofundar?

Em uma loja

Agora que você já é doutor em vestuário e está pronto para sair comprando loucamente, já pensou em como se dirigir aos vendedores? Bem, é claro que não se pode simplesmente entrar e dizer ¡Jersey! ¡Camisa por favor! É preciso um pouco de comunicação, não é? Vejamos juntos um diálogo que acontece em uma tienda de ropa.

Cliente: Hola, Buenos días. Olá, bom dia.
Dependiente/a: Buenos días ¿Qué desea? Bom dia, o que deseja?
Cliente: Quería un vestido por favor. Queria um vestido, por favor.
Dependiente/a: Por supuesto. ¿Cómo lo quiere? Claro, que tipo de vestido?
Cliente: Lo quiero negro, largo, y de algodón si es posible. Preto, comprido e de algodão, se possível.
Dependiente/a: Tenemos uno. ¿Qué talla? Temos um. Que tamanho?
Cliente: La 42 por favor. 42, por favor.
Dependiente/a: Aquí está. ¿Quiere probarlo? Aqui está. Quer experimentar?
Cliente: Sí gracias. ¿Dónde están los probadores? Sim, obrigada. Onde ficam os provadores?
Dependiente/a: Ahí, a la derecha. Ali, à direita.
Cliente: Muchas gracias. Muito obrigada.
Dependiente/a: ¿Cómo le queda? Como ficou?
Cliente: Pues, la verdad, un poco estrecho. ¿Tiene una talla más grande? Bem, na verdade, um pouco apertado. Tem um número maior?
Dependiente/a: Creo que sí, un momento. Aquí la tiene. Acho que sim, um momento. Aqui está.

LIÇÃO 5

Cliente: Gracias. Sí esta es mi talla, me sienta bien. Obrigada. Sim, este é meu número, ficou bem em mim.
Dependiente/a: ¿Se lo lleva? Vai levar?
Cliente: Sí, me lo llevo. ¿Cuánto es? Sim, vou levar. Quanto custa?
Dependiente/a: Son 45 euros. 45 euros.
Cliente: 45 euros, ¡Qué barato! Aquí los tiene. 45 euros! Que barato! Aqui está.
Dependiente/a: Muchas gracias. ¡Hasta luego! Muito obrigado, até logo!
Cliente: ¡Hasta luego, gracias a usted por su ayuda! Até logo, e obrigada pela ajuda!

Certamente você notou algumas expressões particularmente úteis e importantes. Primeiramente, lembre que nas lojas é preciso que vendedores e clientes se tratem por usted, a não ser que se trate de fato com pessoas mais jovens ou com quem tenhamos certa intimidade; a boa educação, no entanto, manda que no comércio se use a forma polida. E, para sermos polidos, quando nos perguntam o que desejamos, sempre usamos um tempo verbal diferente. Nunca diremos Quiero un vestido (Quero um vestido) porque, como em português, soa um pouco ríspido, não é mesmo? ¿Cómo le queda? e ¿cómo le sienta?, ambas as perguntas querem dizer "como ficou" e ambas são usadas. Me lo llevo se diz quando se decide comprar, como em português "vou levar". O preço pode ser perguntado de várias maneiras: ¿Cuánto es?, ¿Cuánto cuesta? ou também ¿Cuánto vale?, todos perfeitos. Familiarize-se um pouco com essas expressões e esse diálogo, e você estará pronto para ir de compras.
Mas não se esqueça de comprar uma lembrancinha para mim também!

Ejercicios

Para colocar isso em prática, tente completar este diálogo, parecido com o anterior, escolhendo o que você prefere comprar!

LIÇÃO 5

Cliente: ....
Dependiente/a: Buenos días, ¿Qué desea?
Cliente: ....
Dependiente/a: Por supuesto. ¿Cómo lo/la/los/las quiere?
Cliente: ....
Dependiente/a: Tenemos uno/una/unos/unas ¿Qué talla?
Cliente: ....
Dependiente/a: Aquí está. Quiere probarlo/la/los/las?
Cliente: ....
Dependiente/a: Ahí, a la izquierda.
Cliente: ....
Dependiente/a: ¿Cómo le queda/an?
Cliente: ....
Dependiente/a: Creo que sí, un momento. Aquí la tiene.
Cliente: ....
Dependiente/a: ¿Se lo/la/los/las lleva?
Cliente: ....
Dependiente/a: Son 340 euros
Cliente: ....
Dependiente/a: Muchas gracias. ¡Hasta luego!

CULTURA

Las fiestas españolas

Nós, espanhóis, somos famosos por sermos bem festeiros! Com certeza, não nos faltam oportunidades; vejam quantas festas temos ao longo de um ano! Leiam este texto e tomem nota para suas próximas férias na Espanha.

¡Oye chicos! Hoy pensaba contaros algo sobre las fiestas españolas ¿Qué os parece? Es un tema muy interesante, seguro que os va a dar muchas ideas para las próximas vacaciones a España.
En España hay muchas fiestas fascinantes a lo largo de todo el año. Vamos a comentar un poco algunas de ellas, no podemos hablar de todas porque necesitaríamos un libro aparte.
Una de las fiestas más internacionales y conocidas son los Sanfermines, unas celebraciones en honor de San Fermín que tienen lugar en Pamplona, una ciudad de Navarra. Todos los años empiezan a mediodía del 6 de julio y terminan a medianoche del 14 de julio y la actividad más famosa de estas celebraciones es el encierro, un recorrido por las calles de la ciudad delante de los toros que termina en la plaza de toros. Es muy peligroso pero atrae a mucha gente de todas partes del mundo. El escritor Ernest Hemingway era un apasionado de estas fiestas y las dio a conocer con sus obras.
Muy importantes también son las Fallas de Valencia, la fiesta del fuego y la pólvora. Se celebran del 15 al 19 de marzo. Actualmente esta festividad se ha convertido en un atractivo turístico enorme, ya que está catalogada como fiesta de Interés Turístico Internacional.
Otra fiesta importante y un tanto curiosa es la Tomatina de Buñol, en la comunidad valenciana, que tiene lugar en agosto el día del santo patrón de la ciudad y consiste en una auténtica batalla de tomates por las calles de la ciudad.
Entre las fiestas de origen religioso las más importantes y famosas son en primer lugar los Carnavales de Cádiz y Tenerife, que han sido reconocidos como de Interés Turístico Internacional.
A los Carnavales le sigue la Semana Santa, que empieza 40 días después del miércoles de ceniza. La Semana Santa se celebra de manera espectacular en Málaga y Sevilla. Ambas celebraciones son de interés turístico por la riqueza y majestuosidad de sus imágenes, que son verdaderas

CULTURA

obras de artes paseando por el centro y los barrios de estas dos ciudades. ¿Habéis estado en alguna de estas fiestas? Yo las recomiendo todas así que a la hora de planear vuestras vacaciones espero que tengáis en cuenta mis consejos.
¡Animaos a conocer estas fiestas!

PALAVRAS QUE VOCÊ NÃO CONHECE
¿Qué significa la palabra ....? O que significa a palavra ....?

LIÇÃO 6

6.1   O presente irregular
6.1.1   Verbos irregulares E → IE
6.1.2   Verbos irregulares O → UE
6.1.3   Verbos irregulares E → I
6.2   Os outros tipos de verbos irregulares
6.3   Os verbos reflexivos
6.4   A *família*

6.1 O presente irregular

Como já antecipei, o espanhol está cheio de verbos irregulares: chegou a hora de enfrentar essa dura realidade. No entanto, você logo perceberá que não se trata de algo tão terrível assim, porque as irregularidades dos verbos espanhóis, na maior parte, seguem uma lógica. Vai dar menos medo depois que eu explicar!
Primeiro, podemos dividir os verbos irregulares em três grandes famílias, e depois em algumas famílias pequenas, com irregularidades um pouco... especiais.
Não vou antecipar mais nada, senão, vai perder a graça!

¿Estás listo para empezar? Muito bem, então vamos começar! E comecemos justamente com os verbos que funcionam como empezar, que é um verbo irregular!

6.1.1 Verbos irregulares E → IE

Na verdade, não é algo completamente novo. Você se lembra dos verbos no gerúndio? Eles apresentavam irregularidades; uma vogal mudava na raiz do verbo, certo?
Bem, em muitos verbos espanhóis, acontece o mesmo no presente, e podem ocorrer alterações de diversos tipos. Vamos, agora, começar a ver a primeira grande família dos irregulares, ou seja, os verbos nos quais o E na raiz se transforma em IE, na conjugação do presente.

Como exemplo, usaremos o verbo empezar (começar), uma vez que já o conhecemos.

EMPEZAR	
Yo	emp-**ie**-zo
Tú	emp-**ie**-zas
Él/Ella/Usted	emp-**ie**-za
Nosotros/as	empezamos
Vosotros/as	empezáis
Ellos/Ellas/Ustedes	emp-**ie**-zan

LIÇÃO 6

Há algo aí que não bate, certo? Algo que logo salta aos olhos. Tem razão! **A 1ª e a 2ª pessoa do plural não mudam.**
Digo isso agora e vou repetir também mais adiante; nunca esqueça: **afora casos especiais de irregularidade, os verbos irregulares apresentam essas características em todas as pessoas, exceto na 1ª e na 2ª do plural.** Nosotros/as e vosotros/as **não mudam, permanecem sempre regulares!**

Com exceção dessas duas pessoas, precisaremos sempre aplicar essa mudança nas vogais, de modo que jamais escreveremos ou diremos ~~Yo empezo a trabajar~~.

Como você pode constatar, são verbos normais, conjugam-se exatamente como os regulares, só precisam de uma alteração de vogal na raiz. Dito isso, vejamos alguns verbos importantes que sofrem as mesmas modificações. Enfim, existem verbos assim para todos os gostos, em todas as três conjugações.

	PENS-AR	PERD-ER	PREFER-IR
	pensar	perder	preferir
Yo	p-**ie**-nso	p-**ie**-rdo	pref-**ie**-ro
Tú	p-**ie**-nsas	p-**ie**-rdes	pref-**ie**-res
Él/Ella/Usted	p-**ie**-nsa	p-**ie**-rde	pref-**ie**-re
Nosotros/as	pensamos	perdemos	preferimos
Vosotros/as	pensáis	perdéis	preferís
Ellos/Ellas/Ustedes	p-**ie**-nsan	p-**ie**-rden	pref-**ie**-ren

Viu? Não é difícil!
Só é preciso treinar um pouco, mas você já percebeu como funciona.

No apêndice do livro você pode ver uma lista de outros verbos que pertencem a essa família dos irregulares, e que, por isso, sofrerão as mesmas mudanças. Vamos tentar fazer o aquecimento com esses verbos antes de correr para os próximos tipos de verbos irregulares? ¡Vámonos!

Ejercicios

1) Complete as frases conjugando o verbo da maneira correta.
Ej. Hoy empiezo a trabajar en la tienda de libros de tu padre.

LIÇÃO 6

1) Mi madre (regar) .... las plantas del jardín todas las mañanas.
2) La gente (confesar) .... al cura todos sus pecados.
3) Mis hijos son unos mentirosos, (mentir) .... sobre cualquier cosa.
4) Federico y yo (preferir) .... quedarnos en casa esta tarde.
5) Tus padres (pensar) .... que somos novios.
6) Mientras yo (calentar) .... la sopa tu puedes poner la mesa.
7) ¿(vosotros, cerrar) .... la ventana? ¡Pero, con el calor que hace!
8) Tienes que decirle a Miguel que le (querer) ....
9) Tu hermana siempre te (defender) .... es demasiado buena contigo.
10) Los que (gobernar) .... siempre son los más ricos y malos.

2) Escolha a opção correta para completar a frase.
Ej. Paquita y yo ....queremos............. comprarnos un coche.
a) queremos   b) pienso   c) negamos

1) Mis hermanos .... el colegio en septiembre.
   a) piensan   b) empiezan   c) confiesan

2) Lo ...., no te puedo ayudar.
   a) quiero   b) prefiero   c) siento

3) Tus amigos se .... muy tarde por la mañana.
   a) defienden   b) despiertan   c) entienden

4) Javier .... comer carne más que pescado.
   a) prefiere   b) piensas   c) cierra

5) Son las 5.00 de la tarde, tengo hambre ¿ .... conmigo?
   a) gobiernas   b) quieres   c) meriendas

LIÇÃO 6

6) No podemos comer la sopa todavía porque ...., está demasiado caliente.

    a) miente   b) hierve   c) tiende

7) Muy bien, Antonio y yo somos novios, no lo ....

    a) niego   b) pienso   c) miento

8) Enrique y yo .... muchas velas por la tarde, es muy romántico.

    a) tendemos   b) calentamos   c) encendemos

6.1.2 Verbos irregulares O → UE

Esta é a segunda grande família de irregulares que apresentam uma alteração relacionada a vogais. Desta vez, o O da raiz se transforma em UE na conjugação do verbo no presente. Como você verá daqui a pouco, esse tipo de irregularidade funciona exatamente como a anterior, ou seja, aplica-se a todas as pessoas, exceto à primeira e à segunda do plural. Aqui também temos exemplos nas três conjugações. Vejamos primeiramente um exemplo para cada uma das conjugações, e depois, uma breve lista dos verbos mais comuns que apresentam esse tipo de irregularidade.

	ENCONTR-AR	POD-ER	DORM-IR
	encontrar	poder	dormir
Yo	enc-**ue**-ntro	p-**ue**-do	d-**ue**-rmo
Tú	enc -**ue**-ntras	p-**ue**-des	d -**ue**-rmes
Él/Ella/Usted	enc -**ue**-ntra	p-**ue**-de	d -**ue**-rme
Nosotros/as	encontramos	podemos	dormimos
Vosotros/as	encontráis	podéis	dormís
Ellos/Ellas/Ustedes	enc -**ue**—ntran	p-**ue**-den	d -**ue**-rmen

Atenção: nesta categoria temos um caso especial. Quando os verbos com esse tipo de irregularidade **começam justamente com o** O **que se transforma em** UE, é necessário colocar um H antes nas pessoas do verbo que sofrem modificação. Aqui está um exemplo: **oler** (cheirar, exalar cheiro) → Tu camisa **huele** a limpio, sua camisa cheira a limpeza.

LIÇÃO 6

Chegamos ao fim desta segunda família de irregulares, e aposto que você está morrendo de vontade de se exercitar um pouco! Fique de olho nos verbos do apêndice ao final do livro!

Ejercicios

1) Complete as frases conjugando o verbo da maneira correta.
Ej. Hoy no puedo salir, tengo que estudiar.

1) Los domingos mi marido (dormir) .... hasta las 11.00
2) Yo nunca me (acordar) .... de lo que (soñar) ....
3) ¿Cuánto (costar) .... estos zapatos rojos?
4) Tu paella (oler) .... muy bien, seguro que está riquísima
5) Los pingüinos y las gallinas tienen alas, pero no (volar) ....
6) Los hijos del vecino nunca (volver) .... a casa pronto.
7) ¿Cuándo me (tu, devolver) .... mi bolígrafo?
8) Mi amiga Pilar y yo no (mostrar) .... nuestras cartas a nadie.
9) Tengo que ir al médico, me (doler) .... la espalda.
10) Todas las veces que le llamo, Manuel me (colgar)........................ el teléfono.

2) Responda às perguntas seguintes conjugando os verbos em destaque no *box* abaixo.

| aprobar | volver | contar | poder | mover |
| morder | encontrar | dormir | probar | |

Ej. ¿Cuánto cuesta el vestido del escaparate? - Cuesta 75 euros.

1) ¿Por qué .... tan tarde? - Porque si .... antes me aburro.

| 207

LIÇÃO 6

2) ¿Esos perros ....? – No, no ...., son muy buenos.

3) ¿Tus estudiantes siempre .... los exámenes? - No, no los .... nunca.

4) ¿Raúl .... hasta 10 ya? – Sí, ... hasta 20.

5) ¿(Tú) .... ayudarme mañana? – No lo siento, no ....

6) ¿Dónde .... tu niña? – .... en su propia cama, tiene 3 años.

7) ¿Por qué no (nosotros) .... la comida china? – No, yo no la ....

8) ¿No .... mi chaqueta, y tú? – Yo tampoco la ...., no sé donde está.

9) ¿Qué pasa si (ella) .... la pierna rota, doctor? - Si la .... le va a doler mucho.

6.1.3 Verbos irregulares E → I

E agora chegamos à terceira grande família dos verbos irregulares, que apresentam outra alteração vocálica.
Neste caso, como você poderá ver, o E se transforma em I na raiz do verbo.
A boa notícia é que começamos a falar de famílias menores; esta, por exemplo, é diferente em relação às outras duas porque inclui **apenas verbos da 3ª conjugação**, aqueles terminados em -ir.

LIÇÃO 6

Aqui também a irregularidade funciona como nos dois casos anteriores, ou seja, manifestando-se em todas as pessoas, exceto na 1ª e na 2ª do plural, e o verbo se conjuga normalmente, como qualquer outro verbo no presente. Vejamos um exemplo: pedir (já encontramos esse verbo antes por aqui; significa "pedir" mesmo).

PEDIR	
Yo	p-**i**-do
Tú	p-**i**-des
Él/Ella/Usted	p-**i**-de
Nosotros/as	pedimos
Vosotros/as	pedís
Ellos/Ellas/Ustedes	p-**i**-den

Ejercicios

1) Complete as frases conjugando o verbo no modo correto.
Ej. Mi hermano es muy alto, mide 1.90 m.

1) Estamos perdidos, mejor si (pedir) .... informaciones.

2) Mis estudiantes (repetir) .... los exámenes por lo menos dos veces.

3) Este espectáculo es divertidísimo, cuando lo veo (reír) .... hasta las lágrimas.

4) ¿No (tú, corregir) .... los errores en tus deberes?

5) La sopa se (servir) .... muy caliente.

6) Mis padres siempre me (impedir) .... hacer lo que me da la gana.

7) ¿Ya os (vestir) .... solos? Qué niños más buenos sois.

8) ¿(Ustedes, despedirse) .... tan temprano?

LIÇÃO 6

9) Tu primo siempre le (sonreír) .... a mi hermana.

10) Si me (tú, pedir) .... ayuda yo no puedo decirte que no.

2) Agora, traduza algumas frases; pode usar o dicionário!
Ej. Joan sempre me pede o carro
Joan siempre me pide el coche.

1) Despeço-me de meus amigos e vou para casa. ....
....

2) Raúl e Julia riem muito quando saem juntos. ....
....

3) Repito sempre as mesmas coisas e você não me ouve. ....
....

4) Se você precisar, minha bicicleta está no jardim. ....
....

5) Vocês podem medir a mesa, por favor? ....
....

6) Se o tempo não me impedir, vou correr. ....
....

7) Vamos vestir as crianças e sair. ....
....

6.2 Os outros tipos de verbos irregulares

Acabamos de ver as três grandes famílias de verbos irregulares e vimos que todas funcionam do mesmo modo. Assim, uma vez compreendido o mecanismo, é só seguir a lógica que fica tudo simples! Porém, sou sempre implacável, e às vezes minha missão é estragar a festa...
Existem **outros tipos de irregularidades**, sempre passíveis de se encaixar em uma classificação, mas, digamos, com muitos matizes, que não seguem sempre a lógica linear que já vimos. Mas não precisa se assustar demais, pois agora veremos cada um desses tipos e, como sempre, vamos treinar com exercícios saudáveis!

Antes de passarmos para transformações vocálicas completamente diferentes, mostro os dois últimos verbos que funcionam mais ou menos como as famílias precedentes: construir (construir) e jugar (jogar).

- I → Y

	CONSTRUIR
Yo	constru-**y**-o
Tú	constru-**y**-es
Él/Ella/Usted	constru-**y**-e
Nosotros/as	construimos
Vosotros/as	construís
Ellos/Ellas/Ustedes	constru-**y**-en

Outros casos:

destruir, destruir   Yo destruyo las casas.
distribuir, distribuir   ¿Distribuyes tú los deberes?
excluir, excluir   No ha sido él, lo excluyo.
influir, influir   Las leyes influyen en nuestras vidas.
sustituir, substituir   Te sustituyo porque no trabajas bien.

LIÇÃO 6

● U → UE

	JUGAR
Yo	j-**ue**-go
Tú	j-**ue**-gas
Él/Ella/Usted	j-**ue**-ga
Nosotros/as	jugamos
Vosotros/as	jugáis
Ellos/Ellas/Ustedes	j-**ue**-gan

● IRREGULARES APENAS NA 1ª PESSOA

Estes também estão divididos entre as categorias menores: o que os une é que a irregularidade está presente apenas na **1ª pessoa do singular**, todas as outras são conjugadas regularmente.

Vejamos os exemplos desses verbos irregulares que sofrem mudanças para -G- e -IG-.

	HACER	CAER	PONER	SALIR	TRAER	VALER
	fazer	cair	por	sair	trazer	valer
Yo	ha-**g**-o	ca-**ig**-o	pon-**g**-o	sal-**g**-o	tra-**ig**-o	val-**g**-o
Tú	haces	caes	pones	sales	traes	vales
Él/Ella/Usted	hace	cae	pone	sale	trae	vale
Nosotros/as	hacemos	caemos	ponemos	salimos	traemos	valemos
Vosotros/as	hacéis	caéis	ponéis	salís	traéis	valéis
Ellos/Ellas/Ustedes	hacen	caen	pones	salen	traen	valen

hacer, fazer
caer, cair
poner, pôr
traer, trazer
valer, valer

Yo hago deporte.
Siempre caigo por las escaleras.
Pongo tu cuaderno en tu habitación.
Mañana traigo unos dulces a clase.
No sabes lo mucho que valgo.

LIÇÃO 6

Naturalmente, quando um verbo apresenta esse tipo de irregularidade, todos os verbos correspondentes que têm uma estrutura parecida também a apresentarão:

deshacer, desfazer → deshago
rehacer, refazer → rehago
atraer, atrair → atraigo
distraer, distrair → distraigo
componer, compor → compongo
suponer, supor → supongo
aparecer, aparecer → aparezco
desaparecer, desaparecer → desaparezco

Alguns verbos irregulares que terminam em -ecer, -cer, -ucir mudam o C para ZC apenas na 1ª pessoa. Vejamos como isso acontece com um exemplo para cada uma das terminações.

	PARECER	CONOCER	PRODUCIR
	parecer	conhecer	produzir
Yo	pare-**zc**-o	cono-**zc**-o	produ-**zc**-o
Tú	pareces	conoces	produces
Él/Ella/Usted	parece	conoce	produce
Nosotros/as	parecemos	conocemos	producimos
Vosotros/as	parecéis	conocéis	producís
Ellos/Ellas/Ustedes	parecen	conocen	producen

Outros casos:

agradecer, agradecer → Te lo agradezco mucho.
conducir, conduzir/dirigir → Yo conduzco el coche muy bien.
introducir, introduzir/apresentar → Te introduzco a tus compañeros.
nacer, nascer (e derivados) → Yo renazco cuando estoy contigo.
ofrecer, oferecer → Te ofrezco una sangría.
traducir, traduzir → Traduzco siempre las canciones.

Entretanto, alguns verbos têm a 1ª pessoa completamente irregular.

LIÇÃO 6

	CABER	COGER	DAR	SABER	VER
	caber	pegar	dar	saber	ver
Yo	**quepo**	**cojo**	**doy**	**sé**	**veo**
Tú	cabes	coges	das	sabes	ves
Él/Ella/Usted	cabe	coge	da	sabe	ve
Nosotros/as	cabemos	cogemos	damos	sabemos	vemos
Vosotros/as	cabéis	cogéis	dais	sabéis	veis
Ellos/Ellas/Ustedes	caben	cogen	dan	saben	ven

caber, caber   El coche es demasiado pequeño, no quepo.
coger, pegar   Yo cojo el autobús para ir al trabajo.
dar, dar   No te doy nada.
saber, saber   No sé de qué hablas.
ver, ver   No veo a mis padres casi nunca.

● **IRREGULAR NA 1ª PESSOA + MUDANÇA VOCÁLICA**

Aqui temos um belo *mix*, ou seja, **verbos que, cada um a seu modo, sofrem mudança na 1ª pessoa e depois apresentam também alteração vocálica como aquelas das primeiras três famílias de verbos irregulares** e se comportam como essas famílias, isto é, ficam regulares na 1ª e na 2ª pessoa do plural. Vejamos quais são e como mudam.

1ª pessoa com -G- e depois mudança vocálica E → IE.

	TENER	VENIR
	ter	vir
Yo	ten-**g**-o	ven-**g**-o
Tú	t-**ie**-nes	v-**ie**-nes
Él/Ella/Usted	t-**ie**-ne	v-**ie**-ne
Nosotros/as	tenemos	venimos
Vosotros/as	tenéis	venís
Ellos/Ellas/Ustedes	t-**ie**-nen	v-**ie**-nen

LIÇÃO 6

1ª pessoa com -G- e depois mudança vocálica E → I.

	DECIR
	dizer
Yo	d-**i**-g-o
Tú	d-**i**-ces
Él/Ella/Usted	d-**i**-ce
Nosotros/as	decimos
Vosotros/as	decís
Ellos/Ellas/Ustedes	d-**i**-cen

1ª pessoa -G- e depois mudança vocálica I → Y.

	OÍR
	ouvir
Yo	oi-**g**-o
Tú	o-**y**-es
Él/Ella/Usted	o-**y**-e
Nosotros/as	oímos
Vosotros/as	oís
Ellos/Ellas/Ustedes	o-**y**-en

● **DOIS CASOS COM UMA MUDANÇA PARTICULAR**

1ª pessoa G → J e depois mudança vocálica E → I.
Como o verbo elegir.

	ELEGIR
	escolher
Yo	el-**i**-**j**-o
Tú	el-**i**-ges
Él/Ella/Usted	el-**i**-ge

LIÇÃO 6

Nosotros/as	elegimos
Vosotros/as	elegís
Ellos/Ellas/Ustedes	el-**i**-gen

E o verbo seguir, que muda como decir. E como ele, todos os verbos terminados em -guir.

	SEGUIR
	seguir
Yo	s-**i**-**g**-o
Tú	s-**i**-gues
Él/Ella/Usted	s-**i**-gue
Nosotros/as	seguimos
Vosotros/as	seguís
Ellos/Ellas/Ustedes	s-**i**-guen

Atenção: concluindo, onde você encaixaria o verbo estar? Estar é completamente irregular na 1ª pessoa (estoy). Nas demais, o verbo é conjugado como regular. A única diferença está no acento. Se necessário, veja de novo o verbo estar na lição 4.

● TOTALMENTE IRREGULARES

Aqui não veremos nenhum verbo desconhecido.
O verbo totalmente irregular por excelência é ir (ir). Como vamos aprendê-lo? Bem, faça um sacrifício e grave-o a ferro na memória!

	IR
	ir
Yo	voy
Tú	vas

LIÇÃO 6

Él/Ella/Usted	va
Nosotros/as	vamos
Vosotros/as	vais
Ellos/Ellas/Ustedes	van

Também temos os verbos ser e haber, que já vimos anteriormente. Se necessário, veja novamente esses dois verbos na Lição 4.

E aqui estamos no final da maratona! ¿Estás cansado? Coragem, que agora você precisa colocar tudo em prática, e quero você tinindo!

Ejercicios

1) Complete as frases conjugando o verbo corretamente.
Ej. Yo hago la compra en el supermercado aquí cerca

1) ¿(conocer, tú) .... esta película? No, no la ....

2) Sí, lo compro. ¿Cuánto (valer) ....?

3) Para ir al trabajo siempre me (poner) .... un traje azul y corbata.

4) Mis hijos (jugar) .... al tenis todos los domingos.

5) No te (dar, yo) .... la mano porque la tengo un poco sucia.

6) ¿Puedes hablar un poco más alto? Es que no te (oír, yo) ....

7) Antonio (tener) .... un piso maravilloso.

8) No te preocupes, te (decir) .... nosotros cuando empezar.

LIÇÃO 6

9) ¿Por qué siempre (excluir, vosotros) .... a las niñas cuando (jugar, vosotros) ....?

10) Tengo que tener cuidado cuando bajo las escaleras, si no (caer) ....

11) No (saber, yo) .... qué le pasa a Miguel que está tan raro.

12) No te encuentras bien, te (traer, yo) .... una medicina y un poco de agua.

13) Yo y Alicia vamos a comer fuera, ¿(venir, vosotros) .... con nosotros?

14) Nunca (coger, yo) .... el metro, siempre autobús.

15) ¿Adónde (ir) .... tu novio?

2) Coloque as frases na ordem correta.

1) sabemos/ hacer/ Nosotros/ bien / qué / muy
....

2) Hoy / mis / te / padres/ introduzco / a
....

3) salgo / 8.00/ la/ oficina / tarde / antes / de/ No/ de/ las / de/ la
....

4) viene/ Mi / no/ comer/ nosotros/ padre/ con / a
....

5) ¿/ volumen/ oyes/ ?/ El / es/ bien/ bajo / Me
....

LIÇÃO 6

6) siempre / mi/ la/ le/ marido / verdad / digo / A

....

7) casa/ Cuando / los/ a / bombones / voy / Carlos/ de/ me/ da

....

8) una/ Te/ fresquita/ ofrezco / cerveza

....

3) Palavras cruzadas: complete com os verbos conjugados corretamente.

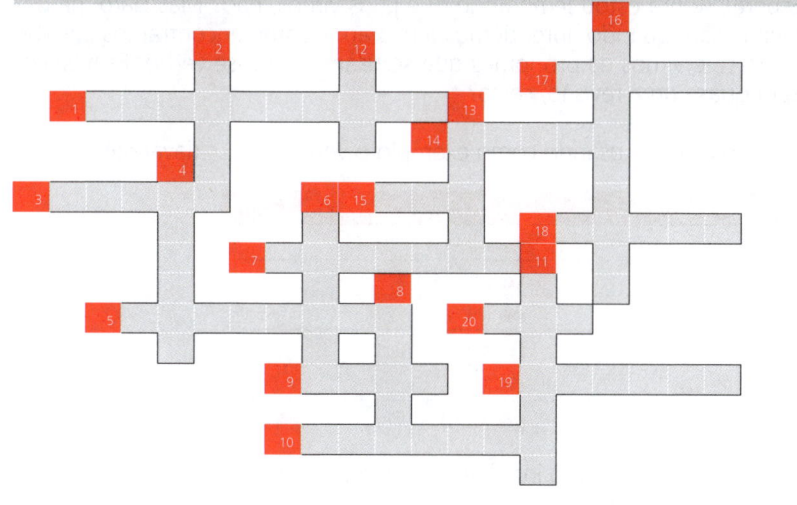

1) 3ª pess. singular DESAPARECER	11) 1ª pess. plural TENER
2) 1ª pess. singular SALIR	12) 1ª pess. singular VER
3) 1ª pess. singular ELEGIR	13) 1ª pess. singular VENIR
4) 3ª pess. plural JUGAR	14) 1ª pess. plural VER
5) 2ª pess. plural PARECER	15) 3ª pess. plural VENIR
6) 2ª pess. plural SABER	16) 1ª pess. singular CONSTRUIR
7) 1ª pess. plural HACER	17) 2ª pess. singular PONER
8) 3ª pess. plural SABER	18) 3ª pess. singular JUGAR
9) 3ª pess. singular SABER	19) 3ª pess. plural ELEGIR
10) 1ª pess. singular CONOCER	20) 2ª pess. singular VER

6.3 Os verbos reflexivos

Podemos relaxar um pouco agora: depois de tantas coisas diferentes, finalmente algo que não cansará muito: os verbos reflexivos. Quais são os verbos reflexivos? Aqueles em que o **sujeito pratica uma ação que recai sobre si mesmo**.
Você lembra o que faz pela manhã? Mas claro! Eu, por exemplo, me levanto, tomo banho, me visto...

Exatamente: esses são verbos reflexivos: levantar-**se**, banhar-**se**, vestir-**se**, e assim por diante.

Os verbos reflexivos em espanhol funcionam como em português, só é preciso aprender a combiná-los com os pronomes.
Espere! Agora estou lembrando que já os vimos, não? Mas claro, na primeira lição, quando aprendemos a nos apresentar, encontramos o verbo llamarse e vimos os pronomes que se usam com esse verbo. Fantástico! Será quase uma revisão, certo?

Vejamos juntos, usando como exemplo o verbo lavarse (lavar-se).

LAVARSE	
Yo	**me** lav-o
Tú	**te** lav-as
Él/ella/usted	**se** lav-a
Nosotros/as	**nos** lav-amos
Vosotros/as	**os** lav-áis
Ellos/ellas/ustedes	**se** lav-an

Como você pode ver, o infinitivo termina em -se.

Atenção: nunca se esqueça de colocar o pronome reflexivo, é muito importante, porque muitos verbos, sem o pronome reflexivo, mudam totalmente de significado.

Yo me lavo la cara. Eu lavo meu rosto.
Yo lavo la ropa. Eu lavo a roupa.

LIÇÃO 6

Em alguns casos, a diferença é muito maior, por exemplo:

despedir → demitir
despedirse → despedir-se (você lembra, não é?)

dormir → dormir
dormirse → adormecer

dejar → deixar
dejarse → entregar-se

quedar con (alguien) → combinar, marcar compromisso
quedarse con (algo) → ficar em posse de (algo)

encontrar → encontrar
encontrarse → encontrar-se

ir → ir
irse → ir embora (no sentido de "levantar acampamento")

parecer → parecer
parecerse → parecer-se, assemelhar-se

llamar → chamar, telefonar
llamarse → chamar-se

Atenção: muitos verbos fazem uso especial do reflexivo. Por exemplo, comer, beber e tomar, que se relacionam com a ingestão de alguma coisa. Pedem a seguinte construção quando se referirem a um alimento ou a uma bebida específica e definida.

Me como tres pizzas. Eu como três pizzas.
Me bebo toda la cerveza que hay en la nevera. Eu bebo toda a cerveja que há na geladeira.

Além disso, existem alguns verbos que nós, falantes de espanhol, usamos como reflexivos e que, para os brasileiros, podem parecer divertidos; o exemplo perfeito é: ducharse (tomar uma ducha/chuveirada).

LIÇÃO 6

Em suma, existem vários casos interessantes, mas são muito parecidos com o português. Portanto, você não tem desculpas: espero ver os próximos exercícios feitos com primor!

Ejercicios

1) Complete com o pronome reflexivo correto.
Ej. Hoy me como tres bocadillos de los de tu madre antes de irme ¡Qué ricos están!

1) Todos los días .... lavo los dientes antes de acostar ....

2) Alejandro .... despierta siempre a las 8.00.

3) ¿Carlos y tú .... aburrís mucho jugando al tenis?

4) Tú y yo .... cansamos muy pronto de ver la tele.

5) Mi padre .... afeita muy a menudo.

6) Todas mis amigas .... pintan las uñas. A mí no me gusta nada.

7) Mis padres .... enfadan mucho cuando vuelvo a casa tarde.

8) Manuel .... viste solo, ya es un hombrecito.

9) ¿Usted .... encuentra en el aeropuerto?

10) Cuando tengo que ir a las reuniones .... pongo ropa elegante.

LIÇÃO 6

2) Complete as frases com os verbos do quadro abaixo. Atenção: alguns são reflexivos, e outros não. Use-os de modo adequado.

| llamarse | lavar | acostarse | dormirse | divertirse |
| vestirse | levantarse | bañarse | comer | ducharse |

1) Arturo .... siempre muy tarde, es normal que tenga sueño.

2) Yo siempre .... por la mañana, me gusta ir limpio al trabajo.

3) ¿(Vosotros) .... la ropa a mano o con la lavadora?

4) Mi marido y yo .... mucho juntos, somos una pareja perfecta.

5) Mis hermanos nunca quieren .... para ir al colegio.

6) ¿Por qué no .... un poco antes? Tardas mucho y no descansas bien.

7) Federico y Miguel .... como dos grandes escritores españoles.

8) Mis primos, cuando vamos a la playa, ... todo el tiempo.

9) Mi abuela .... demasiada carne, no sé si es bueno para ella.

10) ¿Cómo .... (vosotros) mañana para la fiesta? Nosotros elegantes.

3) Acompanhe a agenda do dia de Juan e escreva um pequeno texto em 3ª pessoa que conte o dia dele. Use as horas, as marcações temporais e os advérbios de tempo adequados.
Ej. Juan todos los días se despierta a las 7.00. Luego se levanta de la cama.

| 223

LIÇÃO 6

7.00	Despertarse ....
7.30	Levantarse de la cama ....
8.00	Ducharse ....
8.30	Afeitarse ....
8.45	Vestirse ....
9.00	Desayunar ....
10.00	Ir al trabajo ....
14.00	Almorzar ....
18.00	Irse del trabajo ....
19.00	Cenar ....
20.00	Lavarse los dientes ....
20.30	Ver la televisión ....
22.00	Acostarse y dormirse ....

4) E agora, já que sou muito cotilla (intrometida) e quero saber de tudo, descreva seu dia para mim!

....

....

....

....

....

....

6.4 La *familia*

Vejamos agora como se denominam os membros da família: você vai se espantar com a semelhança entre os graus de parentesco no espanhol e no português. Comecemos logo!

los padres, os pais
la madre, a mãe
la mamá, a mamãe
el padre, o pai
el papá, o papai

los abuelos, os avós
la abuela, a avó
el abuelo, o avô
la bisabuela, a bisavó
el bisabuelo, o bisavô

los tíos, os tios
la tía, a tia
el tío, o tio

los suegros, os sogros
la suegra, a sogra
el suegro, o sogro
la nuera, a nora
el yerno, o genro
la cuñada, a cunhada
el cuñado, o cunhado

los hijos, os filhos
la hija, a filha
el hijo, o filho
la hermana, a irmã
el hermano, o irmão

los nietos, os netos
la nieta, a neta
el nieto, o neto
los sobrinos, os sobrinhos
la sobrina, a sobrinha
el sobrino, o sobrinho

los primos, os primos
la prima, a prima
el primo, o primo

la pareja, o casal
la novia, a namorada/noiva
el novio, o namorado/noivo
los esposos, os cônjuges
la esposa o mujer, a esposa ou mulher
el esposo o marido, o esposo ou marido

CULTURA

El Camino de Santiago

¡Hola chicos! Hoy vamos a hablar de una ruta y de una historia que forman una parte muy importante de la cultura española y de una tradición famosa en todo el mundo: El Camino de Santiago. ¿Alguno de vosotros ha hecho el Camino de Santiago? Es una experiencia inolvidable.
Vamos a hablar de qué es el Camino y un poco de su historia.

El Camino de Santiago es una ruta que recorren los peregrinos procedentes de toda Europa y de todo el mundo para llegar a la catedral de Santiago de Compostela, donde se conservan las reliquias del apóstol *Santiago el Mayor*.
Santiago el Mayor, tras la muerte y resurrección de Jesucristo, viajó a España para realizar su misión de evangelización. Murió decapitado al volver a Palestina por no respetar la prohibición de practicar el Cristianismo, y sus discípulos Anastasio y Teodoro robaron su cuerpo y lo llevaron en barco hasta España, a Iria Flavia. Trasladaron el cuerpo hasta el bosque de Libredón donde lo sepultaron y allí permaneció sin que nadie lo supiera hasta ocho siglos después, cuando en el año 813 un ermitaño de nombre Pelayo vio una extraña luz sobre el sitio donde se encontraba la tumba de Santiago. El monarca de entonces, Alfonso II el Casto, al enterarse del descubrimiento, viajó con otros nobles al milagroso lugar, donde mandó construir una iglesia y se convirtió en el primer peregrino de Santiago de Compostela
El Camino de Santiago es muy popular desde entonces y se ha convertido en una de las rutas de peregrinación más famosas del mundo.
Hay muchas rutas, la inglesa, la española, la francesa, todas empiezan en sitios diferentes. La francesa es quizás la más conocida e importante, ya que ha sido declarada Patrimonio de la Humanidad por la Unesco y ha recibido el nombre de *Calle Mayor de Europa*.
El camino es muy largo y difícil, generalmente se recorre a pie, aunque también se puede hacer en bicicleta o a caballo. De todas formas hay muchos elementos que lo hacen agradable, como hoteles a lo largo de las rutas que le facilitan el camino a los peregrinos.
¿Qué os parece? A lo mejor un poco duro, pero es una experiencia que nadie se arrepiente de haber hecho, se puede hacer en diferentes etapas y os puede llevar el tiempo que queráis, no hay prisa. Además no solo se

CULTURA

hace por motivos religiosos, sino también por amor a la naturaleza, o al arte románico, ya que el camino está lleno de iglesias de gran belleza y singularidad, hay muchas razones para hacer el Camino de Santiago, y todas merecen la pena.

PALAVRAS QUE VOCÊ NÃO CONHECE
¿Qué significa la palabra ....? O que significa a palavra ....?

....
....
....
....
....
....
....
....
....
....
....
....
....
....
....
....
....
....
....
....
....
....
....

LIÇÃO 7

7.1   As preposições
7.2   As preposições: combinações
7.3   Outras preposições
7.4   As conjunções
7.5   *El cuerpo*

7.1 As preposições

As preposições portuguesas rapidamente se revelaram simpáticas para mim. Recitá-las em ordem alfabética é uma espécie de trabalenguas. Como? O que é um trabalenguas? É um trava-línguas!
Tenho certeza de que você já entendeu: neste capítulo, vamos estudar as preposições, que em espanhol são: a, ante, bajo, con, contra, de, desde, en, entre, hacia, hasta, para, por, según, sin, sobre e tras.

1) **A** é muito fácil, também é usada em português: leia as frases e veja se não tenho razão. É usada para expressar diversos conceitos.

   INDICAR UM LUGAR OU UM MOVIMENTO
   Indicar um **destino**:
   ¿Adónde vas de vaciones? A Málaga.
   Aonde você vai nas férias? A Málaga.

   Indicar um **lugar preciso**, como nesta frase:
   Nos sentamos a su derecha. [Nós] nos sentamos à sua direita.

   Falar de uma **distância**:
   La ciudad está a 20 kilómetros. A cidade está a 20 quilômetros.

   Indicar uma **direção**:
   Tomando la primera calle a la derecha llegáis a mi casa.
   Pegando a primeira rua à direita, vocês chegarão à minha casa.

   DIZER A HORA
   Nos vemos a las 5. [Nós] nos vemos às 5.

   DIZER O PREÇO
   Las manzanas están a 20 euros al kilo.
   As maçãs custam 20 euros o quilo. (Um pouco caras!)

   EXPLICAR A MANEIRA OU O MODO
   Estas sandalias están hechas a mano. Estas sandálias são feitas à mão.

LIÇÃO 7

COMUNICAR A FINALIDADE DE UMA AÇÃO
Mafalda viene hoy a saludarme.
Mafalda vem me cumprimentar hoje.

INDICAR UMA PERCEPÇÃO OU UMA SENSAÇÃO
Este dulce sabe a vainilla.
Este doce tem gosto de baunilha.

COMPLEMENTOS INDIRETOS
O que é um "complemento indireto"? Na frase "Pedro lutou contra Paulo", "contra Paulo" é um complemento indireto. Agora, em espanhol, usando a preposição a: Helena juega a baloncesto (a baloncesto é um complemento indireto) ou então he regalado un libro a Rosa, dei um livro de presente para Rosa.

> **DICA!**
> Existe um caso especial de uso da preposição a, em espanhol. Não se desespere, não é complicado, especialmente se pensarmos em um uso especial também em português, o objeto direto preposicionado. É o caso de "Viu a mim = Viu-me".
>
> He visto a tu hermano. Vi seu irmão.
>
> He encontrado a tu perro solo en la calle. Encontrei seu cão sozinho na rua.
>
> Y el lobo devoró a la abuelita. E o lobo devorou a vovozinha.
>
> ¿Quién ve a mi hermana? Quem vê minha irmã?
> Em espanhol, a é usado antes do objeto direto quando este se refere a pessoas, animais ou coisas personificadas, quando faz referência a uma pessoa ou a um animal bem específico e conhecido (como no caso dos animais domésticos, las mascotas).
>
> A + objeto direto é uma construção típica do espanhol.

LIÇÃO 7

> O último exemplo é a prova de que, graças ao uso da preposição a, nós, falantes de espanhol, sempre podemos distinguir o sujeito de uma frase, porque, seja sincero: na frase em português "quem vê minha irmã?", pode haver confusão quanto a quem vê quem. Graças à preposição a nós sabemos, em espanhol, que "quem" é o sujeito e "minha irmã" é o objeto direto. Aposto que você está se perguntando como seria a frase se o sujeito fosse "minha irmã" e o objeto direto, "quem". Bem, em espanhol é muito fácil: nesse caso, a frase seria ¿A quién ve mi hermana?

2) **Ante** significa "diante", "em frente de".
   Ante la iglesia está la estatua del santo.
   Diante da igreja encontra-se a estátua do santo.

3) **Bajo** significa "sob, abaixo".
   Estamos a tres grados bajo cero.
   Estamos a três graus abaixo de zero.

4) **Con** é igual ao português, não tem erro. É usado para indicar:
   - o modo, o meio ou o instrumento para fazer alguma coisa;
   La carne se corta con el cuchillo.
   Corta-se a carne com a faca.

   - companhia ou colaboração;
   Voy al cine con mi novio.
   Vou ao cinema com meu namorado.

   - conteúdo, posse ou correspondência;
   Tiene una cartera con mucho dinero.
   [Ele] Tem uma carteira com muito dinheiro (Sorte dele!)

   Mas o uso seguinte é um pouco mais difícil.

   con + infinitivo = gerundio

   Con dormir, acaba el cansancio. Dormindo, acaba o cansaço.

LIÇÃO 7

5) **Contra** significa "contra" e é usado para indicar oposição (tanto física quanto figurada).
   No he dicho nada contra ti. Não disse nada contra você.

6) **De** significa "de", com vários sentidos, procedência, causa... No dicionário da Real Academia Española contam-se 27 usos para a preposição de. Então, não se assuste: sabendo o português, você vai tirar o espanhol de letra. O de é usado para indicar:
   - origem
     Soy de Nápoles. Sou de Nápoles.
   - propriedade
     Conduzco el coche de mi madre. Dirijo o carro de minha mãe.
   - composição ou substância
     Estas sábanas son de algodón. Estes lençóis são de algodão.
   - assunto
     No quiero hablar de mi ex marido. Não quero falar do meu ex-marido.
   - idade
     Tiene un hijo de 5 años. Tem um filho de 5 anos.
   - autor
     Esta novela es de Gabriel García Márquez.
     Este romance é de Gabriel García Márquez.
   - proveniência
     Llegan de Madrid. Estão chegando de Madri.
   - finalidade ou função
     Hemos regalado una caña de pescar a Carlos.
     Demos de presente a Carlos uma vara de pescar.
   - um ponto no espaço ou no tempo
     De Bilbao a Barcelona. De Bilbao a Barcelona.
   - complemento do agente da ação
     Andrés viene acompañado de sus amigos.
     Andrés vem acompanhado de seus amigos.

LIÇÃO 7

Emprega-se também a preposição de com determinados substantivos, para indicar o momento em que acontece alguma coisa. Por exemplo:
de madrugada, de madrugada   de viejo, antigo

Mas existe outra preposição que substitui o "de" português. Vejamos agora mesmo!

7) Desde significa, em alguns casos, "de" no sentido de lugar onde se encontra o agente da ação. Também pode indicar o começo de uma ação ou de uma situação, tanto em termos de tempo como de espaço.
Desde mi ventana se ve un bosque.
Da minha janela se vê um bosque.

Nos conocemos desde 2006. Nós nos conhecemos desde 2006.

> **DICA!**
> Desde + que = a partir do momento em que/desde que/depois que
> É usado quando o ponto de referência é constituído por uma frase com o verbo conjugado.
> Desde que se ha separado de Helena, no es más la misma persona.
> Desde que terminou com Helena, não é mais a mesma pessoa. (Ah, veja o que eu faço com os homens!)
>
> Desde + hace = há/faz
> É usada para uma ação que começa no passado e continua no presente.
> No trabaja desde hace un año.
> Não trabalha há um ano.

8) En significa "em". É uma preposição que indica:
- lugar
    Helena vive en Barcelona. Helena vive em Barcelona.
    Mi hermana está en casa. Minha irmã está em casa.

LIÇÃO 7

- o tempo de uma ação, para expressar meses, estações e anos
  Nací en 1979. Nasci em 1979.
- o modo como se realiza uma ação expressa pelo verbo
  Llegó en zapatillas. Chegou de pantufas.
- meio ou instrumento
  Me gusta viajar en tren. Gosto de viajar de trem.
- en + infinitivo pode indicar delimitação
  He sido el primero en llegar. Fui o primeiro a chegar.

9) Entre significa "entre" com todos os significados e nuances.
Andorra está entre Francia y España. Andorra fica entre a França e a Espanha.

> **DICA!**
> Você se lembra do título daquela canção italiana de Tiziano Ferro, *La differenza tra me e te* [A diferença entre mim e você]? Bem, se formos traduzi-lo para o espanhol ficará *La diferencia entre tú y yo*. Ah, sim! Se depois de entre for necessário colocar um pronome, devemos usar um pronome pessoal reto! Você deve estar se perguntando também por que eu não escrevi entre yo y tú. Porque não se escreve assim! ¡El burro delante para que no se espante! Se houver uma lista de pessoas, e eu fizer parte dela, vou para o fim, nunca para o começo!

10) Hacia significa "em direção a", "perto de", "por volta de". É usada tanto para indicar um movimento em direção a um lugar quanto para passar a ideia de sentido temporal, de aproximação.
Voy hacia la universidad. Vou para a universidade.
Nos vemos hacia las cinco. Vemo-nos por volta das cinco.

11) Hasta significa "até". Tem valor tanto temporal quanto espacial.
Estudiaré hasta la madrugada. Estudarei até a madrugada.
Vamos hasta la playa. Vamos até a praia.

hasta + que = até, até que, enquanto
É usado para indicar o limite ou o término da ação expressa pelo verbo principal.
Comeré hasta que me llene. Comerei até ficar cheio.

12) Para indica **um fim**, **uma destinação**, **um objetivo**. Mais especificamente, pode ser usado ao indicar:
- o destinatário
  He comprado unos regalitos para los niños.
  Comprei uns presentinhos para as crianças.
- o escopo ou fim
  Hemos venido para ayudaros. Viemos para ajudá-los.
- a direção de um movimento com destino a um lugar (parto de A para chegar a B)
  En junio saldré para Florencia. Em junho partirei para Florença.
- o fim de um período de tempo
  Necesito este libro para la semana que viene.
  Preciso deste livro para a semana que vem.
- uma opinião
  Para Miguel no es una cosa grave. Para Miguel, não é uma coisa grave.
- uma proporção
  Hace un ruido infernal para lo pequeña que es.
  Faz um barulho infernal para o tamanhinho que tem.

13) Por expressa um **meio**, **um agente**, **uma causa**, em especial:
- agente da passiva
  Helena es apreciada por todos.
  Helena é apreciada por todos.
- a causa ou o motivo de uma ação
  El vuelo ha sido cancelado por la lluvia.
  O voo foi cancelado por causa da chuva.
- o meio, o instrumento ou o modo como se faz alguma coisa
  He hablado con Pepe por teléfono.
  Falei com Pepe por telefone.

LIÇÃO 7

- o preço
  He comprado este piso por 160 mil euros.
  Comprei este apartamento por 160 mil euros.
- o complemento de tempo (quando se referir a um tempo vago e genérico)
  Nos vemos mañana por la tarde.
  [Nós] Nos vemos amanhã à tarde.
- um movimento em ou por meio de um lugar
  He viajado por toda Europa.
  Viajei por toda a Europa.
- uma substituição ou uma representação
  No te preocupes, si no puedes voy yo por ti.
  Não se preocupe, se você não pode, vou em seu lugar.

14) Según significa "segundo", "de acordo com", conforme".
"Depende ¿de qué depende? De según como se mire, todo depende" (Jarabe de Palo, *Depende*, 1998). "Depende, do que depende? Conforme o jeito de olhar, tudo depende." (Confesse: agora você vai ficar com o refrão dessa música na cabeça!)

> **DICA!**
> Preste atenção, porque según é usado em espanhol na construção según + pronome pessoal reto: según yo, "segundo eu"; según tú, "segundo tu" e assim por diante.
> Em português podemos até dizer "para mim", "para ti", mas según mí e según ti estão completamente errados em espanhol!
> Según yo, Helena es la chica más bonita del mundo.
> Para mim, Helena é a garota mais bonita do mundo. (Ai, obrigada, assim você me deixa emocionada!)

15) Sin significa "sem". É usado para indicar a falta de alguma coisa ou de alguém.
No puedo comprar el libro porque estoy sin dinero.
Não posso comprar o livro porque estou sem dinheiro.

LIÇÃO 7

16) Sobre significa "sobre". É uma preposição usada para expressar aproximação, indicar o assunto de uma fala, mas também no sentido espacial.
Es una película sobre la guerra civil. É um filme sobre a guerra civil.
El gato está sobre la silla. O gato está sobre a cadeira.

17) Tras significa "após, depois". É usado tanto para expressar a noção de espaço quanto de tempo, e a condição de posterior em uma sequência.
Tras el verano viene el otoño.
Depois do verão vem o outono.

7.2 As preposições: combinações

E agora, vamos examinar as combinações das preposições. Uma dádiva para você, brasileiro! Sabe por quê? Faço só uma pergunta: quantas combinações de preposições existem em português?
Demais: ao, aos, do, da, dos, das, dum, duns, duma, dumas, daquele, daqueles, daquela, daquelas, daquilo, naquele, naquela, naquilo, desse, desses, deste, destes, dessa, dessas, desta, destas, disso, disto, dele, deles, dela, delas, doutro, doutros, doutra, doutras, daqui, daí, dali, no, nos, na, nas, num, nuns, numa, numas, nele, neles, nela, nelas, pelo, pelos, pela, pelas, pro, pros, pra, pras, entre outras.
Quer saber agora quais preposições se combinam em espanhol?
Somente duas!
Em espanhol, é possível fazer combinações apenas com as preposições a e de.

A + EL = AL   DE + EL = DEL

As combinações podem ser feitas apenas no masculino singular; são usadas nos casos já vistos nos itens 1 e 6 das preposições.
Al corresponde a "ao", e del é traduzido por "do".

Fui al recital de Ana. Fui ao recital de Ana.
El niño del jersey azul. O menino da malha azul.

Quer aprofundar?

Os verbos de movimento

ANDAR E CAMINAR

Andar e caminar são dois verbos cujos significados coincidem, respectivamente, com os verbos "andar" ("dar passos") e "caminhar" ("percorrer um caminho a pé") em português. Mas se têm quase o mesmo significado, você deve estar se perguntando o que fazemos com esses dois verbos diferentes.
Antes de tudo, uma vez que têm origem em duas línguas diferentes – andar vem do latim, e caminar vem do celta –, seu uso é ligeiramente diferente.

LIÇÃO 7

ANDAR significa "caminhar, deslocar-se, mover-se, seguir, circular". Emprega-se como o verbo caminar, mas tem também outros significados, como "funcionar" (¿Cómo está andando el reloj? Como está funcionando o relógio?) ou "sentir-se, estar" (¿Cómo andas? Como vai?).

CAMINAR significa "caminhar, andar, percorrer, mover-se". Pode se referir tanto a pessoas (Diego camina sin prisa. Diego caminha sem pressa) quanto a coisas (Los planetas caminan en el universo. Os planetas se movem no universo). Na forma transitiva, significa "percorrer uma distância" (Camino tres kilómetros al día. Caminho três quilômetros por dia); na forma intransitiva, quando se refere a pessoas ou animais, indica o deslocamento a pé de um lugar a outro; e quando se refere a seres inanimados, indica seguir seu próprio curso.

Na Espanha, sem sombra de dúvida, o mais usado é andar; na América Latina, usa-se muito caminar. Portanto, se estiverem de férias na Espanha, usem andar, e tudo andará bem!

	ANDAR	CAMINAR
Yo	and-o	camin-o
Tú	and-as	camin-as
Él, Ella, Usted	and-a	camin-a
Nosotros, Nosotras	and-amos	camin-amos
Vosotros, Vosotras	and-áis	camin-áis
Ellos, Ellas, Ustedes	and-an	camin-an

Andar é um verbo irregular, vamos revê-lo quando falarmos das formas do passado.

IR E VENIR
Aqui estão dois verbos que com certeza não vão causar problemas, porque são usados da mesma maneira em português e espanhol. O verbo ir significa "partir, deslocar-se de um lugar a outro, transportar-se daqui para lá".

Voy a Madrid de vacaciones. Vou a Madri de férias.

LIÇÃO 7

O verbo venir significa "caminhar, mover-se na direção da pessoa que fala, chegar ao lugar onde se encontra o enunciador".
¿Vienes a comer a mi casa? Você vem almoçar em minha casa?

Ir: de acá para allá (daqui para lá)
Venir: de allá para acá (de lá para cá)

Simples, não?
Ambos os verbos são irregulares. Talvez possam causar alguns problemas devido a isso, mas tenho certeza de que, quanto ao significado, não causarão problema algum.

	IR	VENIR
Yo	voy	veng-o
Tú	vas	vien-es
Él, Ella, Usted	va	vien-e
Nosotros, Nosotras	vamos	ven-imos
Vosotros, Vosotras	vais	ven-ís
Ellos, Ellas, Ustedes	van	vien-en

Qué lástima pero adiós, me despido de ti y me voy...
Que pena, mas adeus, despeço-me de você e parto...
Julieta Venegas, *Me voy*, 2006.

O verbo ir também é usado na forma ir + a + infinitivo para a construção do futuro, mas trataremos disso mais adiante.

LLEGAR
Este verbo é muito fácil: llegar significa "chegar".
Em 21 de junio llega el verano. Em 21 de junho chega o verão.

	LLEGAR
Yo	lleg-o
Tú	lleg-as
Él, Ella, Usted	lleg-a
Nosotros, Nosotras	lleg-amos
Vosotros, Vosotras	lleg-áis
Ellos, Ellas, Ustedes	lleg-an

7.3 Outras preposições

Existem, também, outras palavras que podem ser consideradas pertencentes à grande família das preposições: durante, menos, excepto, salvo, incluso.

1) Durante funciona quase como em português e tem o mesmo significado. Além de significar "no curso de" significa também "por" e pode vir acompanhada de indicativos temporais de todo gênero.

Durante el verano hace mucho calor.
Durante o verão faz muito calor.

No habló durante unas horas.
Não falou durante algumas horas.

2) Menos, excepto, salvo são preposições que indicam a exclusão de um ou mais de um conjunto. Seu uso coincide com "exceto" em português, em alguns casos.

Llueve por todas partes menos/excepto/salvo en Sicilia.
Chove em todos os lugares, menos/exceto/salvo na Sicília.

Han comido todos menos/excepto/salvo yo.
Todos comeram, menos/exceto/salvo eu.

3) Incluso tem o significado de "até, inclusive, mesmo". Preste atenção, porque, em espanhol, depois da palavra incluso, você encontrará sempre a preposição a.

Las películas cómicas gustan a todos, incluso a los más viejos.
Os filmes de comédia agradam a todos, inclusive aos mais velhos.

7.4 As conjunções

Vejamos agora quais são as principais conjunções espanholas: tenho certeza de que uma você já as conhece, porque já apareceram muitas vezes nos exemplos dados!

Helena y Carmen son dos mujeres españolas.
Helena e Carmen são duas mulheres espanholas.

1) **Y** equivale ao "e" do português; serve para ligar duas palavras ou também frases inteiras. Lembremos que quando encontramos, depois do y, uma palavra que começa com i- ou hi- (mas que não constituam um ditongo!), para evitar enroscar a língua nos dentes e produzir uma confusão de sons desagradáveis, o y se transforma em e.

Carmen e Ignacio trabajan en la universidad de Salamanca.
Carmen e Ignacio trabalham na universidade de Salamanca.
Rosas e hibiscos son flores.
Rosas e hibiscos são flores.
Leones e hienas viven en África.
Leões e hienas vivem na África.

2) Outra conjunção é **o**, que significa "ou"; indica alternância ou escolha de elementos.

¿Quieres la camiseta roja o la chaqueta azul?
Quer a camiseta vermelha ou a jaqueta azul?

Se vier antes de uma palavra que começa com o- ou ho-, o o se transforma em u.

¿Necesitas siete u ocho sillas?
Precisa de sete ou oito cadeiras?

Atenção: quando em uma frase desse tipo usamos numerais, em vez das palavras, para não ser confundido com o número zero, o o recebe um acento (ó).

LIÇÃO 7

No sé si hay 3 o 4 gatos en casa de Miguel.
Não sei se há 3 ou 4 gatos na casa de Miguel.

3) **Pero** significa "mas", "porém" e relaciona elementos ou ideias contrárias.

   Es una casa nueva, pero barata.
   É uma casa nova, mas barata.

4) **Sino** significa "mas", "senão", "e sim". É usado para confrontar conceitos, corrigir ou esclarecer o que se disse anteriormente.

   Carlos no es español, sino chileno.
   Carlos não é espanhol, e sim chileno.
   (Cuidado para não fazer confusão, os chilenos são sensíveis!)

5) **Ni** é uma conjunção que equivale ao português "nem"; é usada para repetir uma negação feita antes. Assim, une dois elementos ou ideias negativas.

   No estudia ni trabaja. Não estuda nem trabalha.

7.5 *El cuerpo*

Tenho certeza de que você se lembra de ter lido diversos desses livrinhos infantis que apresentam o corpo humano para crianças. Vamos explorá-lo de novo, mas, desta vez, em espanhol!

Vamos começar pelo rosto (cara) e a cabeça (cabeza).

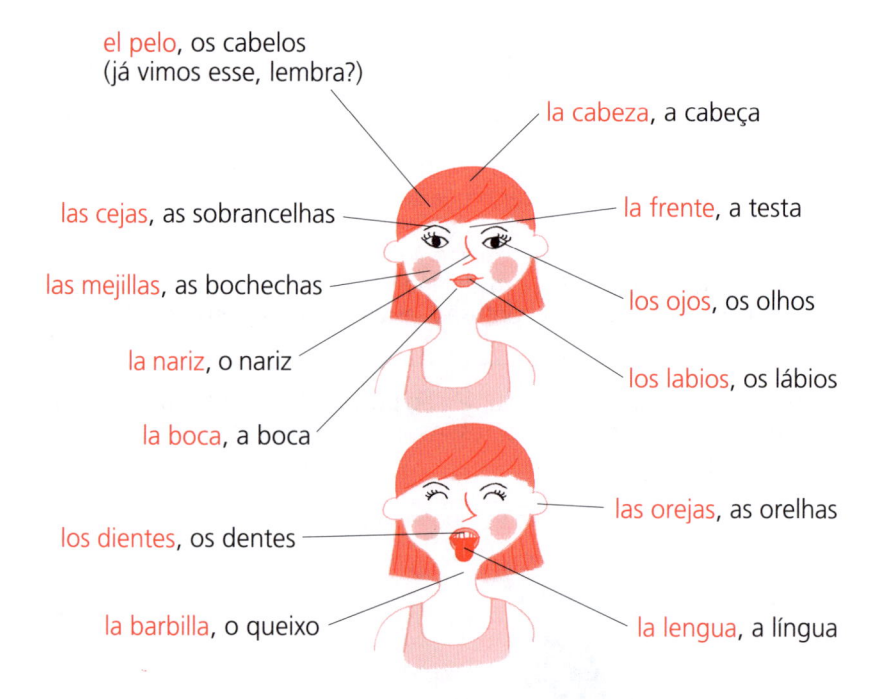

- el pelo, os cabelos (já vimos esse, lembra?)
- la cabeza, a cabeça
- las cejas, as sobrancelhas
- la frente, a testa
- las mejillas, as bochechas
- los ojos, os olhos
- la nariz, o nariz
- los labios, os lábios
- la boca, a boca
- los dientes, os dentes
- las orejas, as orelhas
- la barbilla, o queixo
- la lengua, a língua

LIÇÃO 7

E agora, vejamos as outras partes do corpo.

- el tórax, o tórax
- los hombros, os ombros
- la espalda, as costas
- el tronco, o tronco
- la barriga, a barriga
- el ombligo, o umbigo
- la muñeca, o pulso
- la cintura, a cintura
- la ingle, a virilha
- los muslos, as coxas
- los tobillos, os tornozelos
- los pies, os pés
- las extremidades, as extremidades
- el cuello, o pescoço
- el pecho, o peito, ou el seno, os seios
- los brazos, os braços
- el codo, o cotovelo
- las caderas, os quadris
- los dedos, os dedos
- las uñas, as unhas
- las manos, as mãos
- las piernas, as pernas
- la rodilla o joelho

LIÇÃO 7

E acabamos! Verifique a lista completa no apêndice ao final do livro. Não vá fazer feio pedindo ao farmacêutico algo contra el dolor de cuestas... Porque "cuestas" não é uma parte do corpo! E que nem lhe passe pela cabeça dizer me duelen las espaldas (certo?), pois você já sabe que em espanhol uma pessoa tem só uma espalda.

Ejercicios

1) Complete as frases seguintes com por ou para.

1) Tengo este paquete .... ti.
2) Este cuadro fue pintado .... Velázquez.
3) .... ser un niño sabe mucho sobre ciencia.
4) El profesor pasó .... aquí.
5) Te felicito .... tu nuevo trabajo.
6) Este cuchillo sirve .... pelar patatas.
7) .... nosotros, Helena es perfecta.
8) ¿Has recibido los documentos .... correo?
9) Necesitamos alfombras .... la habitación.
10) Todo lo que hace, lo hace .... amor.

2) O trecho abaixo não tem preposições; preencha as lacunas com as mais adequadas.

Vistió sus mejores momentos. Hubert de Givenchy diseñó .... Audrey Hepburn los trajes más importantes .... su vida, los que marcaron su carrera cinematográfica y personal .... sus vestidos .... *Sabrina* y *Desayuno* .... *diamantes* .... los .... sus dos bodas (casamentos), o el que llevó cuando recogió el Oscar .... *Vacaciones* .... *Roma*. La relación .... trabajo y amistad .... ambos genios duró exactamente cuarenta años, justo .... el día .... la muerte .... la actriz. Incluso uno .... los perfumes Givenchy, *L' Interdit*, fue creado .... ella.

LIÇÃO 7

Su primer encuentro, ... julio .... 1953, es célebre. Él, ... veintiséis años y su casa .... costura recién abierta, esperaba .... la Srta (Señorita) Hepburn, pero a Katharine. Ella, ... veinticuatro, todavía abrumada (atordoada) .... su éxito, frágil, delgadísima, ... maquillaje y .... un sombrero gondolero (de gondoleiro), buscaba ropa maravillosa .... su próxima película. Les unieron los trajes que llevaría (usaria) Sabrina .... que aterriza .... París .... que conquista .... Linus Larrabee. La recompensa .... tan mítico vestuario, no aparecer .... los créditos .... la película. "¡La ayuda que habría sido (teria sido) .... mí, que me encontraba .... principio .... mi carrera! Pero no importa; .... cabo .... unos años todo el mundo lo sabía", declaró el diseñador. .... el que fuera considerado *el aristócrata* .... *la Alta Costura*, éste solo fue el comienzo .... una relación .... celebrities y estrellas .... Hollywood. Jacqueline Kennedy y la duquesa .... Windsor también se rindieron .... este joven .... modales exquisitos. .... él, todo lo que una mujer necesitaba tener .... ser chic era "una gabardina, dos trajes, unos pantalones y un jersey de cachemira". Solo le faltan dos míticos vestidos negros, uno largo y otro .... cóctel, ... resumir el armario .... Holly Golightly, Audrey .... *Desayuno* .... *diamantes*. En total, fueron siete las películas .... las que musa y creador colaboraron.
       Givenchy & Audrey – *Glamour*, España, Febrero 2009

3) Sublinhe todas as conjunções que encontrou no exercício 2.

4) Complete as frases seguintes com as preposições: incluso, con, contra, sin, sobre.

1) Deseo un café .... leche.

2) No podéis salir .... permiso.

3) En Madrid hay una manifestación .... el alza de los precios.

4) Hoy en la universidad hay una conferencia .... la globalización.

5) ¡Pero eso lo sabe .... un niño!

6) La sopa era tan condensada que se podía comer .... un tenedor.

| 247

LIÇÃO 7

7) Es mejor no salir .... ponerse un jersey.
8) Domingo el Juventus juega .... el Inter.
9) He dejado mi cuaderno .... la mesa de la cocina.
10) .... los críticos más severos elogiaron su obra.

5) Complete as frases seguintes com as preposições según, entre, durante, menos, hacia.

1) El banco está .... el carnicero y el bar.
2) Ahora llueve .... intensamente.
3) El coche giró y se dirigió .... la plazuela.
4) .... creo, tú gastas demasiado dinero.
5) Gabriela habla .... toda la clase de química.
6) .... los pinos del bosque hay una ardilla.
7) Fueron todos al cine .... yo.
8) Cada vez que me ve, viene .... mí.
9) .... tú ¿Quién va a ganar el partido?
10) Nos vemos .... la semana que viene.

6) Complete as frases com as preposições salvo, a, bajo, en, ante.

1) Cuando comenzó .... llover, los turistas se mojaron.
2) El sorteo se celebrará .... notario la semana que viene.
3) Esta mujer está .... la protección de la ley.
4) Recibió felicitaciones de todos, ... de su hermana.
5) Tu pijama está .... el dormitorio.
6) Hoy estamos .... 6 grados.
7) El novio estaba .... la novia frente al altar.
8) Los soldados actúan .... las órdenes del general.

LIÇÃO 7

9) Lo aprobaron todos, ... tú.
10) Siempre voy .... bicicleta.

7) Complete as frases com as preposições excepto, hasta, tras, de, desde.

1) Saldré de casa .... de ti.
2) No hablo con mi abuela .... Navidad.
3) Estamos aquí toda la familia .... mi padre.
4) ¿ .... quién se ha enamorado Helena? Está todo el día en las nubes.
5) ¿....................... qué hora está abierto el banco?
6) El martes llega .... el lunes.
7) .... hace tiempo estamos canalizando agua para llevarla a un pueblo.
8) Me encontrarás aquí a cualquier hora, ... de 3 a 7.
9) En un momento, el río se llenó .... agua.
10) Acompañé a Juan .... la parada del autobús.

8) Complete o trecho seguinte com as preposições adequadas.

La historia .... España sería impensable .... el culto dado .... Santiago Apóstol y .... las peregrinaciones .... Santiago .... Compostela, es decir .... la creencia .... hallarse allá el cuerpo .... un discípulo .... Señor, degollado .... Palestina y traslado .... España .... forma milagrosa; regresaba así .... la tierra antes cristianizada .... él, ... una tradición que existía antes .... la llegada .... los árabes. La fe .... la presencia .... Apóstol sostuvo espiritualmente .... quienes luchaban .... los musulmanes;

| 249

LIÇÃO 7

su culto determinó la erección .... maravillosos edificios ....
Santiago y .... lo largo .... la vía .... los peregrinos, y tuvo consecuencias literarias dentro y fuera .... España;
.... el camino llamado francés discurrieron millones ....
personas, ... los siglos IX y XVI, que la mantuvieron enlazada
.... el resto .... Europa.

9) O que é, o que é?

1) Son muchos hermanos que viven juntos en una cueva húmeda.
   ....
2) Es un tambor escondido que nunca se para.
   ....
3) Dicen que son el espejo del alma. ....
4) Son los radar del cuerpo, captan todos los ruidos.
   ....
5) Son pequeños pero son ellos que sostienen el cuerpo.
   ....
6) Son dos madres con cinco hijos cada una.
   ....
7) Tiene un solo ojo y una cara ancha. ....
8) Se pueden tocar, se pueden cortar, pero por mucho que quieras no los puedes contar. ....
9) Son como persianas que suben y bajan.
   ....
10) Lo tiene cada botella, camisa o jersey.
    ....

LIÇÃO 7

10) E agora, uma cruzadinha!

1)
- Parte superior del cuerpo
- Oreja
- Polifemo tenía solo uno
- Entre muslos y piernas
- Al final está la mano
- Entre frente y ojos
- En el medio del brazo
- Dentro de la boca
- Nalgas
- En la cabeza
- Al final del brazo
- Son famosas las de Shakira
- Al final de los pies
- Forman la boca
- Cubren los dientes
- Sirve para oír
- Ojo de la barriga

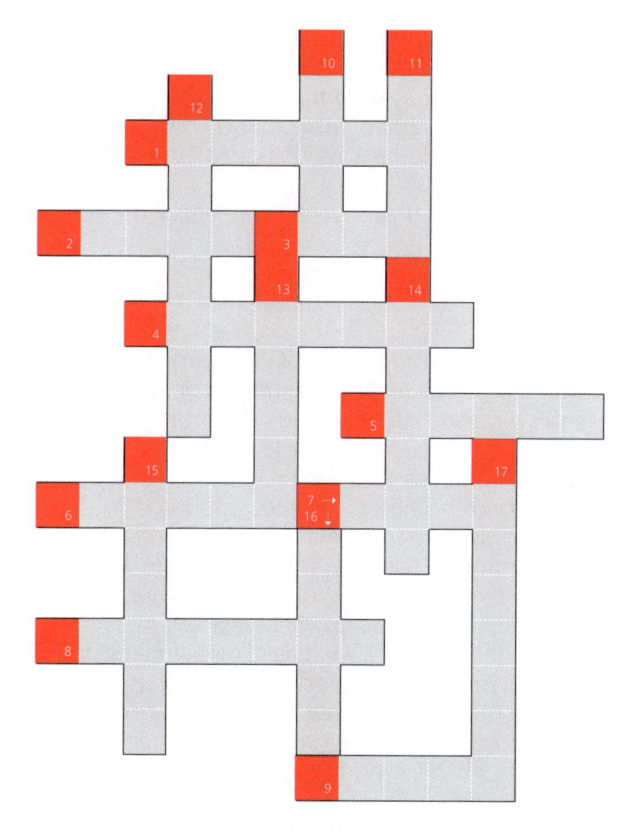

CULTURA

El Flamenco

¡Hola chicos!
¿A quién le gusta la música y el baile? A mí mucho, la verdad, y sobre todo me gusta el Flamenco. ¿Conocéis el Flamenco? Estoy segura que sí, pero no viene mal hablar un poco sobre ello, para quien no lo conozca o quien quiera saber algo más sobre el tema.

El Flamenco es un arte de música y baile originario de las comunidades de Andalucía, Extremadura y Murcia. Es el resultado de un mestizaje cultural gitano, árabe y más, aunque hay mucho debate sobre sus orígenes, que de todas formas se remandan al siglo XVIII.
El flamenco está considerado como Patrimonio Cultural Inmaterial de la Humanidad a iniciativa de las Comunidades autónomas de Andalucía, Extremadura y Murcia.
Los tres elementos que constituyen el flamenco son el cante, el toque de guitarra, y el baile.
Es un arte de gran intensidad emocional, caracterizado por sus movimientos pasionales, con fuertes zapateados en el baile y profundos lamentos en el cante.
El toque de guitarra es muy importante, aunque existen otros instrumentos, como las percusiones y acompañamientos que generalmente están presentes y juegan un papel muy importante.
El baile es muy expresivo y cada parte del cuerpo tiene que moverse de manera coordinada: los pies, las piernas, las caderas, los brazos, las manos, los dedos, los hombros, la cabeza, todos.
Hay muchos tipos de flamenco, más de 50, y cada uno tiene su propio estilo, ritmo y armonía. Los diferentes cantes de flamenco se llaman *palos* y cada uno tiene su propio nombre y sus características musicales y se pueden clasificar de muchas maneras, según sea serio o festero, según su localización geográfica y más. Por ejemplo están *el Fandango, la Malagueña, las Bulerías, la Alegría, las Sevillanas* y muchos más. En cualquier caso, lo que sí es común a todo el flamenco es que hay mucho sentimiento al expresarse. Esto se hace de una manera muy marcada, que generalmente no deja indiferente a nadie; o se ama o se odia el flamenco.
Si no os gusta la idea de aprender flamenco, o bailar, siempre podéis ir a

CULTURA

ver un espectáculo de flamenco, hay muchísimos y así podréis descubrir si sois de los que lo aman o lo odian.
¡A bailar!

PALAVRAS QUE VOCÊ NÃO CONHECE
¿Qué significa la palabra ....? O que significa a palavra ....?

LIÇÃO 8

8.1	Antes de começar
8.2	*El pretérito perfecto compuesto*
8.3	*El pretérito indefinido*
8.3.1	Especificidades dos usos do *pretérito perfecto compuesto* e *indefinido* em espanhol
8.4	*El pretérito imperfecto*
8.4.1	Diferenças entre o uso do *pretérito indefinido* e do *pretérito imperfecto* em uma narrativa no passado
8.5	A casa
8.6	O *condicional simple* dos verbos regulares
8.7	O *condicional simple* dos verbos irregulares
8.8	Uso do *condicional simple*
8.9	Reservar um hotel

8.1 Antes de começar

Neste capítulo, trataremos dos seguintes tempos verbais da língua espanhola: pretérito do indicativo e condicional.
Devo confessar que a coisa é meio complexa. Para começo de conversa, os pretéritos do espanhol são diferentes do português. Talvez você apanhe um pouco, mas um pouquinho de raciocínio vai ajudar a encontrar a lógica dessas conjugações!

Vamos nos familiarizar com três dos tempos passados em espanhol. Existem outros, mas nós trabalharemos com os seguintes:
- O pretérito perfecto compuesto expressa uma ação passada, mas que se prolonga no presente daquele que fala.
- O pretérito indefinido, ou pretérito perfecto simple, expressa uma ação concluída no passado e sem relação com o presente.
- O pretérito imperfecto espanhol também expressa uma ação do passado, independentemente de quando começou ou terminou.

Neste capítulo, vamos examinar esses três tempos verbais, ver como se conjugam e quando são usados.

8.2 *El pretérito perfecto compuesto*

Nunca he visto a una mujer tan guapa como Helena.
Nunca vi uma mulher tão bonita como Helena.
(No fim, acabei convencendo-o. Depois de uma mensagem subliminar aqui, outra ali, agora virei sua heroína!)

Essa frase contém o pretérito perfecto (he visto).

O pretérito perfecto composto é um tempo do indicativo que se forma com o presente do verbo haver, haber, e o particípio passado do verbo principal (aquele que dá o significado à frase, para ficar mais claro).
A propósito do particípio passado: em espanhol existem particípios passados regulares e irregulares, como em português.
O particípio passado **regular** é formado com o sufixo -ado para a 1ª conjugação (hablar → habl-ado) e com o sufixo -ido para a 2ª e a 3ª conjugação (beber → beb-ido, partir → part-ido).

	HABLAR (falar)	BEBER (beber)	PARTIR (dividir)
Yo	he hablado	he bebido	he partido
Tú	has hablado	has bebido	has partido
Él, Ella, Usted	ha hablado	ha bebido	ha partido
Nosotros, Nosotras	hemos hablado	hemos bebido	hemos partido
Vosotros, Vosotras	habéis hablado	habéis bebido	habéis partido
Ellos, Ellas, Ustedes	han hablado	han bebido	han partido

He hablado con Juan. Falei com Juan.

¿Has bebido mi vaso de vino? Você bebeu meu copo de vinho?

Han partido la tarta en 12 porciones. Dividiram a torta em 12 pedaços.

Aí estão três verbos conjugados no pretérito perfecto compuesto.
O que podemos notar?

LIÇÃO 8

O **particípio passado permanece invariável**, e isso significa que não muda, permanece igual para todas as pessoas.

He leído ya esta novela. Já li este romance.
Em espanhol existe apenas um auxiliar para o pretérito perfecto compuesto: o verbo haber (ora, vamos, é simples!).
Já antecipei que existem verbos que formam o particípio passado de maneira irregular; assim, vejamos juntos alguns de uso comum.

INFINITIVO	PARTICÍPIO PASSADO
abrir (abrir)	abierto
cubrir (cobrir)	cubierto
dar (dar)	dado
decir (dizer)	dicho
descubrir (descobrir)	descubierto
escribir (escrever)	escrito
hacer (fazer)	hecho
morir (morrer)	muerto
poner (pôr)	puesto
romper (quebrar)	roto
ser (ser)	sido
ver (ver)	visto
volver (voltar)	vuelto

Depois de uma boa leitura, vemos que os particípios irregulares do espanhol não são tão diferentes dos do português. Portanto, não será difícil aprender!

LIÇÃO 8

Quando se usa o pretérito perfecto compuesto?

- Para falar de ações ou situações ocorridas em um tempo passado que têm repercussão no presente.
  Me he roto un brazo. Quebrei o braço.

- Para expressar ações ou situações que foram concluídas recentemente.
  He acabado de comer. Acabei de comer.

- Para falar de uma ação ou uma situação ocorrida em tempo passado não especificado.
  He visto a tu hermano. Vi seu irmão.

Com muita frequência, o pretérito perfecto compuesto vem acompanhado de advérbios ou **marcadores temporais**.
- hoy (hoje)
  Hoy no he bebido ningún café. Hoje não tomei nada de café.

- esta mañana/tarde/noche (esta manhã/tarde/noite)
  Esta mañana no he desayunado. Esta manhã não tomei café da manhã.

- esta semana/mes/año (esta semana/mês/ano)
  Esta semana he ido todos los días al centro deportivo. Esta semana fui todos os dias ao centro esportivo.

- alguna vez (alguma vez)
  ¿Has pasado por ahí alguna vez? [Você] Passou por ali alguma vez?

- en mi vida (na vida)
  Nunca en mi vida he visto algo igual. Nunca vi algo igual na vida.

- hasta ahora (até agora)
  No ha llamado hasta ahora. Não telefonou até agora.

- nunca (nunca)
  No he estado nunca en Italia. Nunca estive na Itália.

LIÇÃO 8

- ya (já)
  He comido ya. Já comi.

- todavía no (ainda não)
  Todavía no he hablado con Juana. Ainda não falei com Juana.

- por fin (finalmente)
  Por fin ha llegado la primavera. Finalmente a primavera chegou.

- últimamente (ultimamente)
  Últimamente ha llovido mucho. Ultimamente tem chovido muito.

- hace poco/un momento/un rato (há pouco/um momento/um instante)
  He aprendido a bordar hace poco. Aprendi a bordar há pouco.

- aún (ainda)
  Aún no he visto al perro de Juan. Ainda não vi o cachorro de Juan.

- siempre (sempre)
  Ha viajado siempre por avión. Sempre viajou de avião.

Ejercicios

1) Conjugue os verbos seguintes no pretérito perfecto compuesto.

	SER	HACER	ESTAR
yo	....	....	....
tú	....	....	....
él, ella, usted	....	....	....
nosotros/as	....	....	....
vosotros/as	....	....	....
ellos, ellas, ustedes	....	....	....

LIÇÃO 8

	PONER	DECIR	ROMPER
yo	....	....	....
tú	....	....	....
él, ella, usted	....	....	....
nosotros/as	....	....	....
vosotros/as	....	....	....
ellos, ellas, ustedes	....	....	....

	DESPERTAR	ESCRIBIR	CUBRIR
yo	....	....	....
tú	....	....	....
él, ella, usted	....	....	....
nosotros/as	....	....	....
vosotros/as	....	....	....
ellos, ellas, ustedes	....	....	....

8.3 *El pretérito indefinido*

Miguel de Cervantes Saavedra nació en 1547.
Miguel de Cervantes Saavedra nasceu em 1547.

O tempo verbal do exemplo acima é o pretérito indefinido (nació), ou pretérito perfecto simple. O pretérito indefinido em espanhol corresponde ao pretérito perfeito do indicativo em português. Não é um tempo verbal muito fácil, tanto em português (ousa dizer que não?) quanto em espanhol. Mas não comece a fazer cara de desesperado! Não vou permitir que você ponha em dúvida minha extraordinária capacidade de deixar tudo bem claro e explicado!

Respire fundo e prepare-se para mergulhar no maravilhoso mundo do pretérito indefinido. Examinaremos todos os casos dos verbos irregulares; eliminaremos todas as dúvidas, e você não terá problemas para conjugar esse tempo verbal.

Vamos começar com as coisas fáceis, portanto, pelos verbos regulares. Você vai gostar de saber que existem apenas duas terminações, uma para a 1ª conjugação, e uma para a 2ª e a 3ª. Vejamos um exemplo para cada uma das três conjugações.

	1	2	
	HABLAR	BEBER	PARTIR
Yo	habl-é	beb-í	part-í
Tú	habl-aste	beb-iste	part-iste
Él, Ella, Usted	habl-ó	beb-ió	part-ió
Nosotros, Nosotras	habl-amos	beb-imos	part-imos
Vosotros, Vosotras	habl-asteis	beb-isteis	part-isteis
Ellos, Ellas, Ustedes	habl-aron	beb-ieron	part-ieron

Habló con el doctor de su enfermedad.
Falou com o médico sobre sua doença.

Bebieron hasta emborracharse. Beberam até se embriagar.

Partió el jamón en lonchas. Dividiu o presunto em fatias.

LIÇÃO 8

Graças ao último exemplo, podemos ver que o presente e o pretérito indefinido coincidem nas formas da 1ª pessoa do plural. É o contexto que nos revela se se trata do presente ou do passado (hablamos, bebimos, partimos).

Quando se usa o pretérito indefinido? Preste bastante atenção no **primeiro exemplo**.

1) Para falar de ações passadas que foram praticadas **e concluídas** no passado e **que não têm relação com o presente**.
Cristóbal Colón descubrió América.
Cristóvão Colombo descobriu a América.

2) Para exprimir ações ou situações que aconteceram em um **momento preciso** do passado e nele acabaram.
Cristóbal Colón descubrió América en 1492.
Cristóvão Colombo descobriu a América em 1492.

3) Muito usado nas narrativas e nas biografias.
Luis Miguel Dominguín contrajo matrimonio em 1955 con Lucía Borloni, actriz y modelo que ganó el certamen Miss Italia de 1947.
Luis Miguel Dominguín casou-se em 1955 com Lucía Borloni, atriz e modelo, que venceu o concurso de Miss Itália de 1947.

E quem são esses dois? Os pais do cantor Luis Miguel!

Muitas vezes, o pretérito indefinido vem acompanhado de **marcadores temporais**, que indicam períodos anteriores àquele no qual se está falando.

1) anoche, ontem à noite
Anoche vi una película muy interesante. Ontem à noite, vi um filme muito interessante.

2) ayer, ontem
Ayer salí con Pepe. Ontem saí com Pepe.

3) el (día de la semana) pasado, (um dia da semana) passado/a
Hablé con Carla el jueves pasado.
Falei com Carla quinta-feira passada.

LIÇÃO 8

4) la semana pasada, a semana passada
La semana pasada jugasteis a fubtol.
Na semana passada vocês jogaram futebol.

5) el mes pasado, o mês passado
El mes pasado fue al cine tres veces.
No mês passado foi ao cinema três vezes.

6) el año pasado, o ano passado
El año pasado Ana se rompió una pierna.
No ano passado Ana quebrou a perna.

7) Este é especial para os brasileiros: hace (número) meses/años/días, há (número) meses/anos/dias.
Hace dos meses visitamos Paris. Há dois meses, visitamos Paris.
Pense exatamente no "faz", que no português usado no Brasil indica o decurso do tempo: "Faz dois meses que visitamos Paris".

8) en ... (año), no ... (ano)
Goya murió en 1828. Goya morreu em 1828.

9) entonces, então
Y entonces me confesó lo que pensaba.
E então me confessou o que pensava.

Aconselho energicamente que você dê uma olhada em todos os irregulares do final do livro... Leia-os em voz alta e tente fazer os exercícios.

Ejercicios

1) Conjugue os verbos seguintes no pretérito indefinido.

	SACAR	EMPEZAR	PAGAR
yo	....	....	....
tú	....	....	....
él, ella, usted	....	....	....

LIÇÃO 8

nosotros/as ....
vosotros/as ....
ellos, ellas, ustedes ....

	PRODUCIR	CAER	PREFERIR
yo	....	....	....
tú	....	....	....
él, ella, usted	....	....	....
nosotros/as	....	....	....
vosotros/as	....	....	....
ellos, ellas, ustedes	....	....	....

	LEER	PLACER	REIR
yo	....	....	....
tú	....	....	....
él, ella, usted	....	....	....
nosotros/as	....	....	....
vosotros/as	....	....	....
ellos, ellas, ustedes	....	....	....

LIÇÃO 8

8.3.1 Especificidades dos usos do *pretérito perfecto compuesto* e *indefinido* em espanhol

Para as ações pontuais que **pertencem ao passado**, usa-se, em espanhol, o pretérito indefinido.
Nací en 1992. Nasci em 1992. (Não acredita?!)

Ao menos do ponto de vista cronológico, nascemos uma única vez, em uma data precisa. Portanto, para essa ação, em espanhol se usa o pretérito indefinido, e **não** o pretérito perfecto compuesto.

O pretérito perfecto compuesto é usado para falar de ações que foram praticadas em um passado recente, **imediato**.

¡He visto un ratón! (hace un momento)
Vi um rato! (há pouco)

Para as ações que ocorreram em um passado distante ou, por assim dizer, não recente, num tempo que não se considera correlacionado com o presente, usa-se o pretérito indefinido.

El año pasado vi un concierto de Madonna.
No ano passado vi um *show* da Madonna.

Usa-se o pretérito perfecto compuesto para falar de uma ação que foi praticada em um tempo passado, mas que consideramos ainda ligada ao presente.
Esta mañana he encontrado a Manuel.
Esta manhã encontrei Manuel.

Quando falamos de um tempo passado indefinido, usamos o pretérito perfecto compuesto.
He viajado mucho. Já viajei muito.

LIÇÃO 8

Como você pode ver, existem diferenças basilares no uso desses dois tempos. mas basta ter em mente essas regras simples e você vai ver que não cometerá nenhum erro.

PRETÉRITO PERFECTO COMPUESTO	PRETÉRITO INDEFINIDO
• Passado recente, imediato. • Ações passadas ligadas ao presente. • Passado indefinido.	• Ações ocorridas em um momento determinado do passado. • Passado muito distante, sem relação com o presente. • Ações praticadas em determinado momento do passado.

Ejercicios

1) Pretérito indefinido ou perfecto compuesto? Assinale a alternativa correta.

1) Hemos estado / Estuvimos con Pepe hace una semana.
2) Esta semana no he ido / fui a trabajar.
3) ¿En qué mes ha nacido / nació tu hija mayor?
4) ¿Usted ha montado / montó alguna vez a caballo?
5) Pedro no ha estudiado / estudió latín el año pasado.
6) Diego y sus hermanos han venido / vinieron a Francia hace dos años.
7) Todavía no he visto / vio la última película de Iñárritu.
8) Cuando Maite se jubiló, ha hecho / hizo un viaje por toda Europa.
9) ¿Has escrito / escribiste ya la carta a tus padres?
10) El lunes Elena ha roto / rompió el paraguas.

8.4 *El pretérito imperfecto*

Cuando era niña no comía fruta.
Quando era criança, não comia fruta.

Essa frase está no pretérito imperfecto (era, comía), que equivale ao pretérito imperfeito do indicativo em português. A conjugação desse tempo verbal é muito mais simples e – notícia de que você vai gostar ainda mais – possui apenas três verbos irregulares!
Os verbos da 2ª e da 3ª conjugação têm as mesmas terminações, ao passo que os da 1ª conjugação são diferentes. Vejamos!

	1	2	
	HABLAR	BEBER	PARTIR
Yo	habl-aba	beb-ía	part-ía
Tú	habl-abas	beb-ías	part-ías
Él, Ella, Usted	habl-aba	beb-ía	part-ía
Nosotros, Nosotras	habl-ábamos	beb-íamos	part-íamos
Vosotros, Vosotras	habl-abais	beb-íais	part-íais
Ellos, Ellas, Ustedes	habl-aban	beb-ían	part-ían

Lucas hablaba muy poco.
Lucas falava muito pouco.

Los niños bebían un zumo de naranja.
As crianças bebiam um suco de laranja.

Cada vez que Ángel partía una nuez, echaba el cascarón al fuego.
Cada vez que Ángel quebrava uma noz, jogava a casca no fogo.

LIÇÃO 8

E, agora, vejamos **os três irregulares**.

	SER	IR	VER
Yo	era	iba	veía
Tú	eras	ibas	veías
Él, Ella, Usted	era	iba	veía
Nosotros/as	éramos	íbamos	veíamos
Vosotros/as	erais	ibais	veíais
Ellos, Ellas, Ustedes	eran	iban	veían

No era la misma persona.
Não era a mesma pessoa.

Cuando mi abuela era joven no iba a la playa.
Quando minha avó era jovem, não ia à praia.

Con toda aquella niebla no veíamos nada.
Com todo aquele nevoeiro, não víamos nada.

Quando se usa o pretérito imperfeito?

- Para falar de ações habituais e repetidas no passado.
  Cuando era joven, Miguel fumaba mucho.
  Quando era jovem, Miguel fumava muito.

- Para fornecer uma informação sobre o que era um hábito no passado.
  Los egipcios veneraban los gatos. Os egípcios veneravam os gatos.

- Para descrever pessoas, coisas ou lugares, no tempo passado.
  Era una niña muy linda, con grandes ojos azules.
  Era uma menina muito bonita, com grandes olhos azuis.

- Para fazer pedidos de modo polido.
  Quería una porción de tarta de manzanas.
  Queria uma porção de torta de maçã.

LIÇÃO 8

Ejercicios

1) Conjugue os verbos seguintes no pretérito imperfecto.

	AMAR	VOLVER	DORMIR
yo	....	....	....
tú	....	....	....
él, ella, usted	....	....	....
nosotros/as	....	....	....
vosotros/as	....	....	....
ellos, ellas, ustedes	....	....	....

	DAR	COMER	VESTIR
yo	....	....	....
tú	....	....	....
él, ella, usted	....	....	....
nosotros/as	....	....	....
vosotros/as	....	....	....
ellos, ellas, ustedes	....	....	....

LIÇÃO 8

8.4.1 Diferenças entre o uso do *pretérito indefinido* e do *pretérito imperfecto* em uma narrativa no passado

Começamos dizendo que tanto o pretérito indefinido quanto o pretérito imperfecto são usados na narração de uma história, mas quando usar um, e quando usar outro? Lembremos que:

PRETÉRITO INDEFINIDO	PRETÉRITO IMPERFEITO
• É o tempo da narração.	• É o tempo da descrição
• Indica uma ação executada uma única vez.	• Indica ações que se repetem e se desenvolvem
• Expressa uma ação precisa e terminada no passado.	• É usado para ações habituais.
• É usado com marcadores temporais que indicam o limite da ação.	• Expressa ações que não estão concluídas.
• Expressa a ação principal.	• Descreve a causa ou as circunstâncias da ação principal.

Ayer fuimos al campo, era un día de sol, hacía calor y la tranquilidad era fantástica.
Ontem fomos ao campo, era um dia de sol, fazia calor e a tranquilidade era fantástica.
Mientras comíamos un bocadillo, sentados cerca de la plaza de la iglesia, pasó un pastor con su rebaño de ovejas y entre ellas, vimos unos corderos blancos muy pequeños.
Enquanto comíamos um sanduíche, sentados próximos da praça da igreja, passou um pastor com seu rebanho de ovelhas e, entre elas, vimos uns cordeiros brancos muito pequenos.
A la puesta del sol regresamos a casa, donde mis padres nos esperaban.
Ao pôr do sol, voltamos para casa, onde meus pais nos esperavam.

LIÇÃO 8

Ejercicios

1) Complete a fábula de Hans el tonto com os verbos, escolhendo quando usar o pretérito indefinido ou o pretérito imperfecto.

HANS EL TONTO

Érase una vez un rey que .... (vivir) muy feliz con su hija, que .... (ser) su única descendencia.
Un día de pronto, la princesa .... (traer) al mundo un niño y nadie .... (saber) quién .... (ser) el padre.
El rey .... (estar) mucho tiempo sin saber qué hacer. Al final .... (ordenar) que la princesa fuera a la iglesia con el niño y le pusiera en la mano un limón, y aquel al que se lo diera sería el padre del niño y el esposo de la princesa.
Así .... (hacer, ellos); pero antes el rey había dado orden de que no se dejara entrar en la iglesia nada más que a gente noble.
.... (haber) en la ciudad un muchacho pequeño, encorvado y jorobado que no .... (ser) demasiado listo y por eso le .... (llamar) Hans el tonto.
Aquel día Hans el tonto se .... (colar) en la iglesia con los demás sin que nadie le viera, y cuando el niño: .... (tener) que entregar el limón .... (ir) y se lo .... (dar) a Hans el tonto. La princesa se .... (quedar) espantada, y el rey se .... (poner) tan furioso que .... (hacer) que la metieran con el niño y Hans el tonto en un tonel y lo echaran al mar.
El tonel pronto se .... (alejar) de allí flotando, y cuando .... (estar) ya solos en alto mar la princesa se .... (lamentar) y .... (decir):

LIÇÃO 8

-Tú eres el culpable de mi desgracia, chico repugnante, jorobado e indiscreto. ¿Para qué te .... (colar) en la iglesia si el niño no .... (ser) en absoluto de tu incumbencia?
-Oh, sí - .... (decir) Hans el tonto-, me parece a mí que sí que lo .... (ser), pues yo .... (desear) una vez que tuvieras un hijo, y todo lo que yo deseo se cumple.
-Si eso es verdad, desea que nos llegue aquí algo de comer.
-Eso también puedo hacerlo- .... (decir) Hans el tonto, y .... (desear) una fuente bien llena de papas.
A la princesa le hubiera gustado algo mejor, pero como .... (tener) tanta hambre lo .... (ayudar) a comerse las papas.
Dado que Hans el tonto .... (estar) harto de viajar en aquella manera, ... (decir):
-¡Ahora deseo que tengamos un hermoso barco! Y apenas lo había dicho se .... (encontrar) en un magnífico barco en el que .... (haber) de todo lo que pudieran desear en abundancia.
El timonel .... (navegar) directamente hacia tierra, y cuando .... (llegar) y todos habían bajado, ... (decir) Hans el tonto:
-¡Ahora que aparezca allí un palacio!
Y .... (aparecer) allí un palacio magnífico, y .... (llegar) unos criados con vestidos dorados e .... (hacer) pasar al palacio a la princesa y al niño, y cuando .... (estar) en medio del salón .... (decir) Hans el tonto:
-¡Ahora deseo convertirme en un joven e inteligente príncipe!
Y entonces .... (perder) su joroba y se .... (volver) hermoso y recto y amable, y le .... (gustar) mucho a la princesa y se .... (convertir) en su esposo.

LIÇÃO 8

Así .... (vivir) felices una temporada.
Un día el viejo rey .... (ir) con su caballo y se .... (perder) y .... (llegar) al palacio. Se .... (asombrar) mucho porque jamás lo había visto antes y .... (entrar) en él. La princesa .... (reconocer) enseguida a su padre, pero él a ella no, pues, además, ... (pensar) que se había ahogado en el mar hacia ya mucho tiempo.
Ella le .... (servir) magníficamente bien y cuando el viejo rey ya se .... (ir) a ir le .... (meter) en el bolsillo un vaso de oro sin que él se diera cuenta. Pero una vez que se había marchado de allí en su caballo, ella .... (envar) tras él a dos jinetes para que lo detuvieran y comprobaran si había robado el vaso de oro, y cuando lo .... (encontrar) en su bolsillo se lo .... (llevar) de nuevo al palacio.
Le .... (jurar) a la princesa que él no lo había robado y que no .... (saber) cómo había ido a parar a su bolsillo.
-Por eso debe uno guardarse mucho de considerar enseguida culpable a alguien - .... (decir) ella, y .... (revelar) su identidad al rey.
El rey entonces se .... (alegrar) mucho, y .... (vivir) muy felices juntos; y cuando él se .... (morir), Hans el tonto se .... (convertir) en rey.
FIN

LIÇÃO 8

Más Ejercicios

2) Complete as frases com o pretérito perfecto compuesto.

1) Este invierno .... (estar, nosotros) a esquiar el los Pirineos.
2) ¿ .... (ver, tú) a Jaime? No, no le .... (ver, yo).
3) Esta mañana .... (andar, nosotros) 10 kilómetros.
4) Este otoño .... (llover) poco.
5) Lucas .... (levantarse) a mediodía.
6) Mis primos .... (ir) a Ibiza este verano.
7) El perro .... (romper) un jarrón de porcelana.
8) .... (morirse, él) el Presidente de Uruguay.
9) ¿Qué .... (hacer, vosotros) este verano? Nada, ... (quedarse, nosotros) aquí.
10) Karmele Jaio .... (escribir) muchas novelas.
11) .... (abrir, yo) la ventana para que entre un poco de aire.

3) Complete as frases seguintes com o pretérito indefinido.

1) Ayer .... (conocer, nosotros) a Laura.
2) El fin de semana pasado unas amigas mías .... (tener) un accidente.
3) Gabriel y Mayte .... (casarse) hace seis meses.
4) Anoche no .... (salir, yo), ... (quedarse, yo) en casa y .... (ver) un poco la tele.
5) El sábado .... (dar, nosotros) un paseo por la Gran Vía.
6) De joven, ... (vivir, vosotros) un año en Panamá.
7) Luis no .... (querer) ir a la fiesta de Lupe.
8) En 2011 .... (traducir, ella) una novela del español al italiano.
9) Margarita .... (venir) a España en 2012.
10) El otro día .... (haber) un incendio en el bosque cerca de mi casa.

LIÇÃO 8

4) Complete as frases seguintes com o pretérito imperfecto.

1) Martín .... (vivir) en España, ahora vive en Inglaterra.
2) Cuando .... (ser) pequeña .... (pasar) los veranos en casa de mi tía.
3) Vosotros .... (ir) al mismo colegio de mi hermano.
4) Cuando Lucas y Carlos .... (ser) jóvenes, ... (trabajar) en el hospital.
5) Los romanos .... (hablar) latín.
6) De pequeño Paulo .... (comer) mucho y .... (beber) bebidas con gas.
7) En el pueblo el verano .... (hacer) mucho calor.
8) El otro día hubo una tormenta y no se .... (ver) la tele.
9) Antes chicos y chicas no .... (estar) en el mismo aula.
10) ¿ .... (ver, tú) los dibujos animados cuando .... (ser, tú) pequeño?

5) Pretérito imperfecto, indefinido ou perfecto compuesto? Conjugue os verbos no tempo correto.

1) Manuel .... (trabajar) muchos años en Inglaterra.
2) En el pueblo, todos los días .... (ir) andando al colegio.
3) Luisa .... (comer) en un restaurante con su novio el domingo pasado.
4) Pilar .... (caerse) por las escaleras.
5) En 1992 Juan .... (empezar) a trabajar en Marbella.
6) Mi tía .... (cantar) ópera en La Scala de Milán.
7) Roberto Bolle .... (bailar) en los mejores escenarios de Italia.
8) Chaikovski .... (ser) un compositor ruso, muerto en 1893.
9) Su familia .... (residir) en el área de Moscú.
10) Anteayer Miguel .... (conocer) a una chica de Bilbao.

8.5 A casa

Esta vai ser uma parte muito divertida: vou lhe ensinar um monte de palavras em espanhol relacionadas a tu casa. Primeiramente, é muito mais provável que na Espanha você more em um piso (apartamento) do que em uma casa, porque el piso é um termo muito mais difundido. Antes de entrar en tu piso, dou-lhe algumas dicas sobre o edifício espanhol: primeiramente, você encontrará el entresuelo, uma espécie de mezanino, ao passo que a planta baja é o térreo. A seguir, pegando el ascensor (o elevador) ou las escaleras, sobe-se para las plantas (os andares) ou (atenção) los pisos! Ah, sim, infelizmente, piso indica tanto o apartamento quanto o andar. A palavra varia conforme a região, mas, de qualquer maneira, todo mundo o entenderá em ambos os casos, não se preocupe.
Na Espanha, é muito comum você encontrar una dirección (um endereço) deste tipo: Calle de Toledo 45 – segunda planta – tercera puerta, porque lá cada apartamento corresponde a um número de puerta en una planta e é muito comum especificá-lo, porque, en tu buzón del correo (em sua caixa de correspondência), sempre estarão especificados el número de la puerta e la planta, para ajudar el cartero (o carteiro).
Agora que você já deu uma boa volta pelo edifício, vamos entrar na casa! Abrimos la puerta y encontramos el pasillo ou vestíbulo, a entrada que normalmente leva para el salón (a sala), donde está el televisor (televisão), el sofá y el sillón (sofá e poltrona). Se seu apartamento for un buen piso, você não vai comer no salón, e sim no comedor, a sala de jantar, con mesa y sillas (mesa e cadeiras). Entramos en la cocina (na cozinha) onde está el horno (o fogão), el microondas (o micro-ondas), la nevera (a geladeira), una estantería (prateleiras), e se você estiver um pouco bem de vida, também el lavavajillas (las vajillas são a louça, portanto, estamos falando do lava-louças).
Prossigamos rumo a los cuartos, que são os quartos, também chamados habitaciones, com la cama (a cama), el armario (o guarda-roupa), el comodín (a cômoda) e talvez também la alfombra y las cortinas (o tapete e as cortinas). Outro cuarto de que você com certeza vai precisar é el cuarto de baño, o banheiro. En tu cuarto de baño hay una ducha ou una bañera (o chuveiro ou a banheira), el váter (o vaso sanitário) e, provavelmente, un gran espejo (um grande espelho) e unas toallas (umas toalhas). E, às vezes, até el bidé.
Agora, um bônus delicioso: uma coisa que você encontrará com muita frequência em um piso español é el patio de manzana (manzana significa "maçã" e também "quarteirão"), ou patio de luces, um espaço aberto no interior de um edifício que permite a entrada da luz.

LIÇÃO 8

Ejercicios

1) Você consegue fazer estas palavras cruzadas comigo? Vamos lá!

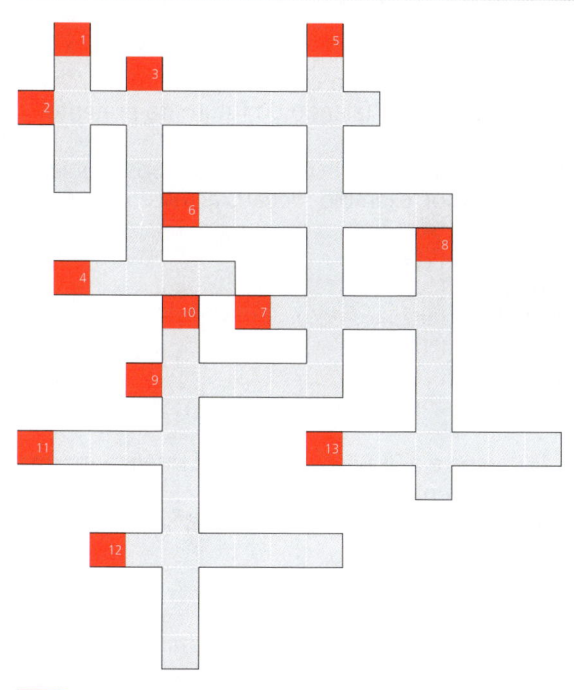

1)	Nos sentamos alrededor de ella para comer
2)	Sirven para subir y bajar
3)	Donde preparamos la comida
4)	Donde nos lavamos
5)	Donde dormimos y tenemos todas nuestras cosas
6)	La abrimos para cambiar el aire
7)	Nos sentamos allí cuando comemos
8)	Parte de la casa donde siempre vamos de paso, nunca nos paramos
9)	Allí descansamos y vemos la televisión
10)	Mueble donde se ponen los libros
11)	Donde dormimos las noches
12)	Donde guardamos la comida que tiene que mantenerse fresquita
13)	Allí nos sentamos para relajarnos, leer el periódico o ver la televisión

8.6 O *condicional simple* dos verbos regulares

Llegaría hasta el final del mundo por amor.
Iria até o fim do mundo por amor. (Como eu sou romântica!)

O verbo da frase que abre este tópico (llegaría) está no condicional.
O condicional é um modo verbal conhecido como condicional simple ou pospretérito. Em português, estaríamos falando do futuro do pretérito.

Agora, vejamos. Para formar o condicional simple dos verbos regulares é fácil. Ao infinitivo do verbo (por exemplo, llegar), acrescentam-se as terminações:

-ía	1ª pessoa do singular	(Yo)
-ías	2ª pessoa do singular	(Tú)
-ía	3ª pessoa do singular	(Él/Ella/Usted)
-íamos	1ª pessoa do plural	(Nosotros/as)
-íais	2ª pessoa do plural	(Vosotros/as)
-ían	3ª pessoa do plural	(Ellos/Ellas/Ustedes)

Como você pode ver, a 1ª pessoa e a 3ª pessoa do singular têm a mesma terminação, e o -í sempre leva acento.
Bem, agora vamos conjugar o verbo llegar no condicional simple:

Yo llegar-ía	eu chegaria
Tú llegar-ías	tu chegarias
Él/Ella/Usted llegar-ía	ele chegaria
Nosotros/as llegar-íamos	nós chegaríamos
Vosotros/as llegar-íais	vós chegaríeis
Ellos/Ellas/Ustedes llegar-ían	eles chegariam

As terminações são as mesmas para todas as três conjugações. Lembre-se: toma-se o infinitivo e acrescenta-se -ía, -ías, -ía, -íamos, -íais, -ían.
Vejamos, agora, o condicional de três verbos regulares, um para cada conjugação.

LIÇÃO 8

	-AR	-ER	-IR
Yo	estudiar-ía	beber-ía	sentir-ía
Tú	estudiar-ías	beber-ías	sentir-ías
Él, Ella, Usted	estudiar-ía	beber-ía	sentir-ía
Nosotros, Nosotras	estudiar-íamos	beber-íamos	sentir-íamos
Vosotros, Vosotras	estudiar-íais	beber-íais	sentir-íais
Ellos, Ellas, Ustedes	estudiar-ían	beber-ían	sentir-ían

Estudiarían mejor y más en un lugar silencioso.
Estudariam melhor e mais em um lugar silencioso.

Con este calor bebería dos litros de agua de un tirón.
Com este calor, beberia dois litros d'água de um gole só.

No sentirías tanto frío cerca de la chimenea.
[Você] Não sentiria tanto frio perto da lareira.

Ejercicios

1) Conjugue os verbos seguintes no condicional simple.

	PENSAR	VOLVER	SEGUIR
yo	....	....	....
tú	....	....	....
él, ella, usted	....	....	....
nosotros/as	....	....	....
vosotros/as	....	....	....
ellos, ellas, ustedes	....	....	....

LIÇÃO 8

	PEDIR	ANDAR	CAER
yo	....	....	....
tú	....	....	....
él, ella, usted	....	....	....
nosotros/as	....	....	....
vosotros/as	....	....	....
ellos, ellas, ustedes	....	....	....

	LEER	IR	EMPEZAR
yo	....	....	....
tú	....	....	....
él, ella, usted	....	....	....
nosotros/as	....	....	....
vosotros/as	....	....	....
ellos, ellas, ustedes	....	....	....

8.7 O condicional simple dos verbos irregulares

Como você já bem sabe, em espanhol existem muitos verbos irregulares (e não fique se lamentando, porque também há muitos irregulares em português!).

Vamos começar esclarecendo uma coisa: os verbos que pertencem à 1ª conjugação (-ar) **nunca são irregulares no** *condicional simple*. **Está feliz?**
A irregularidade se encontra principalmente nos verbos da 2ª conjugação (-er) e, de maneira mais branda, nos da 3ª (-ir).

Tais verbos podem variar de três maneiras diferentes:

1) Alguns verbos da 2ª conjugação perdem a vogal da desinência (-e-r) e ficam, portanto, com sua raiz (isto é, a parte do verbo que está antes da desinência) e o -r final.

São quatro os verbos que se comportam assim, a saber:
caber → cabr-   (caber)
haber → habr-   (haver)
poder → podr-   (poder)
saber → sabr-   (saber)

Vamos conjugar um deles.

CABER		
Yo	cabr-ía	eu caberia
Tú	cabr-ías	tu caberias
Él, Ella, Usted	cabr-ía	ele caberia
Nosotros, Nosotras	cabr-íamos	nós caberíamos
Vosotros, Vosotras	cabr-íais	vós caberíeis
Ellos, Ellas, Ustedes	cabr-ían	eles caberiam

¿Y aquí cabrían 300 personas? ¡Imposible!
E aqui caberiam 300 pessoas? Impossível!

LIÇÃO 8

2) Existem outros verbos, tanto da 2ª quanto da 3ª conjugação, que formam o condicional simples substituindo a vogal da desinência (-e- ou -i-) por -d-.

Cinco verbos comportam-se dessa maneira:

Três da 2ª conjugação
poner → pondr-
tener → tendr-
valer → valdr-

Dois da 3ª conjugação
salir → saldr-
venir → vendr-

Vamos conjugar um de cada uma.

	PONER	SALIR
Yo	pondr-ía (poria)	saldr-ía (sairia)
Tú	pondr-ías (porias)	saldr-ías (sairias)
Él, Ella, Usted	pondr-ía (poria)	saldr-ía (sairia)
Nosotros, Nosotras	pondr-íamos (poríamos)	saldr-íamos (sairíamos)
Vosotros, Vosotras	pondr-íais (poríeis)	saldr-íais (sairíeis)
Ellos, Ellas, Ustedes	pondr-ían (poriam)	saldr-ían (sairiam)

¿Qué te pondrías para una cita romántica?
O que você usaria para um encontro romântico?

¿Con quién saldrías: Antonio Banderas o Benicio del Toro?
Com quem você sairia: Antonio Banderas ou Benicio del Toro? (É, eu sei, meninas, é uma escolha muito difícil!)

LIÇÃO 8

3) Existem, por fim (já acabamos, não eram tantos assim!), três verbos que são irregulares, mas não entram nas duas categorias anteriores: decir, hacer e querer.

	DECIR	HACER	QUERER
Yo	dir-ía (diria)	har-ía (faria)	querr-ía (quereria)
Tú	dir-ías (dirias)	har-ías (farias)	querr-ías (quererias)
Él, Ella, Usted	dir-ía (diria)	har-ía (faria)	querr-ía (quereria)
Nosotros, Nosotras	dir-íamos (diríamos)	har-íamos (faríamos)	querr-íamos (quereríamos)
Vosotros, Vosotras	dir-íais (diríeis)	har-íais (faríeis)	querr-íais (quereríeis)
Ellos, Ellas, Ustedes	dir-ían (diriam)	har-ían (fariam)	querr-ían (quereriam)

¿Qué diría tu madre de ese asunto?
O que sua mãe diria sobre esse assunto?

Yo no la haría, es demasiado peligroso.
Eu não faria, é perigoso demais.

Él juró que la querría para siempre.
Ele jurou que a amaria para sempre.

LIÇÃO 8

Ejercicios

1) Conjugue os seguintes verbos.

	HABER	PODER	SABER
yo	....	....	....
tú	....	....	....
él, ella, usted	....	....	....
nosotros/as	....	....	....
vosotros/as	....	....	....
ellos, ellas, ustedes	....	....	....

	TENER	VENIR	VALER
yo	....	....	....
tú	....	....	....
él, ella, usted	....	....	....
nosotros/as	....	....	....
vosotros/as	....	....	....
ellos, ellas, ustedes	....	....	....

8.8 Uso do *condicional simple*

- Para expressar uma possibilidade teórica, diferente daquela que se apresenta. Como quando se diz "em tese": sim, em tese; mas, na prática, a coisa é diferente!
  Estaría mejor con más sal.
  Ficaria melhor com mais sal.
  Mi abuela comería turrón, pero no tiene dientes.
  Minha avó comeria torrone, mas não tem dentes. (¡Pobre abuelita!)

- Para expressar um desejo com os verbos querer, gustar, encantar, preferir... Isso é vital para falar espanhol, guarde bem!
  Me gustaría comer una copa de helado.
  Eu gostaria de tomar uma taça de sorvete. (Talvez você tenha percebido que estou com certa fominha... se tiver alguma dúvida sobre isso, continue a ler os exemplos.)
  Me encantaría ver como se prepara una pizza.
  Eu adoraria ver como se prepara uma *pizza*.

- Para dar conselhos.
  No deberías cocinar todos estos dulces.
  [Você] Não deveria fazer todos esses doces.
  Yo que tú haría una tarta de manzanas.
  Se eu fosse você, faria uma torta de maçãs.

- Para expressar uma possibilidade no futuro.
  Podríamos ir a la playa el sábado.
  Poderíamos ir à praia no sábado.
  Estaría bien cocinar una paella el día de tu cumpleaños.
  Seria legal fazer uma *paella* no dia do seu aniversário.

LIÇÃO 8

> **DICA!**
> Yo que tú é usado para dizer "se eu fosse você", "no seu lugar". Embora essas expressões existam na língua espanhola, nós, espanhóis, preferimos usar yo que tú. Nessa nossa expressão não há nenhum verbo difícil de conjugar, são poucas palavras, e a única coisa que você precisa lembrar é que depois do que vai um pronome pessoal reto (tú).

> **DICA!**
> Em espanhol, usamos o verbo querer para fazer um pedido de modo gentil, no pretérito imperfecto do indicativo (quería) ou no pretérito imperfecto do subjuntivo (quisiera). Na prática, essas fórmulas fixas substituíram completamente o condicional, que não é mais usado.
> Quisiera/Quería (e NÃO querría) un vaso de agua.
> Queria um copo d'água.
> Quería/Quisiera (e NÃO querría) la falda negra que está en el escaparate.
> Queria a saia preta que está na vitrine.

1) Quando, com o uso do discurso indireto, exprime-se uma ação futura que depende de um verbo no passado. Explico melhor por meio de um exemplo:

   Garantiu que faria o trabalho. = Aseguró que haría el trabajo.

E agora uma peculiaridade espanhola: um uso do *condicional simple* diferente do futuro do pretérito em português.

LIÇÃO 8

2) Quando se quer expressar um tempo aproximado no passado. Vejamos um exemplo.

A que horas você voltou para casa? Não sei, deviam ser umas 3.
¿A qué hora regresaste a casa? No sé, serían las 3.

Aí está tudo que você precisa saber para poder se expressar corretamente com o condicional. Agora, tenho certeza de que está pensando: ¡Haría de buen grado algunos ejercicios sobre el condicional! ¡Muy bién, chic@s! Hum... Eu sei que você não entendeu o que eu escrevi, não é mesmo? Estou curiosa para saber se você já teve a oportunidade de encontrar uma frase escrita mais ou menos assim:

A la atención de l@s alumn@s del curso de Español.

Não, não se trata de uma estranha língua alienígena misturada com o espanhol!
Muitas vezes, em espanhol, usamos o sinal gráfico "arroba", da *internet* (@ – que em espanhol também se chama arroba, lembram? Já vimos isso no começo do livro, quando aprendemos a trocar contatos de *e-mail*!). Usamos a arroba para evitar essa coisa um tanto machista e antipática de se referir sempre com o masculino a um público composto de pessoas de ambos os sexos. Ainda que esse uso não seja aceito pela Real Academia Española – o organismo responsável por elaborar as regras linguísticas da língua espanhola –, eu gosto bastante dele, porque, assim, quem lê decide se usa o masculino ou o feminino. E você, o que acha disso?

LIÇÃO 8

Ejercicios

1) Complete as frases seguintes com o verbo no condicional simple.

1) Michelle habla italiano bastante bien, pero ……………… mejor con una buena profesora.
2) Aquel campesino trabaja muy bien, pero ……………… mejor con más sueldo.
3) Este dulce está buenísimo, pero ……………… óptimo con nata.
4) Cantáis bien, pero ……………… mejor con un poco más de práctica.
5) Esta sopa está rica, pero ……………… más rica con un poco más de verduras.
6) Lo haces mal, yo lo ……………… mejor.
7) No puedo levantar esta caja, ¿……………… (tú) ayudarme?
8) ¿Cuántos años tenía Mozart cuando compuso su primera sinfonía? No sé, ……………… menos de diez años.
9) ¿Cuánto vale un euro en pesetas? No sé, ……………… unas 170 pesetas.
10) ¿Y ellos lo sabían? Claro que sí, ellos sabían que ella ……………… (venir) el día siguiente.

2) Dê alguns conselhos…

1) No sé si estudiar Física o Farmacia. Yo en tu lugar, ……………… (escribir) Lenguas Extranjeras.
2) No sé qué hacer, siempre me olvido del cumpleaños de Pilar. Yo que tú me ……………… (apuntar) su cumpleaños en el calendario.
3) No sé qué ponerme para la fiesta de Nochevieja. Yo no me ……………… (ponerse) el traje negro, es viejo.
4) No sé qué decirle a Lupe. Yo creo que le ……………… (decir) que me gusta.

LIÇÃO 8

5) No sé qué comer durante el recreo. Yo que tú (comer) .... un bocadillo con tomate.
6) Yo creo que .... (deber) buscar un piso nuevo.
7) Yo en tu lugar, ... (salir) con Nina ahora mismo.
8) Yo no .... (contestar) a una pregunta tan impertinente.
9) Yo en tu lugar, ... (beber) menos bebidas con gas.
10) Yo que tú no .... (contar) mis secretos a Raquel, ¡es una cotilla!

3) Assinale a alternativa correta.

1) Me gusta/gustaría visitar Italia, pero ahora no tengo dinero.
2) Quiero/quería la bufanda beis que tiene allí.
3) Si fuera tú, yo no soy/sería tan malo con tus padres.
4) Me encanta/encantaría saber cantar bien.
5) Yo prefiero/preferiría un zumo de naranja, si lo tienes.
6) ¿Puedo/Podrías ayudarme con esta bolsa?
7) Yo en tu lugar, no salgo/saldría esta noche.
8) Vienen muchos niños al parque, pero vienen/vendrían más con más juegos.
9) Yo que tú no digo/diría nada sobre ese asunto.
10) ¿Quién inventó el telescopio? No estoy seguro, lo inventó/inventaría Galileo Galilei.

8.9 Reservar um hotel

Um aprofundamento importante: como se faz reserva em um hotel, em espanhol? Vamos fingir que você está telefonando para o Hotel Granvía e que alguém atende do outro lado da linha...

Buenos días, el hotel Granvía ¿Cómo puedo ayudarle?
Bom dia, Hotel Granvía. Como posso ajudar?
Note que a pessoa trata o cliente por senhor/senhora/senhorita: você também deve fazer o mesmo. Não seja grosseiro!

Buenos días, quisiera reservar una habitación para la fiesta de La Mercè.
Bom dia, gostaria de reservar um quarto para a festa de La Mercè.
Use quisiera, *a forma no* pretérito imperfecto *do subjuntivo do verbo querer; ou então, a forma no passado,* quería, *que pode ser traduzida tranquilamente como "queria" ou "gostaria"; um quarto de hotel se chama* habitación. Cuarto *é aquilo que você tem em sua casa.*

Muy bien. ¿Qué noches necesitaría precisamente usted?
Muito bem, para quais noites exatamente precisaria?

Necesitaría la habitación para las noches del 21 y 22 de septiembre.
Precisaria do quarto para as noites de 21 e 22 de setembro.

Aún tenemos disponibilidad ¿La habitación sería doble o individual?
Ainda temos disponibilidade. O quarto seria duplo ou individual?

Doble, y con cuarto de baño por favor.
Duplo, e com banheiro, por favor.
Alguns hotéis – certamente não um 5 estrelas – podem ter el cuarto de baño a la planta, *o banheiro fora, no mesmo andar. Então, é melhor especificar.*

Sí, nos queda una ¿Interior o exterior?
Sim, ainda temos um. Interno ou externo?
A pessoa está perguntando se você quer com vista para a rua ou para o pátio interior, porque normalmente têm preço diferente.

LIÇÃO 8

Me da igual, la interior está bien. Tanto faz, interno está bom.
Me da igual é muito utilizado, significa que a escolha entre as opções é absolutamente indiferente para você.

Bueno, habitación interior doble con baño para las noches del 21 y 22 de septiembre ¿A nombre de quién?
Muito bem, quarto duplo, interno, com banheiro, para as noites de 21 e 22 de setembro. Em nome de quem?

A nombre de Helena Velázquez. Em nome de Helena Velázquez.

¿Hora de llegada señorita Velázquez?
Hora de chegada, senhorita Velázquez?

Por las 11 de la mañana ¿Estaría bien?
Por volta das 11 da manhã. Pode ser?

Perfecto, me lo apunto, señorita Velázquez. Su habitación ya está reservada, la esperamos por las 11 de la mañana del 21 de septiembre. Acuérdese de traer su carné, por favor, para enseñárnoslo.
Perfeito, anotado, senhorita Velázquez. Seu quarto já está reservado. Esperamos a senhorita por volta das 11 da manhã do dia 21 de setembro. Lembre-se de trazer seu documento para nos apresentar, por favor.

Observe a forma do imperativo acuérdese, *verbo* acordar *(lembrar), presente do indicativo* usted se acuerda *(o senhor/a senhora se lembra), modo imperativo* que usted se acuerde *(lembre-se) –* acuérdese, *que agora tem o acento porque a palavra se tornou proparoxítona com a inserção do* -se, *no final).*
Traer: por que usamos traer, *e não* llevar? *Porque você é quem levará alguma coisa para a pessoa que pede. Um* carné *é qualquer documento de identificação: a carteira de identidade, a de motorista etc.*
Enseñárnoslo: verbo enseñar *significa "mostrar/apresentar/exibir", além de "ensinar'. Observe como é construído:* para enseñar... *A quem? A nós,* -nos... *o quê?* -lo *(=* el carné*) =* enseñárnoslo!

CULTURA

Miguel de Cervantes

¡Hola a todos! Para practicar con los verbos vamos a hablar de un gran autor español que seguramente todos conocéis, Cervantes.

Miguel de Cervantes fue uno de los escritores españoles más importantes, creo que todos sabéis que Miguel de Cervantes es el autor más emblemático de la literatura española en el mundo.
La obra que lo hizo tan famoso es "Don Quijote de la Mancha", no se si alguien aquí ya lo ha leído, pero seguro que todos habéis oído hablar de él, ya que se trata de uno de los libros más conocidos y traducidos en la historia de la literatura.
Su novela fue publicada por primera vez en 1605, y en 1615 se publicó la segunda parte "El ingenioso caballero Don Quijote de la Mancha". En esta novela el autor utiliza la sátira para burlarse de los romances caballerescos y la sociedad de la época, creando una caricatura de la literatura caballeresca y cortés, tratándola de manera burlesca.
Los protagonistas de la historia son Don Quijote y Sancho Panza. Don Quijote es un personaje idealista, y optimista, que cree en sus ideales y tiene mucha imaginación. Todas sus aventuras están relacionadas en su mente con las obras caballerescas que ha leído a lo largo de su vida.
En cambio, Sancho Panza es un hombre práctico y realista. Es el fiel escudero de Don Quijote y representa el contrapunto a su idealismo, sin embargo le acompaña en sus aventuras porque Don Quijote promete hacerle gobernador de un reino conquistado en sus aventuras.
La influencia de esta novela en la literatura española es muy grande, hasta el punto de que el español se define como la lengua de Cervantes y al mismo Cervantes se le ha dedicado el Instituto de Lengua y Cultura Española, convirtiéndole así en el embajador del español en el mundo.
¿Habéis leído Don Quijote? Si no, os aconsejo que lo hagáis, por lo menos la versión actualizada, ya que la versión original está escrita en español antiguo y es más difícil. Además de ser la obra cumbre de la literatura española es un libro muy divertido, os lo puedo asegurar.
¡Buena lectura!

CULTURA

PALAVRAS QUE VOCÊ NÃO CONHECE
¿Qué significa la palabra ....? O que significa a palavra ....?

LIÇÃO 9

9.1	*El futuro*
9.1.1	Futuro simples
9.1.2	As irregularidades do futuro simples
9.1.3	*Ir a* + infinitivo
9.2	O modo imperativo
9.2.1	O imperativo afirmativo e negativo dos verbos regulares
9.2.2	O imperativo afirmativo e negativo dos verbos irregulares
9.2.3	O imperativo afirmativo e negativo dos verbos reflexivos
9.2.4	O imperativo afirmativo e negativo e os pronomes oblíquos
9.3	*Perdidos!* Pedir (e dar) informações sobre ruas

9.1 *El futuro*

Chegamos aos tempos futuros. Depois destas lições, você estará apto a se expressar também no futuro, e precisa saber que isso é muito simples. Você logo verá por quê!

Obviamente, não temos apenas um futuro em espanhol: um deles é o normal, conjugado, e você verá como é fácil. O outro é um modo que não corresponde a nenhuma forma em português, tem bem mais a ver com uma forma em inglês. Mas não quero antecipar coisas demais; está pronto para começar? Então ¡Vámonos!

9.1.1 Futuro simples

O futuro simples é usado como em português, na maioria das vezes:

1) para expressar ações no futuro:
Mañana iré al trabajo en coche. Amanhã irei trabalhar de carro.

2) para fazer previsões:
Empezarás pronto un nuevo trabajo. [Você] Logo começará um novo trabalho.

3) para expressar uma dúvida, fazer suposições:
¿Quién será ese hombre? Quem será esse homem?
¿Por qué José no sale nunca? No sé, tendrá mucho trabajo.
Por que José nunca sai? Não sei, deve estar com muito trabalho.

A conjugação dos verbos regulares é extremamente simples. Quer saber por quê?
Porque é sempre igual, em todas as três conjugações!
E não é só isso. Como você poderá notar, para conjugar os verbos no futuro não é necessário tirar as terminações -ar, -er e -ir. É só deixar o verbo no infinitivo e acrescentar a conjugação.

Vou mostrar agora mesmo:

LIÇÃO 9

	ESTUDIAR	COMER	VIVIR
	estudar	comer	viver
Yo	estudiar – **é**	comer – **é**	vivir – **é**
Tú	estudiar – **ás**	comer – **ás**	vivir – **ás**
Él/Ella/Usted	estudiar – **á**	comer – **á**	vivir – **á**
Nosotros/as	estudiar – **emos**	comer – **emos**	vivir – **emos**
Vosotros/as	estudiar – **éis**	comer – **éis**	vivir – **éis**
Ellos/Ellas/Ustedes	estudiar – **án**	comer – **án**	vivir – **án**

> **DICA!**
> Como você pode notar, à exceção da 1ª pessoa do plural, todas as outras llevan tilde gráfica.

Os verbos no futuro geralmente vêm acompanhados dos seguintes marcadores temporais:

- mañana → amanhã – Mañana iré al colegio.
- pasado mañana → depois de amanhã – Pasado mañana hablaré con Carlos.
- luego – después → depois – Comeré luego/Comeré después del partido.
- más tarde → mais tarde – Llamaré más tarde.
- el próximo domingo/sábado → no próximo domingo/sábado – El próximo domingo veré a Paco.
- la próxima semana → na semana que vem – La próxima semana viajaré a España.
- el próximo mes → mês que vem – El próximo mes trabajaré en Madrid.
- el próximo año → ano que vem – El próximo año viviré en Londres.
- dentro de (+ período de tempo) → dentro de – Dentro de dos años seré abogado.

Quanto aos verbos regulares, está tudo aqui! É de fato simples, não? Agora, podemos logo começar o aquecimento com alguns exercícios para pegar confiança com as formas do futuro simples!

LIÇÃO 9

Ejercicios

1) Complete as frases com o verbo correto no futuro.
Ej. El próximo año iré de vacaciones a Argentina

1) Un día (tú, viajar) .... mucho más que yo.
2) Si Samuel no hace nada la situación (acabar) .... muy mal.
3) Mis padres dicen que te (llamar) .... mañana.
4) Mis compañeros de trabajo (hablar) .... en la conferencia sobre el SIDA.
5) Mi hermana y yo (ser) .... las primeras en tener coche en nuestra familia.
6) No te preocupes, el domingo (yo, estar) .... en tu taller a las 8.00.
7) El sábado (vosotros, despertarse) .... muy tarde, ya lo sé.
8) ¿(partir) .... ustedes muy pronto mañana?

2) Passe as frases do presente para o futuro.
Ej. Mi padre vuelve pronto a casa. → Mi padre volverá pronto a casa.

1) Si no estudias no apruebas el examen ....
2) ¿Buscas el libro que te he pedido? ....
3) Mónica es aburrida. Si no quieres decírselo, se lo digo yo ....
4) Si no tienes cuidado un día un coche te atropella ....
5) Mis hermanos se enfadan si le robas las camisas ....
6) Aprendéis mucho en la universidad ....
7) Javier me invita a bailar esta noche ....
8) No cambiamos la ropa que hemos comprado ....

LIÇÃO 9

3) Complete o horóscopo com os verbos do quadro abaixo. E vamos ver o que seu signo diz!

cuidar	conocer	escuchar	ver	practicar	encontrar
ser	ayudar	dar	creer	gustar	convertirse
hablar	pedir	cansarse	enfadarse	buscar	pasar
enamorarse	comprar	recibir	estar	comer	sentir

Aries – .... a muchos amigos que te .... en las dificultades.

Tauro – .... una noticia que te .... mucho.

Géminis – .... a nuevas personas y .... mucho tiempo con ellos.

Cáncer – Hoy .... más alegre que nunca y la gente lo ....

Leo – .... muchas mentiras de tus amigas pero no las ....

Virgo – .... de las cosas negativas y .... más positivo.

Libra – .... más deporte y te .... muy bien.

Escorpio – .... muchas cosas en el supermercado y .... demasiado.

Sagitario – Te .... de una persona misteriosa y la ....

Capricornio – Te .... con una persona que te .... perdón muy pronto.

Acuario – .... con un amigo de tus problemas y él te .... un consejo.

Piscis – .... de un animal y .... en tu animal domestico.

9.1.2 As irregularidades do futuro simples

Infelizmente, as irregularidades não podem ser evitadas completamente; sempre existirão, em todos os tempos verbais, e o futuro não é exceção. Mas não precisamos sofrer muito aqui, pois são **poucas irregularidades**. Então, pode respirar aliviado e observe.

Nestes casos, as irregularidades **envolvem a raiz do verbo**, que será diferente.

As raízes irregulares mais importantes e frequentes são apenas 12, e todas são de verbos terminados em -er e -ir:

decir → dir-   caber → cabr-   poner → pondr-
hacer → har-   haber → habr-   salir → saldr-
querer → querr-   tener → tendr-
poder → podr-   valer → valdr-
saber → sabr-   venir → vendr-

Então, vejamos como é a conjugação de alguns desses verbos.

	HACER	QUERER	TENER
Yo	**har**-é	**querr**-é	**tendr**-é
Tú	**har**-ás	**querr**-ás	**tendr**-ás
Él/Ella/Usted	**har**-á	**querr**-á	**tendr**-á
Nosotros/as	**har**-emos	**querr**-emos	**tendr**-emos
Vosotros/as	**har**-éis	**querr**-éis	**tendr**-éis
Ellos/Ellas/Ustedes	**har**-án	**querr**-án	**tendr**-án

Como sempre, lembre que os verbos derivados destes também se modificam do mesmo modo. Por exemplo:

deshacer (desfazer) – yo desharé
rehacer (refazer) – yo reharé

LIÇÃO 9

mantener (manter) – yo mantendré
suponer (supor) – yo supondré

Sobre a irregularidade dos verbos, certamente dissemos todo o necessário para você se virar no difícil mundo hispânico.
Chegou a hora de testar seus conhecimentos com os irregulares. ¿Estás listo?

Ejercicios

1) Corrija o erro em cada uma das frases seguintes.
Ej. Pablo quererá jugar en tu equipo mañana – Querrá

1) Yo teneré que estudiar mucho para el próximo examen.
....
2) Mi primo y yo poderemos salir del colegio antes el lunes.
....
3) Tu colección de sellos un día valerá muchísimo.
....
4) Si se lo pides, tus amigos de decirán la verdad.
....
5) Si no vuelves a casa pronto tu madre suponerá que algo malo ha pasado ....
6) Si no te portas bien haberá que ponerte un castigo.
....
7) Mañana tengo una fiesta y me poneré un vestido largo y negro muy elegante ....
8) Pero, qué saberás tú de lo que pasa en mi edificio.
....

LIÇÃO 9

2) Complete as frases com o verbo correto, no futuro (atenção, existem regulares e irregulares!).
Ej. José y Ana jugarán con tus hijos en el parque

1) ¿Dónde está el perro? - No sé, (estar) .... en el jardín del vecino.
2) Si no has entendido la explicación (tener) .... que leerla otra vez.
3) El próximo año (ir, nosotros) .... a México para visitar los templos.
4) El próximo sábado (comer, tú) .... con tu padre sin quejarte.
5) Si vas a ver el partido seguro que Messi te (tirar) .... la pelota.
6) Con este calor no (poder, vosotros) .... correr mucho.
7) (Venir, yo) .... a visitar tu nuevo piso muy pronto.
8) Los amigos de Miguel no (querer) .... salir con nosotros, son antipáticos.
9) Yo y mi pareja (salir) .... de casa a las 9.00 para ir a la cena.
10) Samuel (hacer) .... todo lo posible para echarte una mano.
11) ¿Quién (cocinar) .... la próxima semana?
12) Tu mesa es un desastre, ¿la quieres poner en orden? – Sí, luego lo (hacer) ....
13) Después de la comida (beber, nosotros) .... mi sangría.
14) Si me aceptan en la academia mis profesores lo (saber) .... inmediatamente.
15) Mañana hay huelga general y todos se (poner) .... de pié en silencio.

LIÇÃO 9

9.1.3 *Ir a* + infinitivo

Esta é uma particularidade da língua espanhola parecida com o português. Se você sabe inglês, tem ciência de que também existe uma forma de futuro muito parecida nessa língua. Não é engraçado como, em algumas coisas, o espanhol se parece mais com o inglês do que com outras línguas?

Na verdade, este futuro é muito fácil... Tenho certeza de que, quando você estiver falando espanhol, terá preferência por esta forma, muito mais do que a conjugada, seu danadinho!

Como o próprio título desta lição indica, para exprimir uma ação futura usa-se o verbo ir a + infinitivo do verbo correspondente à referida ação.

La próxima semana voy a salir con Julia.
Na próxima semana, vou sair com Julia.

Essa construção é usada principalmente para:

- falar de intenções e projetos para o futuro.
- comunicar alguma coisa que estamos prestes a começar ou que esteja prestes a acontecer.

Hay que darse prisa porque la película va a empezar.
Temos que nos apressar, porque o filme vai começar.

Aqui não existe nenhum tipo de verbo irregular, simplesmente vamos conjugar ir a, flexionando conforme a pessoa, e depois usar o verbo da ação no infinitivo, como vimos nos exemplos.

Eu diria que também podemos começar logo a treinar essa forma verbal com alguns exercícios!

Ejercicios

1) Complete as frases com a forma correta, empregando ir a.
Ej. Luego voy a llamar a Alejandro

LIÇÃO 9

1) Mañana yo y Manuel .... a escuchar un debate muy interesante en clase.
2) Tus padres y los mios .... a ir al teatro juntos, ¡qué raro!
3) Después del partido mi amigo y yo .... a ir a la Cibeles para celebrar.
4) Javier me ha dicho que este fin de semana .... a salir con una chica muy guapa.
5) El próximo sábado (yo) .... a limpiar toda la casa que buena falta le hace.
6) ¿(tú) .... a ir al concierto de Julio Iglesias en Mayo? – No ¡qué asco!
7) ¿Usted .... a dejar el hotel a las 8.00 mañana?
8) La próxima semana vosotros .... a hacer la compra, es vuestro turno.

2) Complete as frases escolhendo o verbo correto.
Ej. ¿Vas a pintarte las uñas para el servicio fotográfico?

pintarte	preparar	llover	coger
pintar	mostrar	estar	pegar

1) La semana que viene voy a .... la mejor paella del mundo para tus padres.
2) El próximo lunes voy a .... las paredes del salón de amarillo.
3) Mañana voy a .... todos los póster de las películas que me gustan.
4) Hoy por la tarde va a ...., mejor llevar el paraguas.
5) Si no te abrigas bien te vas a .... un resfriado.
6) Vas a .... muy guapa con el pelo corto.
7) En el reunión vas a .... a todos lo mucho que vales.

9.2 O modo imperativo

Como em português, o modo imperativo serve para dar ordens, indicações ou conselhos, e tem um único tempo: o presente (já estou ouvindo seus suspiros de alívio!).
As formas mais usadas desse modo verbal são as da **2ª pessoa do singular** e da **2ª pessoa do plural** (faz [faça] a tarefa/fazei [façam] a tarefa). Mas fique tranquilo, agora vou mostrar como é simples conjugar o imperativo afirmativo!

9.2.1 O imperativo afirmativo e o negativo dos verbos regulares

Sem delongas, vamos tentar conjugar o imperativo afirmativo em espanhol. Por exemplo: para os verbos hablar, beber e partir, como será o imperativo na 2ª pessoa do singular?
Para construir este imperativo na 2ª pessoa do singular, precisamos da 3ª pessoa do presente do indicativo, portanto él/ella/usted habla, bebe, parte, e a construção será habla, bebe, parte tú. Fácil, não?

Él/Ella/Usted habla → habla tú
Él/Ella/Usted bebe → bebe tú
Él/Ella/Usted parte → parte tú

E, para a 2ª pessoa do plural, como funciona? Bem, é mais fácil ainda! Para compor a 2ª pessoa do plural do imperativo afirmativo, tomamos o infinitivo presente dos nossos três verbos hablar, beber e partir e substituímos o -r por um -d, e então, teremos as formas:

hablar → hablad vosotros/as
beber → bebed vosotros/as
partir → partid vosotros/as

Vamos agora conjugar completamente esses três verbos regulares.

LIÇÃO 9

HABLAR	BEBER	PARTIR	
habla	bebe	parte	tú
hable	beba	parta	él, ella, usted
hablemos	bebamos	partamos	nosotros, nosotras
hablad	bebed	partid	vosotros, vosotras
hablen	beban	partan	ellos, ellas, ustedes

No quiero saber, hablad con vuestro referente.
[Vós] Não quero saber, falai com o vosso representante. [No português coloquial, claro, diríamos "Não quero saber, falem com seu representante"!]

Juanito, ¡bebe todo el jarabe o llamo al doctor e se lo digo!
Juanito, beba todo o xarope, senão vou chamar o médico e contar tudo a ele!

¡Parte el pastel con tu hermana, Pilar! ¡No seas golosa!
Divida o bolo com tua irmã, Pilar! Não seja gulosa!

Na última frase também existe um imperativo negativo. Em espanhol, como em português, ele é formado com o NÃO e a forma verbal do presente do subjuntivo. Na tabela a seguir estão as formas negativas dos três verbos que vimos anteriormente.

HABLAR	BEBER	PARTIR	
no hables	no bebas	no partas	tú
no hable	no beba	no parta	él, ella, usted
no hablemos	no bebamos	no partamos	nosotros, nosotras
no habléis	no bebáis	no partáis	vosotros, vosotras
no hablen	no beban	no partan	ellos, ellas, ustedes

No habléis con los desconocidos. Não falem com desconhecidos.
Jaime, no bebas de la botella, usa un vaso.
Jaime, não beba na garrafa, use um copo.

No partáis la hoja en dos, sino en tres partes.
Não dividam a folha em duas, mas em três partes.

LIÇÃO 9

9.2.2 O imperativo afirmativo e negativo dos verbos irregulares

Os três verbos que acabamos de ver são regulares, mas o que acontece com os irregulares? Nada de mais; as mesmas irregularidades existentes no presente do indicativo se repetem no imperativo. Vamos começar com oito verbos que têm a 2ª pessoa do singular do imperativo irregular.

SER (ser)		
sé	no seas	tú
sea	no sea	él, ella, usted
seamos	no seamos	nosotros, nosotras
sed	no seáis	vosotros, vosotras
sean	no sean	ellos, ellas, ustedes

¡No seas cobarde, sé valiente! Não seja covarde, seja corajoso!

DECIR (dizer)		
di	no digas	tú
diga	no diga	él, ella, usted
digamos	no digamos	nosotros, nosotras
decid	no digáis	vosotros, vosotras
digan	no digan	ellos, ellas, ustedes

No digas mentiras, di la verdad. Não diga mentiras, diga a verdade.

HACER (fazer)		
haz	no hagas	tú
haga	no haga	él, ella, usted
hagamos	no hagamos	nosotros, nosotras
haced	no hagáis	vosotros, vosotras
hagan	no hagan	ellos, ellas, ustedes

Haced los deberes y no hagáis ruido. Faça as tarefas e não faça bagunça.

LIÇÃO 9

IR (ir)		
ve	no vayas	tú
vaya	no vaya	él, ella, usted
vayamos o vamos	no vayamos	nosotros, nosotras
venid	no vayáis	vosotros, vosotras
vayan	no vayan	ellos, ellas, ustedes

Preste atenção: a 2ª pessoa do singular e a 2ª pessoa do plural do imperativo dos verbos ir e ver são iguais!

ir → ve
ver → ve

Além disso, a 1ª pessoa do plural do verbo ir tem duas formas, e a mais usada das duas é vamos.

No vayas sola, ve con tu padre. Não vá sozinha, vá com seu pai.

PONER (pôr)		
pon	no pongas	tú
ponga	no ponga	él, ella, usted
pongamos	no pongamos	nosotros, nosotras
poned	no pongáis	vosotros, vosotras
pongan	no pongan	ellos, ellas, ustedes
SALIR (sair)		
sal	no salgas	tú
salga	no salga	él, ella, usted
salgamos	no salgamos	nosotros, nosotras
salid	no salgáis	vosotros, vosotras
salgan	no salgan	ellos, ellas, ustedes

No salgáis solos a la calle. Não saí sozinhos à rua.

LIÇÃO 9

TENER (ter)		
ten	no tengas	tú
tenga	no tenga	él, ella, usted
tengamos	no tengamos	nosotros, nosotras
tened	no tengáis	vosotros, vosotras
tengan	no tengan	ellos, ellas, ustedes

Ten cuidado y no tengas prisa. Tenha cuidado e não tenha pressa.

VENIR (vir)		
ven	no vengas	tú
venga	no venga	él, ella, usted
vengamos	no vengamos	nosotros, nosotras
venid	no vengáis	vosotros, vosotras
vengan	no vengan	ellos, ellas, ustedes

Ven a verme mañana, pero no vengas demasiado tarde, tengo muchas cosas que contarte.
Venha me ver amanhã, mas não venha tarde, tenho muitas coisas para contar.

9.2.3 O imperativo afirmativo e negativo dos verbos reflexivos

Nina, lávate los dientes antes de acostarte. Nina, escove os dentes antes de se deitar.

No te pongas los zapatos rojos, están sucios. Não calce os sapatos vermelhos, estão sujos.

Lucas, duérmete, ¡es muy tarde! Lucas, durma, está muito tarde!

Os verbos reflexivos formam o imperativo unindo-se aos pronomes, que são inseridos depois do verbo na forma afirmativa ou na forma negativa, entre o no e o verbo (como se pode ver no segundo exemplo).
Vejamos na prática como se comportam, conjugando um desses verbos, o peinarse (pentear-se).

IMPERATIVO AFIRMATIVO	IMPERATIVO NEGATIVO	
péinate	no te peines	tú
péinese	no se peine	él, ella, usted
peinémonos	no nos peinemos	nosotros, nosotras
peinaos	no os peinéis	vosotros, vosotras
péinense	no se peinen	ellos, ellas, ustedes

O que podemos notar?
- Todas as formas afirmativas, exceto as da 2ª pessoa do plural (peinaos), tornaram-se proparoxítonas (péinate, péinese, peinémonos, péinense).

- A 1ª pessoa do plural do imperativo afirmativo, peinémonos, perde o -s de peinemos quando se acrescenta o pronome nos: peinemos + nos = peinémonos.

LIÇÃO 9

- A 2ª pessoa do plural do imperativo afirmativo, peinaos, perde o -d de peinad quando se acrescenta o pronome os: peinad + os = peinaos.

Os verbos irregulares reflexivos comportam-se do mesmo modo: conservam os aspectos irregulares, como vimos no parágrafo anterior; ao acrescentar pronomes, é preciso lembrar as duas regras acima: que a 1ª pessoa do plural perde o -s final, e a 2ª pessoa do plural perde o -d final.

¡Vístete, ponte los zapatos y vete al colegio! Veste-te, calça os sapatos e vai para a escola!

No te rías, no te pongas a reír o me voy. Não ri, não começa a rir, senão vou embora.

Preste atenção, porque existem outras irregularidades além dessas; dê uma olhada no final do livro se tiver alguma dúvida com os verbos irregulares!

9.2.4 O imperativo afirmativo e negativo e os pronomes oblíquos

Hazlo y dime cómo lo has hecho.
¡No, Clara!, no se lo digas, tiene que aprenderlo por su cuenta.
Faça-o e diga como o fez.
Não, Clara! Não lhe diga, ele tem que aprender sozinho.

Mamá, he visto una flor que no tienes, ¿te la compro?
Sí, comprámela, ¡por favor!
Mamãe, vi uma flor que você não tem. Compro-a?
Sim, compre-a, por favor.

¿Se lo digo a Juan que he visto su novia con otro hombre? Sí, díselo.
Digo a Juan que vi sua namorada com outro homem? Sim, diga-lhe.

LIÇÃO 9

Hazlo, no se lo digas, dime, comprámela, díselo são formas do imperativo associadas a pronomes com função de objeto direto e indireto.

Como se comporta o imperativo com esses pronomes?
Os pronomes com função de objeto direto ou indireto (-me, me, -lo, o, -la, a, -nos, nos, -os, vos, -los, os, -las, as), sozinhos (hazlo) ou em associação com mais pronomes (díselo), na forma afirmativa unem-se ao verbo, ao passo que, na forma negativa, colocam-se entre a partícula negativa no e a forma do imperativo.

Vejamos um exemplo com o verbo alquilar (alugar).
A situação é a seguinte: você precisa dizer a alguém para alugar um apartamento bem localizado, bem conservado e barato.

Como diria a um amigo "alugue-o"?
Alquílalo (alquila [tú] + lo = alquílalo)

Como, usando um tratamento mais formal, você diria a um cliente "alugue-o"?
Alquílelo (alquile [usted] + lo = alquílelo)

Como você diria a seu companheiro/companheira "vamos alugá-lo"?
Alquilémolo (alquilemos [nosotros] + lo = alquilémolo)

Como você diria a seus pais "aluguem-no"?
Alquíladlo (alquilad [vosotros] + lo = alquíladlo)

E se, em vez disso, você tivesse que dizer para ninguém alugar o apartamento, porque é caro, escuro e velho?
A um amigo: "não o alugue" → no lo alquiles
A um cliente: "não o alugue" → no lo alquile (formal)
A seu companheiro/a: "não o aluguemos" → no lo alquilemos
A dois clientes: "não o aluguem" → no lo alquilen.

LIÇÃO 9

ALQUILAR + LO		
alquílalo	no lo alquiles	tú
alquílelo	no lo alquile	él, ella, usted
alquilémolo	no lo alquilemos	nosotros, nosotras
alquíladlo	no lo aliquiléis	vosotros, vosotras
alquílenlo	no lo alquilen	ellos, ellas, ustedes

O que podemos notar?

- As formas afirmativas convertem-se em proparoxítonas (alquílalo), isto é, têm o acento na antepenúltima sílaba.
- A 1ª pessoa do plural perde o -s final (alquilémolo e não alquilémoslo)
- O -d da 2ª pessoa do plural não cai (alquíladlo).

Ejercicios

1) Conjugue os verbos seguintes no imperativo afirmativo e no imperativo negativo.

SONREÍR		ESCOGER		
	no		no	tú
	no		no	él, ella, usted
	no		no	nosotros/as
	no		no	vosotros/as
	no		no	ellos/as, ustedes

PEDIR		CALENTAR		
	no		no	tú
	no		no	él, ella, usted
	no		no	nosotros/as
	no		no	vosotros/as
	no		no	ellos/as, ustedes

LIÇÃO 9

SOÑAR		VER	
no		no	tú
no		no	él, ella, usted
no		no	nosotros/as
no		no	vosotros/as
no		no	ellos/as, ustedes

2) Conjugue os verbos seguintes no imperativo (existem tanto verbos reflexivos quanto verbos com pronomes).

VESTIRSE		SENTARSE	
no		no	tú
no		no	él, ella, usted
no		no	nosotros/as
no		no	vosotros/as
no		no	ellos/as, ustedes

IRSE		PRESENTAR + LE	
no		no	tú
no		no	él, ella, usted
no		no	nosotros/as
no		no	vosotros/as
no		no	ellos/as, ustedes

COMPRAR+LE		DAR+SE + LA	
no		no	tú
no		no	él, ella, usted
no		no	nosotros/as
no		no	vosotros/as
no		no	ellos/as, ustedes

LIÇÃO 9

3) Complete as frases seguintes com as formas corretas dos verbos no imperativo.

1) .... usted, por favor. (pasar)

2) No .... por ahí, podemos resbalar. (cruzar, nosotros)

3) Señora Perez, lo siento, pero así no puede continuar, ... un deporte o engordará mucho. (practicar)

4) No .... la ventana, por favor, hace demasiado calor aquí. (cerrar, vosotros)

5) .... Carlos, no oigo el telediario. (callarse)

6) No .... en esta calle, los coches van demasiado rápido. (andar, ellas)

7) .... paciente Nina, no se puede hacer siempre lo que dices tú. (ser)

8) No .... pagar la cuenta, ¡la quiero pagar yo! (pensar, vosotros)

9) Yo te quiero, tú me quieres, ¡ .... en seguida! (casarse, nosotros)

10) No .... el pescado en aquel supermercado. (comprar, tú)

4) Nesta receita de Dulce de leche faltam todos os verbos no imperativo. Complete-a!

Ingredientes para 400 gramos

1 litro de leche entera, 350 gramos de azúcar, 1/2 cucharadita de bicarbonato sódico, vainilla

Preparación:
.... (tomar) una olla de cobre, no .... (utilizar) una cazuela normal.
.... (calentar) la leche con el azúcar a fuego medio, para

LIÇÃO 9

que éste se disuelva. .... (añadir) el bicarbonato y la vainilla y .... (mezclar).
.... (dejar) cocer la mezcla durante unas dos horas, ... (remover) de vez en cuando con una cuchara de palo para que no se pegue, a fuego más bien bajo, no debe hervir. .... (hacer) evaporar el agua que contiene la leche, el líquido disminuirá y se notará como poco a poco se va espesando y tomando color.
El tiempo es un poco orientativo, según el fuego de cada uno. La última hora es la más delicada ya que el dulce de leche está más espeso. No .... (parar) de remover para evitar grumos o que se pegue al fondo de la olla.
.... (retirar) del fuego cuando se consiga una consistencia similar a la de una natilla. Fuera del fuego .... (seguir) removiendo durante 5 ò 10 minutos más para que el dulce de leche se enfríe un poco. Se notará como todavía se espesa y reduce un poco más. .... (verter) en frascos y .... (guardar), bien esterilizando o refrigerando, como prefieras.

5) Traduza as seguintes frases.

1) Desliguem a televisão e façam as tarefas.

   ....

2) Siga-me e sente-se neste quarto.

   ....

3) Não fale e tome a sopa.

   ....

4) Preparemo-nos e saiamos para as compras.

   ....

5) Entrem todos os homens e digam sua matrícula.

   ....

LIÇÃO 9

6) Vão tomar banho e penteiem esses cabelos!
   ....
7) Sente-se e espere aqui.
   ....
8) Escove os dentes e vá para a cama.
   ....
9) Coloquemos o capacete e saiamos de moto.
   ....
10) Saiam as mulheres e fiquem os homens.
    ....

6) Complete as frases com o imperativo e os pronomes adequados.

1) La luz está apagada y no se ve bien. ...., por favor. (encender tú)
2) La ventana está cerrada y hace calor. ...., por favor. (abrir tú)
3) Una mesa con rebaja de 80%. .... (comprar tú)
4) Los libros que tienes son muy interesantes. .... (prestar tú)
5) Esas camisetas son mías. .... (dar tú)
6) No quiero tu mochila. .... (no dar tú)
7) Los pantalones no me sientan bien. .... (no comprar tú)
8) En la sopa hay un pelo. .... (no comer tú)
9) Un viejo juguete que te gusta mucho. .... a la basura, por favor. (no tirar tú)
10) Tus hermanos tienen tus libros. .... (no garabatear vosotros)

LIÇÃO 9

7) Faça a correspondência entre as letras e os números.

A) Queremos ir al centro comercial
B) Invitando unos pasteles
C) Una novia enfadada
D) En una tarde de frío
E) Hay un accidente
F) Una cotilla
G) Para llegar al parque
H) Al teléfono
I) A los niños durante el telediario
L) Está lloviendo

1) Tomen el paraguas.
2) ¡Llamad una ambulancia!
3) Vamos en autobús.
4) Siga todo recto.
5) Dime ¡dónde fuiste anoche!
6) Prueben los de chocolate, ¡riquísimos!
7) ¡No hagáis ruido!
8) No salgamos, quedémonos en casa.
9) Espere un rato... ahora puede hablar.
10) ¡No me digas! He visto a Carlos con...

8) A nutricionista elaborou uma dieta para a Señora Pérez. Abaixo está o que a especialista prescreveu. Complete as recomendações e proibições com os verbos necessários, conjugando-os na forma afirmativa ou negativa. A seguir, passe a prescrição para o plural.

Señora Pilar Pérez, 40 años, 80 kilos, 160 centímetros.

1) .... (ir) al gimnasio

2) .... (utilizar) la mantequilla

3) .... (freir) la verduras

4) .... (beber) dos litros de agua al día

5) .... (aliñar) la comida con especias y limón

6) .... (hacer) 5 comidas al día

7) .... (consumir) grasas hidrogenadas

8) .... (cocinar) al vapor

9) .... (comer) los dulces sólo los domingos por la mañana

10) .... (coger) el coche, ¡ .... (andar) lo más posible!

9.3 *Perdidos!* Pedir (e dar) informações sobre ruas

Na Espanha, a série de TV *Lost* foi traduzida para Perdidos. Se, como os protagonistas da série, você estiver em uma ilha deserta, no meio do Pacífico y estás perdido, este capítulo não lhe será muito útil. Mas si estás perdidos pelas ruas de Madrid ou Zaragoza, terão alguma serventia, por exemplo, as dicas sobre a forma de pedir informações e, quem sabe, reencontrar o caminho.

O espanhol é uma língua muito formal: se parar uma señora ou um señor para pedir informações, você deve se dirigir a eles por usted, não se esqueça!

Comece dizendo perdona/e ou disculpa/e.

FORMAL	INFORMAL
(-e)	(-a)
Perdone	Perdona
Disculpe	Disculpa

O que você pode perguntar à pessoa que parar na rua? Com certeza pode perguntar onde fica determinado endereço.

Perdone Señor/Señora ¿usted sabe dónde está/se encuentra Calle Ventura?
Desculpe [ou com licença], o senhor/senhora sabe onde fica a rua Ventura?

Ou, então, você pode estar procurando:

ESPAÑOL	PORTUGUÊS
el supermercado	o supermercado
el centro	o centro
la estación de trenes/autobuses	a estação de trem/o terminal de ônibus
la parada del autobús/tranvía	o ponto de ônibus/do bonde
la farmacia	a farmácia
la boca del metro	a entrada do metrô
el café "Can José"	o café "Can José"
el cajero	o caixa eletrônico

LIÇÃO 9

ESPAÑOL	PORTUGUÊS
la oficina de información turística	a agência de informações turísticas
el restaurante "El Placer"	o restaurante "El Placer"

Pode inserir, também, a palavra acaso ou tal vez, que significam "por acaso", "talvez".

Perdona ¿acaso sabes dónde está la parada del autobús 2?
Perdão, por acaso você sabe onde fica o ponto do ônibus 2?
Disculpa ¿tal vez sabes dónde/si hay una farmacia aquí cerca?
Desculpe, por acaso você sabe onde/se há uma farmácia aqui perto?
Perdona ¿acaso hay una farmacia aquí cerca?
Perdão, por acaso há uma farmácia aqui perto?

Observe a diferença entre as duas frases seguintes: na primeira, estou procurando por um supermercado específico; na segunda, quero saber se existe um supermercado próximo de onde estou.

¿Dónde está el supermercado?
Onde fica o supermercado? (Sei que existe um por perto, mas me perdi!)
¿Hay un supermercado por aquí?
Há um supermercado aqui perto? (Não sei se existe um perto de onde estou.)

Lembra da diferença entre hay e está? Essa diferença se faz particularmente útil aqui! Você deve adotar a mesma postura nas respostas.

¿Dónde está el supermercado?
Está al fondo de la calle a la derecha.
Fica no fim da rua à direita.
¿Hay un supermercado por aquí?
Hay uno al lado de la farmacia.
Há um ao lado da farmácia.

Ok, agora você aprendeu diversas maneiras de pedir informação. E se por acaso alguém o confundir com um espanhol e você tiver que dar informação, como responderia? Vejamos juntos algumas respostas bem fáceis!

LIÇÃO 9

Disculpa ¿acaso hay una farmacia aquí cerca?
Desculpe, por acaso há uma farmácia aqui perto?
No, están todas lejos.
Não, ficam todas longe.
Sí, hay una detrás de la parada del autobús.
Sim, há uma atrás do ponto de ônibus.

> **DICA!**
> Estar cerca = ficar (situar-se) perto
> Estar lejos = ficar (situar-se) longe

Vejamos um pouco de vocabulário útil para ajudar a dar informações.

detrás de = atrás de
La farmacia está detrás de la parada del autobús.
A farmácia fica atrás do ponto de ônibus.

enfrente/delante de = em frente a
Hay un supermercado enfrente de la farmacia.
Há um supermercado em frente à farmácia.

en la esquina = na esquina
La estación está ahí en la esquina. A estação fica aí na esquina.

> **DICA!**
> Aquí = aqui; o antônimo é ahí = lá. Em espanhol, temos também allí (lá, um pouco distante, mas dá para ver), allá (lá, distante, talvez não dê para ver).

al lado de = ao lado de
La boca del metro se encuentra al lado del semáforo.
A entrada do metrô fica ao lado do semáforo.

LIÇÃO 9

a la derecha/izquierda de = à direita/esquerda de
El servicio está al fondo de la sala a la derecha.
O banheiro fica no fundo da sala à direita. (Como sempre! Em todo lugar o banheiro fica no fundo, à direita!)

Agora, vamos tentar dar informações usando verbos bem simples: você acabou de ver o modo imperativo, tente usá-lo.
Aqui estão alguns exemplos de verbos úteis para dar informações nas ruas, já conjugados na 2ª pessoa do singular e do plural do indicativo.

INFINITIVO ESPANHOL	INFINITO PORTUGUÊS	IMPERATIVO ESPANHOL *singular plural*	IMPERATIVO PORTUGUÊS
girar	girar	(tú) gira (vo) girad	gire/girem
ir	ir	(tú) ve (vo) id	vá/vão
regresar	regressar	(tú) regresa (vo) regresad	regresse/regressem
parar	parar	(tú) para (vo) parad	pare/parem
pasar	passar	(tú) pasa (vo) pasad	passe/passem
cruzar	cruzar	(tú) cruza (vo) cruzad	cruze/cruzem
seguir Atenção com este verbo! É um dos casos particulares da 3ª conjugação e/i.	seguir	(tú) sigue (vo) seguid	siga/sigam

LIÇÃO 9

Perdona ¿sabes si hay una parada de taxi por aquí?
Desculpe, você sabe se há um ponto de táxi por aqui?
Sí claro, hay una en la calle Cortés.
Sim, claro, há um na rua Cortés.
Gracias ¿dónde está la calle Cortés?
Obrigado/a, onde fica a rua Cortés?
Aquí cerca: gira a la segunda a la derecha, sigue todo recto, pasa por el parque y te encuentras en calle Cortés. Ahí al lado de la parada del bus 2 está la parada del taxi.
Perto daqui: vire na segunda à direita, siga reto, passe o parque, e estará na rua Cortés. Lá, ao lado do ponto do ônibus 2, está o ponto de táxi.
¡Gracias!
Obrigado/a!

O que falta na tabela da página 321? Se você prestou atenção, percebeu que mostramos os verbos em espanhol e português, no modo imperativo, apenas para contextos informales: o que acontece se, em vez disso, estivermos dando informações para uma idosa, a quem devemos tratar de usted? Aqui está o que vai mudar.

INFINITIVO ESPANHOL	INFINITO PORTUGUÊS	IMPERATIVO ESPANHOL *singular* *plural*	IMPERATIVO PORTUGUÊS
girar	girar	(usted) gire (ustedes) giren	gire/girem
ir	ir	(usted) vaya (ustedes) vayan	vá/vão
regresar	regressar	(usted) regrese (ustedes) regresen	regresse/regressem
parar	parar	(usted) pare (ustedes) paren	pare/parem
pasar	passar	(usted) pase (ustedes) pasen	passe/passem
cruzar	cruzar	(usted) cruce (ustedes) crucen	cruze/cruzem

LIÇÃO 9

INFINITIVO ESPANHOL	INFINITO PORTUGUÊS	IMPERATIVO ESPANHOL *singular plural*	IMPERATIVO PORTUGUÊS
seguir Atenção com este verbo! É um dos casos particulares da 3ª conjugação e/i.	seguir	(usted) siga (ustedes) sigan	siga/sigam

Perdone Señor ¿acaso conoce el supermercado Mercadona? ¿Hay uno aquí cerca?
Desculpe, por acaso o senhor conhece o supermercado Mercadona? Há um aqui perto?
Sí, está uno en la calle paralela. Regrese hasta el semáforo y cruce al paso de cebra. Gire a su izquierda y luego otra vez a su izquierda, ahí está la Mercadona.
Sim, há um na rua paralela. Volte até o semáforo e atravesse na faixa de segurança. Vire à esquerda, e depois de novo à esquerda. Ali fica o Mercadona.
Muchas gracias señor, adiós.
Muito obrigado, senhor, adeus.

Resolvi simplificar sua vida: veja a primeira tabela. O que muda entre a 2ª pessoa do singular e a 2ª pessoa do plural? Deslize o dedo por todas as vozes da coluna **imperativo espanhol**. Na 2ª pessoa do plural, acrescentamos um -d... e chega: não é preciso saber de cor toda a tabela (mas preste atenção nos verbos ir e seguir, que são exceções!). E na segunda tabela, o que muda entre a 3ª pessoa do singular e a 3ª pessoa do plural na coluna **imperativo espanhol**? Acrescenta-se o -n na 3ª pessoa!
Se você conseguir criar algumas regrinhas, a gramática pode ficar muito mais simples, não acha?

LIÇÃO 9

Ejercicios

1) Vamos fazer um exercício bem simples. Concentre-se. Você está em Salamanca, na Plaza Mayor, quando um grupo de espanhóis se aproxima e pergunta...

- ¿Dónde está la Iglesia de San Martin?
- ¿Cómo llego al Palacio de Monterrey?
- ¿Acaso hay una tienda de Zara por aquí?

Vamos, olhe el mapa, de cabeça erguida, e responda!

CULTURA

La receta de la Sangría

¡Hola chicos! ¡Qué calor hace hoy! A mí me apetecería tomarme algo fresquito, y ¿a vosotros?
Pues, lo mejor sería un vaso de sangría...

La sangría es una de las bebidas españolas más conocidas, se hace con vino, azúcar, fruta picada, especias y a veces un poco de licor. Se hace con vino tinto, aunque existe también la sangría blanca preparada con vino blanco y la sangría de cava. A mí me gusta muchísimo la sangría tradicional, con vino tinto, que además es por lo que se llama sangría, por su color rojo como la sangre.
¿Os gustaría aprender a prepararla? Muy bien, pues os voy a dar una receta para que la podáis hacer en casa. Hay muchas variantes, pero así es como la hago yo, y os aseguro que está buenísima.

Ingredientes para 4-5 personas:
1 litro de vino tinto joven
1 vaso de coñac (opcional)
25 gr. de azúcar
2 naranjas
1 limón
250 gr de melocotones
250 gr de manzanas
un pellizco de nuez moscada
un trozo de canela en rama

Preparación:
Verted el vino tinto en una jarra, luego añadid el coñac si queréis, el azúcar y la nuez moscada.
Pelad los melocotones , y cortadlos a cuadraditos. Lavad bien las manzanas y cortadlas a cuadraditos. Cortad en rodajas las naranjas y el limón, luego verted la fruta en la jarra de vino y dejad macerar 2 horas a temperatura ambiente para que el vino tome el sabor de la fruta.
Luego poned en la nevera y servid la sangría bien fría, con cubitos de hielo en los vasos.

Es una receta muy sencilla y el resultado será un éxito, todos vuestros amigos enloquecerán con vuestra sangría.
Y ahora ¡Arriba, abajo, al centro, para dentro!

APÉNDICE Y LLAVES

Vocabulário: *la comida* ver 1.8

La carne, a carne
¿Cuál es la carne que preferís comprar? Que tipo de carne vocês preferem comprar?
¿Qué os aconseja vuestro carnicero? O que seu açougueiro lhes aconselha?
Carne de...
buey o vaca, boi ou vaca
cerdo, porco
ternera, vitela
cordero, cordeiro
cochinillo, leitão
pollo, frango
pavo, peru

Una chuleta de ternera. Uma costela de vitela.
Un bistec de vaca. Uma bisteca bovina.

El pescado, o peixe
¿Os gusta el pescado? Vocês gostam de peixe?
¿Coméis pescado a menudo? Vocês comem peixe com frequência?
el salmón, o salmão
el pez espada, o peixe-espada
el atún, o atum
los mariscos, os mariscos
los mejillones, os mexilhões
las gambas, os camarões
las langostas, as lagostas

unas croquetas de pescado, uns bolinhos de peixe
una lata de sardinas, uma lata de sardinha

La carne y el pescado se pueden cocinar:
a la parrilla, na grelha
asada/o, assada/o
cocida/o o hervida/o, cozida/o
muy hecha/o, bem passada/o
poco hecha/o, malpassada/o
frita/o, frita/o

Un filete a la parrilla. Um filé grelhado.
Me encanta el pescado frito. Adoro peixe frito.

Los huevos, os ovos
Un huevo tiene tres partes: la cáscara, la clara y la yema Um ovo tem três partes: a casca, a clara e a gema
¿Cuántas maneras de cocer un huevo conocéis? Quantas maneiras de cozinhar um ovo vocês conhecem?

Huevos:
duros, duros
pasados por agua, moles
al plato, fritos
revueltos, mexidos
encerados, *poché*

La tortilla de patatas o tortilla española es un plato típico de España.
A tortilha de batata, ou tortilha espanhola, é um prato típico da Espanha.

Las verduras y las hortalizas, as verduras, os legumes e as hortaliças

La menestra se prepara con las verduras. A sopa é preparada com verduras e legumes.

Vamos a ver algunas verduras:
el tomate, o tomate
la cebolla, a cebola
la lechuga, a alface
el pepino, o pepino
las patatas, as batatas
el calabacín, a abobrinha
el pimiento, o pimentão
el hinojo, a erva-doce
la coliflor, a couve-flor
la zanahoria, a cenoura
la alcachofa, a alcachofra
los espárragos, os aspargos
la berenjena, a beringela
el ajo, o alho
el apio, o aipo
los guisantes, as ervilhas
las espinacas, o espinafre
los brécoles, o brócolis
los hongos, os cogumelos

Me gustan las ensaladas de tomates y lechuga. Gosto de saladas de tomate e alface.
El verdulero que está cerca de mi casa vende verduras y productos del campo muy sabrosos.
A quitanda que fica perto de minha casa vende verduras e produtos do campo muito saborosos.

La fruta, a fruta

La fruta es un alimento muy rico y que nos da muchas vitaminas.
A fruta é um alimento muito saboroso e que nos fornece muitas vitaminas.
Como siempre fruta del tiempo. Como sempre fruta da estação.

la naranja, a laranja
el higo, o figo
la manzana, a maçã

la mandarina, a tangerina
la ciruela, a ameixa
el limón, o limão
el melocotón, o pêssego
el plátano, a banana
el albaricoque, o damasco
la pera, a pera
la fresa, o morango
la cereza, a cereja
el melón, o melão
la piña, o abacaxi
la sandía, a melancia
la uva, a uva
la granada, a romã
el caqui, o caqui
las moras, as amoras
las frambuesas, as framboesas
el coco, o coco
el pomelo, a toranja
el aguacate, o abacate

Las ensaladas de fruta se pueden preparar en cada estación.
As saladas de fruta podem ser preparadas em todas as estações.
La fruta en almíbar y la fruta escarchada son dos diferentes maneras conservación de la fruta.
As frutas em calda e as frutas cristalizadas são duas maneiras diferentes de conservar as frutas.

El postre, a sobremesa (doce)
El domingo siempre acabo el almuerzo con un postre.
Aos domingos sempre encerro o almoço com uma sobremesa.

las tartas, os bolos (ou as tortas)
los flanes, os pudins
los helados, os sorvetes
la nata, a nata (ou o creme)
los pasteles, os docinhos

Os números de mil em diante ver 2.6

Os múltiplos de mil são muito simples, vejamos por quê:
1.000 – mil
2.000 – dos mil
3.000 – tres mil
4.000 – cuatro mil
5.000 – cinco mil
6.000 – seis mil
7.000 – siete mil
8.000 – ocho mil
9.000 – nueve mil
10.000 – diez mil
100.000 – cien mil
500.000 – quinientos/tas mil

A palavra mil é invariável, portanto, para pronunciar qualquer número, basta acrescentar os milhares, construindo o número com palavras separadas.

4.372 cuatro mil trescientos setenta y dos

Os milhões:
1.000.000 – un millón
2.000.000 – dos millones
10.000.000 – diez millones

100.000.000 – cien millones
200.000.000 – doscientos millones

A palavra millón muda no plural. A única coisa que você precisa lembrar é que millón é uma palavra masculina, portanto, se estiver diante do número 200.350.200, deve lê-lo assim: doscientos millones trescientos cincuenta mil doscientos. Se, por outro lado, o mesmo número se reportar a um substantivo feminino, as primeiras centenas continuarão a se referir à palavra millón e ficarão no masculino, enquanto as demais mudarão, como de costume:

200.350.200 chicas = doscientos millones trescientas cincuenta mil doscientas chicas.

Então, cuidado: a primeira centena fica no masculino, enquanto as outras concordam com o substantivo. Um bilhão se diz mil millones em espanhol. Literalmente, "mil milhões".

Do masculino ao feminino, do singular ao plural ver 5.1.1

As regras para o feminino e a forma do plural dos adjetivos pátrios são as mesmas que para os outros adjetivos. Às vezes, os adjetivos pátrios coincidem com os portugueses, outras vezes, não. Mas cuidado, não confunda rumano con romano! Se tiver alguma dúvida, pode usar esta tabela resumida.

suizo/a	suíço/a	ruso/a	russo/a	inglés/a	inglês/esa
alemán/a	alemão/ã	rumano/a	romeno/a	portugués/a	português/esa
noruego/a	norueguês/a	búlgaro/a	búlgaro/a	peruano/a	peruano/na
sueco/a	sueco/a	húngaro/a	húngaro/a	argentino/a	argentino/na
español/a	espanhol/a	mexicano/a	mexicano/a	francés/a	francês/esa
italiano/a	italiano/a	guatemalteco/a	guatemalteco/a	uruguayo/a	uruguaio/a
austriaco/ca	austríaco/a	chileno/na	chileno/a	esloveno/a	esloveno/a
albanés/a	albanês/esa	colombiano/a	colombiano/a	boliviano/a	boliviano/a
belga	belga	venezolano/a	venezuelano/a	indio/a	indiano/a
cubano/a	cubano/a	salvadoreño/a	salvadorenho/a	holandés/a	holandês/a
griego/a	grego/a	ecuatoriano/a	equatoriano/a	chino/a	chinês/a
americano/a	americano/a	puertorriqueño/a	portoriquenho/a	japonés/a	japonês/a
africano/a	africano/a	hondureño/a	hondurenho/a	árabe	árabe
panameño/a	panamenho/a	costarricense	costariquenho/a	danés/a	dinamarquês/a
australiano/a	australiano/a	nicaraguense	nicaraguense	irlandés/a	irlandês/a

La ropa ver 5.8

Ropa interior de mujer, roupa íntima feminina
el sujetador o sostén, o sutiã
la braga, a calcinha
el panty, a meia-calça
las medias, as meias
las minimedias, as meias finas três-quartos
el body, o *body*
la combinación, a combinação
el camisón, a camisola

Ropa interior de hombre, roupa íntima masculina
el slip, a cueca tipo *slip*
el calzoncillo, a cueca tipo *boxer* (felizmente, eles não costumam vestir todas as coisas que nós, mulheres, vestimos. Do contrário, haveria mais um monte de palavras para lembrar!)

Ropa interior unisex
los calcetines, as meias
la camiseta de interior, a camiseta de baixo
la bata, o robe
el pijama, o pijama
el albornoz, o roupão de banho

Ropa de mujer
la falda, a saia
la minifalda, a minissaia
el vestido, o vestido
la blusa, a blusa
la rebeca, o cardigã
el traje de chaqueta, o terninho
el mono, o macacão

Ropa de hombre
El traje, o terno, geralmente composto de los pantalones, as calças, e la chaqueta, o paletó, algumas vezes pode incluir também el chaleco, o colete, e la camisa, a camisa.
la corbata, a gravata
la pajarita, a gravata-borboleta
el esmoquin, o *smoking*
el frac, o fraque

Ropa unisex
el jersey, a malha
el suéter, o suéter
la chaqueta, o paletó
la camiseta, a camiseta
la camisa, a camisa
los vaqueros, os *jeans*
los pantalones, as calças
las bermudas, as bermudas
el chándal, o agasalho de ginástica
la sudadera, a blusa de moletom

Algo más, algo mais
la gorra, o boné
el sombrero, o chapéu (não fique imaginando só o sombreiro mexicano. Sombrero indica qualquer tipo de chapéu!)
el cinturón, o cinto
el pañuelo, o lenço
el cuello, o colarinho, a gola
el botón, o botão
la cremallera, o zíper
el bolsillo, o bolso
el bañador o el traje de baño, o traje de banho (el bikini, o biquíni; el boxer, o calção de banho)
los guantes, as luvas
la bufanda, o cachecol, o lenço, a echarpe
el gorro, o gorro
el abrigo, o casaco
la cazadora, a jaqueta
el chaquetón, o jaquetão
la gabardina, a gabardina
el chubasquero o impermeable, a capa de chuva
el plumífero, a jaqueta de inverno (tipo anoraque)
las joyas, as joias (los pendientes, os brincos; el collar, o colar; la pulsera, a pulseira; el anillo, o anel)
el reloj, o relógio
los gemelos, as abotoaduras
las gafas de sol, os óculos de sol

Los calzados, os calçados
los zapatos, os sapatos
las sandalias, as sandálias
las botas, as botas
las deportivas, os tênis
la zapatillas, os chinelos, mas também os tênis
los zapatos de tacón o los tacones, os sapatos de salto alto
la chanclas, os chinelos
los mocasines, os mocassins
los zuecos, os tamancos
los zapatos de plataforma, os sapatos plataforma

Verbos irregulares E → IE ver 6.1.1

Verbos em -ar
calentar (esquentar) – Yo caliento la comida.
cerrar (fechar) – Tú cierras la puerta.
comenzar (começar) – Lo divertido comienza ahora.
confesar (confesar) – Te confieso que estoy cansado.
despertar (acordar) – Mi madre despierta a mi padre todos los días.
fregar (limpar) – Yo friego los platos después de la comida.
gobernar (governar) – El rey gobierna en el reino.
merendar (lanchar) – Yo meriendo pan y chocolate.
negar (negar) – Lo niego.
nevar (nevar) – ¡Mira, nieva!
pensar (pensar) – Pienso siempre en mi novio.
regar (regar) – Yo siempre riego las plantas.
sentar(se) (sentar) – Yo me siento en el sillón.
temblar (tremer) – Me tiemblan las manos.

Verbos em -er
defender (defender) – Zorro defiende a los débiles.
encender (acender) – Enciendo la luz.
entender (entender) – No entiende nada de español.
perder (perder) – Si no te das prisa pierdes el tren.
tender (estender) – Alicia tiende la ropa.
verter (entornar) – Los mayores vierten el vino.

Verbos em -ir
herir (ferir) – Lo que dices me hiere.
hervir (ferver) – El agua hierve a 100 grados.
mentir (mentir) – Siempre me mientes.
preferir (preferir) – Yo prefiero ir a la playa.
sentir (sentir/lamentar) – Lo siento.

Verbos irregulares O → UE ver 6.1.2

Verbos em -ar
acordar(se) (lembrar-se) – No me acuerdo de ti.
aprobar (aprovar, passar em uma prova) – Si no estudias no apruebas el examen.
avergonzar(se) (envergonhar-se) – Yo me avergüenzo de mi trabajo.
comprobar (verificar) – Parece que hay un error, ¿lo compruebas tú?
consolar (consolar) – Mi madre siempre me consuela.
contar (contar) – No cuento nada en esta casa.
colgar (desligar o telefone) – Siempre me cuelgan el teléfono.
costar (custar) – Este libro cuesta mucho.
demostrar (demonstrar) – Te demuestro que tengo razón.
encontrar (encontrar) – No encuentro mis zapatos.
esforzar(se) (esforçar-se) – Yo me esfuerzo pero no lo consigo.

mostrar (mostrar) – ¿Me muestras tu casa?
probar (provar, experimentar) – Siempre pruebo la sopa antes de servirla.
recordar (recordar) – Raúl no recuerda mi nombre.
rogar (pedir) – Te ruego que no te vayas.
sonar (tocar) – Mi despertador suena a las 7.00.
soñar (sonhar) – Sueño con tener mi propio piso.
volar (voar) – Los pájaros vuelan muy alto.

Verbos em -er
doler (doer) – Me duelen los pies.
devolver (devolver) – Han devuelto todos los libros de la biblioteca.
llover (chover) – ¡Cómo llueve!
morder (morder) – Tu perro muerde, tengo miedo.
mover (mover) – Yo no me muevo de aquí.
poder (poder) – No te lo puede decir, es un secreto.
resolver (resolver) – Pablo resuelve las operaciones muy rápidamente.
volver (voltar) – Ahora vuelvo a casa.

Verbos em –ir
dormir (dormir) – Yo duermo ocho horas.
morir (morrer) – Las plantas mueren si no están bien atendidas.

Verbos irregulares em E → I   ver 6.1.3

Corregir (corrigir) – Mi madre corrige muchos ensayos.
Despedir(se) (despedir-se) – Me despido de mis amigos.
Impedir (impedir) – Yo no te impido nada.
Medir (medir) – Helena mide 1,70 m.
Reír(se) (rir) – Se ríen todo el tiempo.
Repetir (repetir) – Te lo repito, no me gustas.
Servir (servir) – El camarero sirve la comida.
Sonreír (sorrir) – Me sonríes siempre cuando me ves.
Vestir(se) (vestir-se) – Los niños se visten solos.

El pretérito indefinido   ver 8.3

O pretérito indefinido com os verbos irregulares.

SER (ser) – IR (ir)	
Yo	fui
Tú	fuiste
Él, Ella, Usted	fue
Nosotros, Nosotras	fuimos
Vosotros, Vosotras	fuisteis
Ellos, Ellas, Ustedes	fueron

	HABER (haver)	PODER (poder)
Yo	h-**u**-b-e	p-**u**-d-o
Tú	h-**u**-b-iste	p-**u**-d-iste
Él, Ella, Usted	h-**u**-b-o	p-**u**-d-o
Nosotros, Nosotras	h-**u**-b-imos	p-**u**-d-imos
Vosotros, Vosotras	h-**u**-b-isteis	p-**u**-d-isteis
Ellos, Ellas, Ustedes	h-**u**-b-ieron	p-**u**-d-ieron

	DORMIR (dormir)	MORIR (morrer)
Yo	dorm-í	mor-í
Tú	dorm-iste	mor-iste
Él, Ella, Usted	d-**u**-rm-ió	m-**u**-r-ió
Nosotros, Nosotras	dorm-imos	mor-imos
Vosotros, Vosotras	dorm-isteis	mor-isteis
Ellos, Ellas, Ustedes	d-**u**-rm-ieron	m-**u**-r-ieron

Os verbos da 1ª conjugação que terminam em -car têm a 1ª pessoa do singular em -qué, como em português.

BUSCAR (procurar)	
Yo	bus-**qué**
Tú	busc-aste
Él, Ella, Usted	busc-ó
Nosotros, Nosotras	busc-amos
Vosotros, Vosotras	busc-asteis
Ellos, Ellas, Ustedes	busc-aron

Funcionam dessa maneira os verbos sacar (tirar), tocar (tocar), explicar (explicar), trocar (trocar).
Buscaron un piso en Granada. Procuraram um apartamento em Granada.

Os verbos da 1ª conjugação que terminam em -zar têm a 1ª pessoa do singular em -cé (em vez de -zé).

ALZAR (levantar)	
Yo	al-**cé**
Tú	alz-aste
Él, Ella, Usted	alz-ó
Nosotros, Nosotras	alz-amos
Vosotros, Vosotras	alz-asteis
Ellos, Ellas, Ustedes	alz-aron

Funcionam da mesma maneira os verbos empezar (começar), avergonzar (envergonhar), cazar (caçar), cruzar (cruzar), enraizar (enraizar), forzar (forçar).

El jugador alzó la mano en señal de protesta. O jogador levantou a mão em sinal de protesto.

Os verbos da 1ª conjugação que terminam em **-gar** na 1ª pessoa do singular têm a terminação em **-ué**.

COLGAR (desligar)	
Yo	colg-**ué**
Tú	colg-aste
Él, Ella, Usted	colg-ó
Nosotros, Nosotras	colg-amos
Vosotros, Vosotras	colg-asteis
Ellos, Ellas, Ustedes	colg-aron

Funcionam da mesma maneira os verbos apagar (apagar), entregar (entregar), jugar (jogar), llegar (chegar), pagar (pagar), regar (regar).

Colgué el teléfono porque no quería hablar más.
Desliguei o telefone porque não queria falar mais.

Todos os verbos que terminam em -edir, -entir, -erir, -ertir, -estir, -etir **mudam o -e- da raiz (**sent-ir**) para** -i- **na 3ª pessoa do singular e do plural.**

SENTIR (sentir)	
Yo	sent-í
Tú	sent-iste
Él, Ella, Usted	s-**i**-nt-ió
Nosotros, Nosotras	sent-imos
Vosotros, Vosotras	sent-isteis
Ellos, Ellas, Ustedes	s-**i**-nt-ieron

No sintió mi llegada.
Não sentiu minha chegada.

Alguns verbos da 2ª e da 3ª conjugação transformam, na 3ª pessoa do singular e do plural, o -i- (-ió, -ieron) do sufixo do pretérito indefinido em -y- (-yó, -yeron).

CONSTRUIR (construir)	
Yo	constru-í
Tú	constru-iste
Él, Ella, Usted	constru-**y**-ó
Nosotros, Nosotras	constru-imos
Vosotros, Vosotras	constru-isteis
Ellos, Ellas, Ustedes	constru-**y**-eron

Funcionam da mesma maneira os verbos argüir (arguir), caer (cair), huir (fugir), leer (ler), oír (ouvir), raer (raspar), roer (roer).

Los árabes constuyeron la Aljafería de Zaragoza.
Os árabes construíram a Aljafería de Zaragoza.

Todos os verbos que terminam em -ducir no pretérito indefinido transformam o -c- em -j-.

TRADUCIR (traduzir)	
Yo	trad-**u**-**j**-e
Tú	trad-**u**-**j**-iste
Él, Ella, Usted	trad-**u**-**j**-o
Nosotros, Nosotras	trad-**u**-**j**-imos
Vosotros, Vosotras	trad-**u**-**j**-isteis
Ellos, Ellas, Ustedes	trad-**u**-**j**-eron

Funcionam assim os verbos producir (produzir) e conducir (conduzir).

Tradujeron todas las novelas de Carlos Ruis Zafón.
Traduziram todos os romances de Carlos Ruiz Zafón.

Alguns verbos da 1ª, da 2ª e da 3ª conjugação transformam a vogal da raiz em -i- para todas as pessoas do singular e do plural.

	DAR (dar)	HACER (fazer)	VENIR (vir)	VER (ver)
Yo	d-i	h-i-c-e	v-i-ne	v-i
Tú	d-i-ste	h-i-c-iste	v-i-niste	v-i-ste
Él, Ella, Usted	d-i-o	h-i-z-o	v-i-no	v-i-o
Nosotros/as	d-i-mos	h-i-c-imos	v-i-ni-mos	v-i-mos
Vosotros/as	d-i-steis	h-i-c-isteis	v-i-ni-steis	v-i-steis
Ellos, Ellas, Ustedes	d-i-eron	h-i-c-ieron	v-i-ni-eron	v-i-eron

Viu? Aqui também os **monossílabos** di e vi, dio e vio **não levam acento,** mas se pronunciam como se a última letra fosse acentuada. Em contrapartida, os outros, na 1ª e na 3ª pessoa do singular, são paroxítonos, portanto, não têm acento. Por acaso você notou como é a 3ª pessoa do singular do verbo hacer? É hizo; o c se transforma em z para manter a sonoridade.

Os verbos decir (e seus compostos) e querer mudam o -e- da raiz para -i- e substituem o -c- por um -j- e o -r- por um -s-.

	DECIR (dizer)	QUERER (querer)
Yo	d-**i**-**j**-e	qu-**i**-**s**-e
Tú	d-**i**-**j**-iste	qu-**i**-**s**-iste
Él, Ella, Usted	d-**i**-**j**-o	qu-**i**-**s**-o

Nosotros/as	d-**i**-**j**-imos	qu-**i**-**s**-imos
Vosotros/as	d-**i**-**j**-isteis	qu-**i**-**s**-i-steis
Ellos, Ellas, Ustedes	d-**i**-**j**-ieron	qu-**i**-**s**-ieron

Hubo quien quiso un reembolso y quien dijo que no lo quería.
Houve quem quis um reembolso e quem disse que não o queria.

Existem, ainda, casos em que, juntamente com a vogal da raiz, muda também uma consoante.

1) Os verbos caber, poner e saber mudam a vogal da raiz para -u-, e as consoantes -b para -p- e -n- para -s-.

	CABER (caber)	PONER (pôr)	SABER (saber)
Yo	c-**u**-**p**-e	p-**u**-**s**-e	s-**u**-**p**-e
Tú	c-**u**-**p**-iste	p-**u**-**s**-iste	s-**u**-**p**-iste
Él, Ella, Usted	c-**u**-**p**-o	p-**u**-**s**-o	s-**u**-**p**-o
Nosotros/as	c-**u**-**p**-imos	p-**u**-**s**-imos	s-**u**-**p**-imos
Vosotros/as	c-**u**-**p**-i-steis	p-**u**-**s**-isteis	s-**u**-**p**-isteis
Ellos, Ellas, Ustedes	c-**u**-**p**-ieron	p-**u**-**s**-ieron	s-**u**-**p**-ieron

No cupimos todos en su coche. Não coubemos todos no seu carro.
Pusieron una capa a la estatua del rey. Puseram uma capa na estátua do rei.
No supo contestar la pregunta. [Ele] Não soube responder à pergunta.

2) Nos verbos andar, estar e tener (e seus compostos) acrescentam-se um -u- e um -v-.

	ANDAR (andar)	ESTAR (estar)	TENER (ter)
Yo	and-**u**-**v**-e	est-**u**-**v**-e	t-**u**-**v**-e
Tú	and-**u**-**v**-iste	est-**u**-**v**-iste	t-**u**-**v**-iste
Él, Ella, Usted	and-**u**-**v**-o	est-**u**-**v**-o	t-**u**-**v**-o
Nosotros/as	and-**u**-**v**-imos	est-**u**-**v**-imos	t-**u**-**v**-imos
Vosotros/as	and-**u**-**v**-isteis	est-**u**-**v**-isteis	t-**u**-**v**-isteis
Ellos, Ellas, Ustedes	and-**u**-**v**-ieron	est-**u**-**v**-ieron	t-**u**-**v**-ieron

Aqui também as formas da 1ª e da 3ª pessoa do singular são paroxítonas.

Anduvimos hasta la playa. Andamos até a praia.
¿Estuvisteis en Madrid en 2002? Vocês estiveram em Madri em 2002?
Tuvo que decir la verdad. Teve que dizer a verdade.

3) No verbo traer acrescenta-se um -j- a todas as pessoas depois da raiz (tra-er).

TRAER (trazer)	
Yo	tra-**j**-e
Tú	tra-**j**-iste
Él, Ella, Usted	tra-**j**-o
Nosotros/as	tra-**j**-imos
Vosotros/as	tra-**j**-isteis
Ellos, Ellas, Ustedes	tra-**j**-eron

Também esta conjugação é paroxítona na primeira e na 3ª pessoa do singular. E, cuidado, não confunda o pretérito indefinido de traer com la prenda de vestir (el traje)!

Nos trajeron una comida muy rica. Trouxeram-nos uma comida muito saborosa.

4) O verbo averiguar, para não alterar a pronúncia, usa um -ü- no lugar do -u-, na 1ª pessoa do singular.

AVERIGUAR (averiguar)	
Yo	averig-**ü**-é
Tú	averiguaste
Él, Ella, Usted	averiguó
Nosotros/as	averiguamos
Vosotros/as	averiguasteis
Ellos, Ellas, Ustedes	averiguaron

La casa   ver 8.5

la puerta, a porta
el ático, o apartamento de cobertura

la ventana, a janela
el passillo, o corredor

La habitación

la cama, a cama
el colchón, o colchão
la almohada, o travesseiro
las sábanas, os lençóis
el edredón, o edredom

el armario, o armário
el despertador, o despertador
el comodín, a cômoda
el alfombra, o tapete
las cortinas, as cortinas

El salón

la lámpara, o abajur
el sofá, o sofá
el sillón, a poltrona

la televisión, a televisão
el teléfono, o telefone

El comedor
la silla, a cadeira
el plato, o prato
la cuchara, a colher
el cuchillo, a faca

la mesa, a mesa
el tenedor, o garfo
el vaso, o copo
el mantel, a toalha de mesa

La cocina
la estantería, a estante
el lavavajillas/el lavaplatos, a lava-louça
el microondas, o micro-ondas
la nevera, a geladeira

la sartén, a frigideira
la olla, a panela
el fregadero, a pia
el horno, o forno

El cuarto de baño
la bañera, a banheira
la ducha, a ducha
el váter, o vaso sanitário
el espejo, o espelho
el champú, o xampu

el cepillo de dientes, a escova de dentes
la toalla, a toalha
la esponja, a esponja
el acondicionador, o condicionador

O imperativo afirmativo e negativo dos verbos irregulares   ver 9.2.1

Os verbos que terminam em -gar na 3ª pessoa do singular e do plural da forma afirmativa e em todas as formas do imperativo negativo recebem um -ue- depois do -g-. Note que o -ue- ainda permanece, logo depois da raiz, mas é o verbo colgar que tem essa característica também no presente. Lembra-se do presente do indicativo? Yo cuelgo, tú cuelgas, él cuelga, nosotros colgamos, vosotros colgáis, ellos cuelgan. As mesmas irregularidades se repetem no imperativo.

COLGAR (desligar)		
cuelga	no cuelgues	tú
cuelgue	no cuelgue	él, ella, usted
colguemos	no colguemos	nosotros, nosotras
colgad	no colguéis	vosotros, vosotras
cuelguen	no cuelguen	ellos, ellas, ustedes

No cuelgues el teléfono. Não desligues o telefone.

Os verbos que terminam em -ger e em -gir na 3ª pessoa do singular e na primeira e na 3ª pessoa do plural da forma afirmativa, e em todas as formas do imperativo negativo, mudam o -g- para -j-.

PROTEGER (proteger)		ELEGIR (eleger)		
protege	no protejas	elige	no elijas	tú
proteja	no proteja	elija	no elija	él, ella, usted
protejamos	no protejamos	elijamos	no elijamos	nosotros, nosotras
proteged	no protejáis	elejid	no elijáis	vosotros, vosotras
protejan	no protejan	elijan	no elijan	ellos, ellas, ustedes

Proteged a los niños. Protejam as crianças.
No elijas la asignatura más fácil, elige la que más te gusta. Não escolha a matéria mais fácil, escolha a que mais agrada a você.

O verbo seguir (e seus derivados, como conseguir e perseguir) é irregular e se comporta deste modo:

SEGUIR (seguir)		
sigue	no sigas	tú
siga	no siga	él, ella, usted
sigamos	no sigamos	nosotros, nosotras
seguid	no sigáis	vosotros, vosotras
sigan	no sigan	ellos, ellas, ustedes

Sigue todo recto y no sigas lo que dice el sistema de navegación.
Segue reto e não sigas o que diz o sistema de navegação.

Os verbos que terminam em -car na 3ª pessoa do singular, na 1ª e na 3ª pessoa do plural da forma afirmativa e em todas as formas do imperativo negativo substituem o -c- pelo -qu-.

BUSCAR (procurar)		
busca	no busques	tú
busque	no busque	él, ella, usted
busquemos	no busquemos	nosotros, nosotras
buscad	no busquéis	vosotros, vosotras
busquen	no busquen	ellos, ellas, ustedes

No busques el móvil, busca el llavero que tenemos que entrar en casa.
Não procures o celular, procura o chaveiro, que temos que entrar em casa.

Os verbos que terminam em -zar na 3ª pessoa do singular, na 1ª e 3ª pessoa do plural da forma afirmativa e em todas as formas do imperativo negativo substituem o -z- pelo -c-.

ALZAR (levantar)		
alza	no alces	tú
alce	no alce	él, ella, usted
alcemos	no alcemos	nosotros, nosotras
alzad	no alcéis	vosotros, vosotras
alcen	no alcen	ellos, ellas, ustedes

No alcéis la mano en señal de amenaza, alzad la mano en señal de protesta.
Não levantem a mão em sinal de ameaça, levantem a mão em sinal de protesto.

Os verbos que mudam o -e- da raiz pelo -i- repetem o esquema de irregularidade também no imperativo.

SERVIR (servir)		
sirve	no sirvas	tú
sirva	no sirva	él, ella, usted
sirvamos	no sirvamos	nosotros, nosotras
servid	no sirváis	vosotros, vosotras
sirvan	no sirvan	ellos, ellas, ustedes

Sirve las cervezas que tengo en la nevera, no las calientes de la despensa.
Sirva as cervejas que tenho na geladeira, não as quentes da despensa.

Os verbos que mudam o -e- da raiz pelo ditongo -ie- voltam a apresentar esse mesmo esquema no imperativo.

CERRAR (fechar)		PERDER (perder)		MENTIR (mentir)	
cierra	no cierres	pierde	no pierdas	miente	no mientas
cierre	no cierre	pierda	no pierda	mienta	no mienta
cerremos	no cerremos	perdamos	no perdamos	mintamos	no mintamos
cerrad	no cerréis	perded	no perdáis	mentid	no mintáis
cierren	no cierren	pierdan	no pierdan	mientan	no mientan

Cierra la puerta, no cierres la ventana.
Feche a porta, não feche a janela.
No pierdas la paciencia.
Não perca a paciência.
¡No mientas! Jaime me ha dicho ya lo que pasó.
Não minta! Jaime já me disse o que aconteceu.

Os verbos que transformam o -o- (ou o -u-) da raiz no ditongo -ue- formam o imperativo deste modo.

VOLAR (voar)		MOVER (mover)		DORMIR (dormir)	
vuela	no vueles	mueve	no muevas	duerme	no duermas
vuele	no vuele	mueva	no mueva	duerma	no duerma
volemos	no volemos	movamos	no movamos	durmamos	no durmamos
volad	no voléis	moved	no mováis	dormid	no durmáis
vuelen	no vuelen	muevan	no muevan	duerman	no duerman

¡Vuela pajarito! Voe, passarinho!
¡No te muevas! Não se mexa!
¡No te duermas! Não adormeça!

Os verbos que terminam em -ecer, -ocer, -ucir transformam o -c- em -zc na 3ª pessoa do singular, na 1ª e na 3ª pessoa do plural da forma afirmativa e em todas as pessoas da forma negativa. Tomemos como exemplo dessa categoria o verbo traducir.

TRADUCIR (traduzir)		
traduce	no traduzcas	tú
traduzca	no traduzca	él, ella, usted
traduzcamos	no traduzcamos	nosotros, nosotras
traducid	no traduzcáis	vosotros, vosotras
traduzcan	no traduzcan	ellos, ellas, ustedes

No traduzcáis la versión número 1, traducid la número 5.
Não traduzam a versão número 1, traduzam a número 5.

O verbo traer no imperativo fica assim:

TRAER (trazer)		
trae	no traigas	tú
traiga	no traiga	él, ella, usted
traigamos	no traigamos	nosotros, nosotras
traed	no traigáis	vosotros, vosotras
traigan	no traigan	ellos, ellas, ustedes

Traed una merienda mañana a la excursión.
Tragam um lanche amanhã na excursão.

Falsos amigos

Sim, você entendeu direito; quer dizer isso mesmo, "falsos amigos". No livro você já encontrou um ou outro "falso amigo", até porque são muitos. Mas é útil manter uma pequena seleção ao alcance da mão: escolhi alguns para você (mas garanto que existem muitíssimos mais), os mais comuns, úteis e capciosos, assim você não se deixará enganar!
Cedo ou tarde, garanto, algum "falso amigo" o enganará, mas pelo menos esses aí embaixo – alguns muito curiosos – já teremos visto juntos.

aceite → azeite
acordar → lembrar
acreditar → creditar
ajo → alho
alejado → afastado
almohada → travesseiro
apellido → sobrenome
asa → alça
balcón → sacada
berro → agrião

aceite → acepte
acordar → despertar
acreditar → creer
ajo (agir) → actúo
aleijado → tullido
almofada → cojín
apelido → apodo
asa → ala
balcão → barra
berro → berrido

billón → trilhão	bilhão → mil millones
bolso → bolsa	bolso → bolsillo
borracha → bêbada	borracha → goma de borrar
brincar → saltar	brincar → jugar
cachorro → filhote de mamífero	cachorro → perro
cadera → quadril	cadeira → silla
calar → encharcar	calar → callar
calzada → rua	calçada → acera
camelo → fingimento	camelo → camello
cena → jantar	cena → escena
chulo → legal	chulo → obsceno
cinta → fita	cinta → cinturón
cola → fila ou rabo	cola → pegamento
colar → coar	colar → collar
copo → floco	copo → vaso
crianza → criação	criança → niño
cuello → pescoço	coelho → conejo
desabrochar → desabotoar	desabrochar → desabotonar
despido → demissão	despido → desnudo
embarazada → grávida	embaraçada → enredada
engrasado → engordurado	engraçado → gracioso
enojado → zangado	enojado → asqueado
escoba → vassoura	escova → cepillo
escritorio → escrivaninha	escritório → oficina
experto → perito	esperto → listo
exquisito → delicioso	esquisito → raro
faro → farol, holofote	faro → olfato
fecha → data	fecha → cierra
grasa → gordura	graça → gracia
largo → longo	largo → ancho
latir → pulsar	latir → ladrar
lista → esperta	lista → listado
logro → conquista	logro → engaño
maestro → professor	maestro → director de orquestra
mala → má	mala → valija
mirar → olhar	mirar → apuntar
niño → criança, menino	ninho → nido
novela → romance	novela → telenovela
oficina → escritório	oficina → taller
oso → urso	osso → hueso
palco → poltronas ou camarote	palco → escenario
pasta → massa	pasta → carpeta

pegar → bater, colar
pelado → careca
pelo → cabelo
pipa → cachimbo
polvo → pó
presunto → suposto
rato → momento
rubio → louro
saco → paletó
salada → salgada
taller → oficina
tapado → casaco
tapa → tampa
tarado → bobo, tapado
tirar → jogar fora
topo → toupeira
vago → vagabundo
vaso → copo
zurdo → canhoto

pegar → coger
pelado → desnudo
pelo → pelo
pipa → cometa
polvo → pulpo
presunto → jamón
rato → ratón
ruivo → pelirrojo
saco → bolsa
salada → ensalada
talher → cubiertos
tapado → tarado
tapa → sopapo
tarado → degenerado
tirar → sacar
topo → cumbre
vago → vacante
vaso → jarrón
surdo → sordo

LLAVES (respostas!)

■ 1.4.1

1)

1	– llamo - te	6	– llama
2	– se	7	– es
3	– eres	8	– luego/pronto/mañana/la vista
4	– usted	9	– llamo – gusto
5	– somos	10	– cómo

2)

1. Buenos días señor Almodóvar ¿Cómo está usted?
2. Yo me llamo Helena ¡Mucho gusto!
3. Nosotros somos Joan y Javier, y vosotros ¿cómo os llamáis?
4. Él es Carlos y ella es Paloma.
5. ¿Ustedes se llaman Manuel y Santiago?
6. Yo me llamo Paula y tú ¿cómo te llamas?
7. ¡Hola Carlos! ¿Qué tal?
8. ¡Hasta el domingo Pedro!
9. Buenos días Helena, yo me llamo Miguel ¡Encantado!

3)

1. ¡Adiós! Hasta el martes.
2. Buenos días. Muy bien, gracias ¿y usted?
3. Hola, yo me llamo Helena, y ¿tú como te llamas?
4. ¡Hola Miguel! Yo me llamo María. ¡Mucho gusto!
5. Buenas tardes señor Moreno ¡Mucho gusto!

4)

1. Él se llama Daniel y yo soy Helena.
2. Hola Raúl ¿Qué tal? – Bien gracias ¿y tú?
3. Hasta luego Alejandro, hasta el lunes.
4. Buenos días señor Rodríguez ¿Cómo está usted?
5. Ellos son los señores Gonzales.
6. Yo me llamo Helena ¡Mucho gusto!
7. Buenas noches Juan, hasta el domingo.
8. Encantado Helena. Yo soy Guillermo.
9. ¿Vosotros sois Pablo y Julio? Mucho gusto, yo me llamo Antonio.
10. Yo me llamo Enrique, mucho gusto. Y usted ¿cómo se llama?

1.7.3

1)
1 – contigo
2 – mí
3 – conmigo
4 – tú
5 – ti
6 – mí
7 – ti
8 – tú/ yo
9 – tú
10 – yo

2)
1 – nosotros
2 – mí
3 – ella/ti/él
4 – ella
5 – conmigo/contigo
6 – mí
7 – vosotros
8 – mí
9 – ellos
10 – ella

3)
1 – lo
2 – las
3 – las
4 – los
5 – la
6 – las
7 – los
8 – lo
9 – las
10 – la

4)
1 – me
2 – os
3 – nos
4 – me
5 – le – le
6 – les
7 – le
8 – le
9 – les

5)
1 – se lo
2 – te lo
3 – se lo
4 – te la
5 – se lo
6 – se lo
7 – me lo
8 – se lo
9 – te los
10 – me las

6)
1 – no se los ha comprado
2 – no se lo he dicho
3 – no se lo han enseñado
4 – nos los han mandado
5 – no te las he comprado
6 – me los ha presentado
7 – no me lo ha prestado
8 – no les ha llamado

7)
1 – E
2 – A
3 – G
4 – H
5 – B
6 – D
7 – C
8 – F

1.8.1

1) figura 1 pepino, figura 2 zanahoria, figura 3 bollo, figura 4 melocotón, figura 5 nata, figura 6 filete de cerdo, figura 7 mejillones, figura 8 arroz, figura 9 salmón, figura 10 fresa, figura 11 mantequilla, figura 12 flan de leche, figura 13 aguacate, figura 14 agua del grifo, figura 15 pollo, figura 16 bistec de ternera

2) Tú: Buenos días, he reservado una mesa a nombre de X.
Camarero: Buenos días Señor/a X. Aquí está su mesa. Tome asiento, ¿qué le traigo para beber?
Tú: Quiero/Deseo una botella de agua con gas, ¡por favor!
Camarero: Aquí tiene la botella de agua con gas y la carta. ¿Qué desea comer?
Tú: Un plato de arroz con salsa de tomate, un pollo a la parrilla, patatas fritas y una ensalada para acompañar.
Camarero: ¡Buen provecho!
Tú: Por favor, ¿Puede traerme la cuenta y un café?
Camarero: Aquí tiene el café y la cuenta.
Tú: ¡Gracias!, aqui tiene dos euros de propina.
Camarero: ¡Muchas gracias, adios!
Tú: De nada, ¡adiós!

3)
1 ¿Qué os traigo para beber?
2 ¿Qué le traigo para comer? ¿Qué desea comer?
3 Tengo una mesa/ he reservado una mesa a nombre Verdi.
4 ¿Puede traerme el menú/la carta?
5 Camarera, la cuenta, por favor!
6 ¿Qué recomienda usted?
7 Quédate con la propina.
8 Quiero/Deseo un bistec muy hecho.
9 Quiero/Deseo una chuleta de ternera poco hecha.
10 Un vaso de naranjada con hielo.

■ 1.9

1)

1 – Cuál	3 – Cuáles	5 – Cuáles
2 – Cuál	4 – Cuál	6 – Cuáles

2)

1 – Cuál	4 – Cuál	7 – Cuáles
2 – Qué	5 – qué	8 – Qué
3 – Cuál	6 – qué	

3)

1 – Cuántas	4 – Cuántos	7 – Cuántos
2 – Cuántos	5 – Cuánta	8 – Cuántas
3 – Cuánto	6 – Cuántas	9 – Cuánta

4)

1 – quién	6 – Qué	11 – quién
2 – Adónde	7 – Cómo	12 – Quiénes
3 – Cómo	8 – Cuántas	13 – Dónde
4 – Por qué – porque	9 – qué	14 – Adónde
5 – Cuántos	10 – Por qué	15 – qué

5)
1 ¿Cuántos libros tienes?

2 ¿Por qué vas a trabajar el domingo?
3 ¿Cuándo comes la carne?
4 ¿Qué tal tu madre?
5 ¿Quién es la hermana de Helena?
6 ¿Adónde vas de vacaciones normalmente?
7 ¿Dónde están mis camisetas?
8 ¿Qué tal la ópera?
9 ¿Cuántas naranjas has comprado ayer?
10 ¿Cuáles de estos libros usas mañana?

2.4

1)
1 El profesor enseña a los alumnos en el colegio.
2 La peluquera corta los cabellos de sus clientes.
3 El bombero apaga los incendios.
4 La pintora pinta un cuadro.
5 Los albañiles construyen los edificios.
6 La panedera prepara el pan.
7 Las veterinarias curan a los animales.
8 La pediatra cura a los niños.
9 El sarte/estilista presenta uno de sus vestidos.
10 Los carteros distribuyen el correo.

2)
1 – alcaldesa, prefeita
2 – astronauta, astronauta
3 – sumiller, *sommelier*
4 – lider, líder
5 – modelo, modelo
6 – cartero, carteiro
7 – chofer, motorista
8 – albañil, pedreiro
9 – orfebre, ourives

3)
1	Carpintero	A	Persona legalmente autorizada para juzgar, sentenciar y hacer ejecutar sentencias.
2	Cocinero	B	Persona que vende carne.
3	Barrendero	C	Persona que se dedica profesionalmente a cortar o vender leña.
4	Pastelero	D	Persona que por oficio trabaja y labra la madera.
5	Juez	E	Persona que regenta la farmacia.
6	Carnicero	F	Persona que cocina especialmente si esta es su profesión.
7	Farmacéutico	G	Persona que pesca por oficio.
8	Pescador	H	Persona que se dedica a la venta o a la fabricación de pasteles, pastas u otro dulces.
9	Tendero	I	Persona que como profesión tiene que barrer las calles.
10	Leñador	L	Propietario o encargado de una tienda especialmente de comestibles.

1D; 2F; 3I; 4H; 5A; 6B; 7E; 8G; 9L; 10C

2.7

1)

1	– veinte	5	– cuarenta	9	– veinte
2	– ochenta y uno	6	– cincuenta y seis	10	– sesenta y cuatro
3	– dieciocho	7	– cincuenta y cuatro		
4	– dieciséis	8	– treinta		

2)

1	– 101	4	– 561	7	– 243	10	– 500.555
2	– 3.017	5	– 395	8	– 1.984	11	– 839
3	– 10.461	6	– 8.600	9	– 5.526	12	– 2.400. 320

3)

1 – trescientos cuarenta y ocho
2 – dos mil ochocientos sesenta y cinco
3 – setecientos ochenta mil seiscientos cincuenta y dos
4 – mil cuatrocientos veinticinco
5 – setecientos ochenta y siete
6 – siete mil trescientos cuarenta y uno
7 – doscientos tres
8 – quinientos veinte mil novecientos cincuenta y siete
9 – seiscientos sesenta y cuatro
10 – quinientos setenta y nueve
11 – cincuenta millones cuatrocientos mil trescientos cuarenta y nueve
12 – novecientos treinta mil doscientos veinte

4)

1 – cien sombreros
2 – seiscientas noventa y ocho camisas
3 – dos mil trescientas ochenta y siete chicas
4 – diez mil euros
5 – quinientas cuarenta y ocho botellas
6 – setenta y cinco mil libros
7 – quinientas ochenta mil trescientas mesas
8 – ochocientos millones trescientas mil doscientas cuarenta y tres cervezas

5)

1	– primer	3	– quinta	5	– veinte	7	– sexto
2	– doce	4	– tercer	6	– catorce		

■ 2.8

1)
1 – Son las seis y media
2 – Son las ocho y veinticinco
3 – Son las cuatro y cuarto
4 – Son las cinco y treinta y cinco
5 – Son las dos y cuarenta
6 – Son las diez y diez

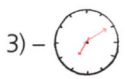

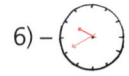

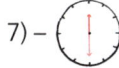

2)
1) – 🕐 2) – 🕐 3) – 🕐 4) – 🕐
5) – 🕐 6) – 🕐 7) – 🕐

3)
1 – Abre a las nueve y cuarto de la mañana.
2 – Cierra a las ocho de la tarde.
3 – Cierra a medianoche.
4 – Abre a las nueve de la mañana.
5 – Cierra a las siete de la tarde.
6 – Abre a las cinco de la tarde.
7 – Cierra a las tres y media de la mañana.

4)
La casa; el caballo; el agua; el profesor; la mujer; la persona; el análisis; la tésis; la modelo; el mapa.

5)
cocinero cocinera; dependiente dependienta; infante infanta; caballo yegua; león leona; alcalde alcaldesa; poeta poetisa; macho hembra; sacerdote sacerdotisa; pariente parienta

6)
el pendiente/la pendiente – o brinco, a ladeira
el cuento/la cuenta – a história, a conta
el naranjo/la naranja – a laranjeira, a laranja
el calavera/la calavera – o imprudente, o crânio
el frente/la frente – a frente, a testa
el pez/la pez – o peixe, o piche
el trompeta/la trompeta – o trompetista, a trombeta
el cometa/la cometa – o cometa, a pipa
el cura/la cura – o padre, a cura
el gallina/la gallina – o covarde, a galinha

7)
Rosa es - española. - Sergio es un actor muy famoso. - Mi primo es - médico. - Todos los gatos no son negros. - Mayte colecciona - vasos. Tiene unos vasos muy raros. Los vasos raros llegan de Guatemala. - Tomás canta - flamenco. - ¿Eres - inglés? - Encarnación siempre lleva - falda. Hoy lleva una minifalda roja. La minifalda roja no le queda bién. - El novio de Leire es - escritor. Ha escrito unas novelas negras sobre diferentes asesinos. - ¿Qué es eso? ¡Es una bolsa de deportes nueva!

8)

FEMENINOS	MASCULINOS
la cara	el coche
la mesa	el aire
la sandalia	el zapato
la serpiente	el tenedor
la mantequilla	el domingo
la cuchara	el papel
la sangre	el correo
la cuenta	el verano
la leche	el ferrocarril
la flor	el mantel
	el ave

9)
El perro, los perros; el bambú, los bambúes; el dominó, los dominós; el brindis, los brindis; la luz, las luces; el colibrí, los colibríes; la mamá, las mamás; el paraguas, los paraguas; la tribu, las tribus; el pez, los peces.

10)
-ción ♀; -tud ♀, -a ♀, -e ♂, -zón ♀, -an ♂, -ma ♂, -or ♂, -sión ♀, -aje ♂, -dad ♀, -ie ♀, -umbre ♀, -o ♂.

11)
Antonio Ortiz Echagüe (1883 -1942) fue un artista esencialmente cosmopolita y viajero. Ausente de España muchos años (pero muy vinculado a San Sebastián, donde residían sus padres) vivió y trabajó en Italia, Holanda, Francia, Marruecos, Estados Unidos, Argentina...
Pintor de sólida formación académica (estudió en París y Roma) siguió los postulados del realismo costumbrista del tránsito del XIX al XX, centrándose en la representación de escenas y tipos populares de los diversos países que recorrió, tomando directamente del natural, sin idealizaciones ni folclorismos, y casi siempre a tamaño real. Su recio dibujo y su espectacular cromatismo le valieron el reconocimiento internacional y los más importantes galardones de su tiempo (incluida la Legión Honor francesa o varias medallas de los Salones de París y de las Nacionales de Madrid) gozando además de un gran prestigio como retratista.
Desde el punto de vista estilístico su conocimiento de los movimientos artísticos europeos le llevó a incorporar a su vena realista hispana algunos aspectos

del modernismo, del simbolismo, del impresionismo, y hasta del fauvismo, come se aprecia en el decorativismo de algunos ambientes, en la soltura y densidad de la pincelada, en el valor que concede a la luz en su utilisación cada vez más atrevida y subjetiva del color.

Antonio Ortiz Echagüe constituye junto a Ignacio Zuloaga y Joaquín Sorolla el trío de ases de la pintura figurativa española del cambio de siglo. La presencia de sus cuadros en destacados museos de España, Europa y América (uno en Italia y otro en Argentina llevan su nombre) dan testimonio de la extraordinaria relevancia de un pintor que supo conjugar como pocos la tradición y la modernidad.

(Monserrat Fornells Doctora en Historia del Arte)

■ 3.2

1)

	g ou j		b ou v		ll ou y
1	– extranjero	1	– favorito	1	– llorar
2	– mágico	2	– verde	2	– yema
3	– jefe	3	– móvil	3	– playa
4	– mensaje	4	– objeto	4	– calle
5	– gigante	5	– vitaminas	5	– ayer
6	– urgente	6	– palabra	6	– bollo
7	– viejo	7	– abogado	7	– sello
8	– mujer	8	– cambiar	8	– yerno
9	– gestión	9	– hablar	9	– estrella
10	– página	10	– botella	10	– collar

2)

1 A nosotros nos gusta jugar con los niños.
2 Los pantalones son demasiado pequeños.
3 Mi sueño es trabajar en una tienda de ropa.
4 Voy a la playa pero no me gusta bañarme.
5 Este año me gustaría estudiar español.
6 Mi cuñado es una persona muy cariñosa.
7 En otoño hace frío pero llevamos ropa bastante ligera.
8 El señor que está a tu lado es muy atractivo.

■ 3.3

1)

pájaro	doctor	salud	conductor	primo
árbol	ojalá	características	estudio	medicina
habitación	sal	imbécil	cómodamente	raíz
carta	puerta	sueño	diente	teórico
mármol	velocidad	riesgo	línea	momento

fabricante   invención   económico   profesión   humano
publicitario potencialidad   cáncer   túnel   carácter

televisión   genética   ratón   alimentos   bebida

azúcar   geólogo   observación trabajador   emisión

■ 3.5

1)

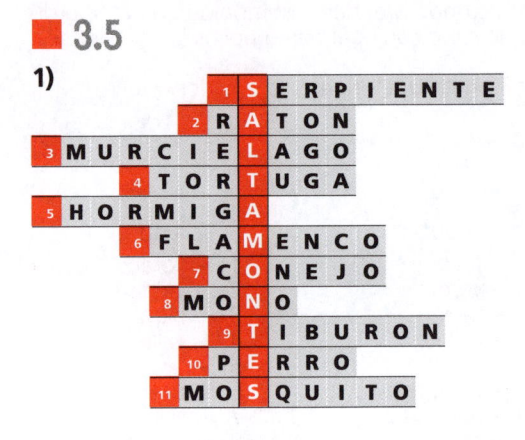

1. SERPIENTE
2. RATON
3. MURCIELAGO
4. TORTUGA
5. HORMIGA
6. FLAMENCO
7. CONEJO
8. MONO
9. TIBURON
10. PERRO
11. MOSQUITO

2)
1 – F   3 – B   5 – G   7 – E
2 – D   4 – A   6 – C

3)
1 – es más listo que un zorro
2 – en menos que canta un gallo
3 – es más pesado que una vaca en brazos
4 – se llevan como el perro y el gato
5 – no le busques tres pies al gato
6 – le ha echado los perros

■ 4.2

1)
1 – caminamos   6 – lees/lee   11 – abre
2 – escucha   7 – presento   12 – bebéis
3 – pasa   8 – hablan   13 – fumas
4 – llegan   9 – trabaja   14 – toca
5 – coméis   10 – viven   15 – busco

2)
1 – Ellos – ellas
2 – Yo
3 – Él-ella
4 – Vosotros
5 – Tú
6 – Ellos – ellas
7 – Nosotros
8 – Yo
9 – Él-ella
10 – Ellos – ellas

3)
1 – trabajas
2 – tomas
3 – presento
4 – hablas
5 – cumplo
6 – pasan
7 – hablo
8 – hablas
9 – para
10 – abre
11 – trabaja
12 – explico
13 – escribes
14 – escribís
15 – mejora
16 – termino
17 – saluda

■ 4.3.1

1)
1 – tiene
2 – tengo
3 – tenemos
4 – se queda
5 – tienen
6 – tiene
7 – me quedo
8 – tenéis
9 – se quedan
10 – tienes
11 – se queda
12 – nos quedamos

2)
1 – tiene que
2 – tenemos que
3 – no tiene que
4 – tienen que-no tengo que
5 – Tenéis que
6 – no tiene que
7 – no tengo que
8 – No tiene que
9 – no tienen que
10 – tienes que

3)
1 – hay que
2 – tengo que
3 – no tiene que
4 – Hay que
5 – hay que
6 – no tienes que
7 – hay que
8 – tengo que

■ 4.4

1)
1 – están
2 – está
3 – estamos
4 – estáis
5 – estás
6 – Están
7 – estoy
8 – está

■ 4.5.1

1)
1 – está - está
2 – estoy
3 – es - es
4 – eres
5 – están
6 – está
7 – son
8 – está
9 – son
10 – está

2)

1	– es	5	– estamos	9	– está	13	– están
2	– están	6	– es	10	– es / son	14	– es - está
3	– están	7	– está	11	– son	15	– está
4	– Estás	8	– es	12	– es / está		

3)
1. Mi madre y yo somos rubias.
2. El bocadillo está muy rico/ muy bueno.
3. Las flores de Paco son muy perfumadas.
4. Mi padre es muy guapo e interesante.
5. Mi ciudad es Madrid y está en España.
6. Las fresas son mi fruta favorita.
7. Paco está en Plaza Mayor y nos espera.
8. Paula siempre está de mal humor, no sé que hacer.
9. Las margaritas son blancas y amarillas.
10. Mis gafas están sobre la mesa de la cocina.

■ 4.6

1)

1	– hay	4	– hay	7	– está	10	– está
2	– está	5	– hay	8	– hay		
3	– Hay – está	6	– está	9	– hay		

2)

1	– están	4	– están - están	7	– hay	10	– hay
2	– hay	5	– está	8	– está		
3	– hay	6	– hay	9	– están		

3)

1	– D	3	– A	5	– E
2	– F	4	– B	6	– C

4)

1	– Está	6	– hay	11	– Hay	16	– están
2	– está	7	– está	12	– están	17	– están
3	– hay	8	– está	13	– está	18	– hay
4	– hay	9	– hay	14	– está		
5	– Está	10	– está	15	– hay		

■ 4.7

1)
1 – está explicando
2 – está hablando
3 – estamos comentando
4 – está entrando
5 – estáis haciendo
6 – estás molestando
7 – están caminando
8 – estamos yendo
9 – está llorando
10 – estoy leyendo

2)

1 – está trabajando
2 – está subiendo
3 – estamos haciendo
4 – estoy preparando
5 – estáis haciendo
6 – estás escuchando
7 – están viendo
8 – estás mintiendo
9 – está estudiando
10 – estamos pidiendo
11 – están limpiando

3)

1 – D   3 – A   5 – G   7 – E
2 – F   4 – B   6 – C

■ 5.1.1

1)

1 Clauss es de Alemania, es alemán
2 Ellas son de Irlanda, son irlandesas
3 Marion es de Francia, ella es francesa
4 Él es de Japón, es japonés
5 John y Jane son de Canadá, son canadienses
6 Heleni es de Grecia, es griega
7 Ronaldo es de Brazil, es brasileño
8 Britney es de EEUU (=Estados Unidos), es americana/norteamericana/estadounidense
9 Manuel es de Portugal, es portugués
10 Xiu Yang es de China, ella es china

2)

PAÍS	NACIONALIDAD	
	MASCULINO	FEMENINO
Japón	japonés	japonesa
Uruguay	uruguayo	uruguaya
Italia	italiano	italiana
Dinamarca	danés	danesa
Corea	coreano	coreana
Marruecos	marroquí	marroquí
Australia	australiano	australiana
Eslovenia	esloveno	eslovena
República Checa	checo	checa
Honduras	hondureño	hondureña
Guatemala	guatemalteco	guatemalteca

3)

1 indios
2 panameñas
3 árabes
4 ecuatorianos
5 austriacos austríacos
6 puertorriqueños
7 rumanas
8 suecas
9 salvadoreños
10 húngaros

5.2
1)
1. Este libro
2. Aquellas mujeres
3. Esas gafas
4. Esa revista
5. Este tenedor
6. Aquel perro

5.3
1)
1. Este coche no es el mío. Mi coche es aquel coche rojo de allí. (Estoy hablando de mí mismo)
2. No es tu bolígrafo, María, es el mío. Tu bolígrafo está allá. (Estoy hablando con María)
3. Jaime es italiano, pero sus padres no son de Italia.
4. Los señores Encontrada y sus hijos se han mudado de casa.
5. Micaela Clara, ese es vuestro profesor. (Estoy hablando con las chicas)

5.4.1
1)
1. Helena es más inteligente que su hermano.
2. La ciudad es más ruidosa que el pueblo.
3. Estos relojes son más caros que aquellos.
4. Mi hermana es mayor (más vieja) que yo.
5. Soy menor (menos vieja) que mi hermano.
6. Tu no eres inferior a nadie.

2)
1. Soy menor de mi hermana, pero ella es menos alta que yo.
2. Estas blusas son menos caras, pero son peores.
3. Alberto es menos caprichoso que su hermana.
4. Luisa es menos trabajadora que su novio.
5. Sofía estudia menos de lo que debe.
6. Este coche cuesta menos de mil euros.

3)
1. Carlos es igual de/tan alto como Juan.
2. Lola es igual de/tan simpática como Pilar.
3. Las cebras son igual de/tan grandes como los caballos.
4. Jorge lee tantos libros como Luis.
5. Mayte no tiene tantas amigas como Julieta.
6. Hoy no hay tanta gente como ayer.

5.4.2
1)
1. Miguel es el menos alto de su clase. (-)
2. Antonio es el hombre menos atractivo que conozco. (-)

3 Esther es la más alegre del grupo. (+)
4 Es el pastel menos sabroso que he comido. (-)
5 Lucas es el más elegante del mundo. (+)

2)
1 Miguel es muy bajo.
2 Antonio es muy repelente.
3 Esther es muy alegre.
4 Este pastel es muy soso.
5 Lucas es elegantísimo

3)
1 En este centro comercial hay (há) demasiada/mucha gente. Vamos a otro
2 Estoy muy cansado, ¿regresamos a casa?
3 Es un buen muchacho, siempre me ayuda.
4 Paulo tenía gripe, pero ahora está bien.
5 Pedro hace muchos/demasiados favores a sus amigos.
6 Marta habla bien el chino.
7 Las habitaciones de esta casa son muy amplias.
8 No sé si te gusta pero yo creo que es una buena novela.
9 Tengo muchas/buenas amigas en Mexico.

■ 5.6
1)
1 Luis compra el periódico todos los días.
2 Este niño tiene poca paciencia a la hora de hacer sus deberes.
3 He comprado algunas revistas de moda.
4 Tengo tantas cosas que hacer que no sé por dónde empezar.
5 Ese coche es muy viejo, necesitas otro coche si quieres viajar todos los días.
6 No has comprado bastantes peras y ahora ¿qué fruta comen los otros invitados?
7 Cada persona tiene su personalidad.
8 Había (havia) mucha gente el día de la fiesta de Clara.
9 No te preocupes, te ayudaré (ajudarei) en cualquier circunstancia.
10 Mi novio y yo nos vemos todos los días, estudiamos en la misma universidad.
11 Hay (Há) varias flores que me gustan, mis favoritas son las margaritas
12 Ciertos compañeros de mi hermana son de un pequeño pueblo muy lejos.
13 No lo haría (não o faria) por ningún motivo.

■ 5.8

1)

DE HOMBRE	TRADUÇÃO
los calzoncillos	a cueca
el slip	a cueca *slip*
la corbata	a gravata
la pajarita	a gravata-borboleta
el boxer	a cueca samba--canção

DE MUJER	TRADUÇÃO
el sujetador	o sutiã
las bragas	a calcinha
la combinacíon	a combinação
el panty	a meia-calça
los zapatos de plataforma	os sapatos de plataforma

UNISEX	TRADUÇÃO
el gorro	o gorro
la gorra	o boné
los vaqueros	os *jeans*
el reloj	o relógio
el jersey	a malha
los calcetines	as meias
el abrigo	o sobretudo
la camiseta	a camiseta

2)

1 Un chico que lleva un albornoz, gafas de sol, chanclas, boxer, un reloj.
2 Una viejecita que lleva una cazadora, los tacones, las medias, una minifalda, pendientes, pulsera y anillos.
3 Un muñeco de nieve que lleva una bufanda, dos botones como ojos, una cremallera como boca, guantes y dos viejos zapatos negros.
4 Una chica que lleva un mono, una blusa, un cinturón, zapatos de plataforma y un sombrero.
5 Un señor gordito que lleva un chándal, con deportivas y una gorra.
6 Un hombre que lleva un frac con gemelos, una mujer que lleva un traje de noche, un pañuelo de seda.

3)

EL CHUBASQUERO GRIS

D	E	P	O	R	T	I	V	A	S	E	B
L	C	H	A	L	B	O	R	N	O	Z	O
U	C	H	A	N	D	A	L	B	A	O	T
N	A	S	S	Q	T	R	A	J	E	G	A
O	Z	M	O	N	O	A	M	A	J	I	P
S	A	U	T	E	R	O	L	G	R	R	A
I	D	F	A	L	D	A	R	O	I	B	N
M	O	S	P	B	R	A	G	A	N	A	T
A	R	C	A	M	I	S	E	T	A	E	Y
C	A	L	Z	O	N	C	I	L	L	O	S

4)
1 – sandalias estrechas
2 – té caliente
3 – llanura grande
4 – señoras viejas
5 – agua fría
6 – pluma ligera
7 – pantalones estrechos o negros
8 – piedra dura
9 – amigo amable
10 – animales salvajes

■ 6.1.1
1)
1 – riega
2 – confiesa
3 – mienten
4 – preferimos
5 – piensan
6 – caliento
7 – cerráis
8 – quieres
9 – defiende
10 – gobiernan

2)
1 – b
2 – c
3 – b
4 – a
5 – c
6 – b
7 – a
8 – c

■ 6.1.2
1)
1 – duerme
2 – acuerdo/ sueño
3 – cuestan
4 – huele
5 – vuelan
6 – vuelven
7 – devuelves
8 – mostramos
9 – duele
10 – cuelga

2)
1 – vuelves – vuelvo
2 – muerden – muerden
3 – aprueban – aprueban
4 – cuenta – cuenta
5 – puedes – puedo
6 – duerme – duerme
7 – probamos – pruebo
8 – encuentro – encuentro
9 – mueve – mueve

■ 6.1.3
1)
1 – pedimos
2 – repiten
3 – río
4 – corriges
5 – sirve
6 – impiden
7 – vestís
8 – Se despiden
9 – sonríe
10 – pides

2)
1 Saludo a mis amigos y me voy a casa.
2 Raúl y Julia se ríen mucho cuando salen juntos.
3 Te repito siempre las mismas cosas y no me escuchas.
4 Si te sirve mi bicicleta está en el jardín.
5 ¿Podéis medir la mesa por favor?
6 Si el tiempo no me lo impide voy a correr.
7 Vestimos a los niños y salimos.

6.2

1)

1 – Conoces - conozco	6 – oigo	11 – sé
2 – vale	7 – tiene	12 – traigo
3 – pongo	8 – decimos	13 – venís
4 – juegan	9 – excluís – jugáis	14 – cojo
5 – doy	10 – caigo	15 – va

2)

1 Nosotros sabemos muy bien qué hacer.
2 Hoy te introduzco a mis padres.
3 No salgo de la oficina antes de las 8.00 de la tarde.
4 Mi padre no viene a comer con nosotros.
5 ¿Me oyes bien? El volumen es bajo.
6 A mi marido le digo siempre la verdad.
7 Cuando voy a casa de Carlos me da los bombones.
8 Te ofrezco una cerveza fresquita.

3)

1 – desaparece	8 – saben	15 – ven
2 – salgo	9 – sabe	16 – construyo
3 – elijo	10 – conozco	17 – pones
4 – juegan	11 – tenemos	18 – juega
5 – parecéis	12 – veo	19 – eligen
6 – sabéis	13 – vengo	20 – ves
7 – hacemos	14 – vemos	

6.3

1)

1 – me – me	5 – se	9 – se
2 – se	6 – se	10 – me
3 – os	7 – se	
4 – nos	8 – se	

2)

1 – se acuesta / se duerme	6 – te duermes / te acuestas
2 – me ducho	7 – se llaman
3 – laváis	8 – se bañan
4 – nos divertimos	9 – come
5 – levantarse	10 – os vestís

3)

Un ejemplo:
Juan todos los días se despierta a las 7.00, luego se levanta de la cama y a las 8.00 se ducha, se afeita y después se viste.
A las 9.00 desayuna y a las 10. 00 va al trabajo. A las 14.00 almuerza y se va del trabajo a las 18.

Cena siempre a las 19.00, luego se lava los dientes, ve la televisión y después se acuesta y se duerme.

■ 7.5

1)

1 Tengo este paquete para ti.
2 Este cuadro fue pintado por Velázquez.
3 Para ser un niño sabe mucho sobre ciencia.
4 El profesor pasó por aquí.
5 Te felicito para tu nuevo trabajo.
6 Este cuchillo sirve para pelar patatas.
7 Para nosotros, Helena es perfecta.
8 ¿Has recibido los documentos por correo?
9 Necesitamos alfombras para la habitación.
10 Todo lo que hace, lo hace por amor.

2) e 3)

Vistió sus mejores momentos. Hubert de Givenchy diseñó para Audrey Hepburn los trajes más importantes de su vida, los que marcaron su carrera cinematográfica **y** personal. Desde sus vestidos en Sabrina y Desayuno con diamantes hasta los de sus dos bodas (casamentos), **o** el que llevó cuando recogió el Oscar por Vacaciones en Roma. La relación de trabajo **y** amistad entre ambos genios duró exactamente cuarenta años, justo hasta el día de la muerte de la actriz. Incluso uno de los perfumes Givenchy, L'Interdit, fue creado para ella. Su primer encuentro, en julio de 1953, es célebre. Él, con veintiséis años **y** su casa de costura recién abierta, esperaba a la Srta (*Señorita) Hepburn, **pero** a Katharine. Ella, con veinticuatro, todavía abrumada (atordoada) por su éxito, frágil, delgadísima, sin maquillaje y con un sombrero gondolero (de gondoleiro), buscaba ropa maravillosa para su próxima película. Les unieron los trajes que llevaría (usaria) Sabrina desde que aterriza en París hasta que conquista a Linus Larrabee. La recompensa de tan mítico vestuario, no aparecer en los créditos de la película. "¡La ayuda que habría sido (**teria sido**) para mí, que me encontraba al principio de mi carrera! **Pero** no importa; al cabo de unos años todo el mundo lo sabía", declaró el diseñador. Para el que fuera considerado el aristócrata de la Alta Costura, éste solo fue el comienzo de una relación con celebrities **y** estrellas de Hollywood. Jacqueline Kennedy **y** la duquesa de Windsor también se rindieron ante este joven de modales exquisitos. Para él, todo lo que una mujer necesitaba tener para ser chic era "una gabardina, dos trajes, unos pantalones **y** un jersey de cachemira". Solo le faltan dos míticos vestidos negros, uno largo **y** otro de cóctel, para resumir el armario de Holly Golightly, Audrey en Desayuno con diamantes. En total, fueron siete las películas en las que musa **y** creador colaboraron.
Givenchy & Audrey – Glamour, España, Febrero 2009

4)
1. Deseo un café con leche.
2. No podéis salir sin permiso.
3. En Madrid hay una manifestación contra el alza de los precios.
4. Hoy en la universidad hay una conferencia sobre la globalización.
5. ¡Pero eso lo sabe incluso un niño!
6. La sopa era tan condensada que se podía comer con un tenedor.
7. Es mejor no salir sin ponerse un jersey.
8. Domingo la Juventus juega contra el Inter.
9. He dejado mi cuaderno sobre la mesa de la cocina.
10. Incluso los críticos más severos elogiaron su obra.

5)
1. El banco está entre el carnicero y el bar.
2. Ahora llueve menos intensamente.
3. El coche giró y se dirigió hacia la plazuela.
4. Según creo, tú gastas demasiado dinero.
5. Gabriela habla durante toda la clase de química.
6. Entre los pinos del bosque hay una ardilla.
7. Fueron todos al cine menos yo.
8. Cada vez que me ve, viene hacia mí.
9. Según tú ¿Quién va a ganar el partido?
10. Nos vemos durante la semana que viene.

6)
1. Cuando comenzó a llover, los turistas se mojaron.
2. El sorteo se celebrará ante notario la semana que viene.
3. Esta mujer está bajo la protección de la ley.
4. Recibió felicitaciones de todos, salvo de su hermana.
5. Tu pijama está en el dormitorio.
6. Hoy estamos a 6 grados.
7. El novio estaba ante la novia frente al altar.
8. Los soldados actúan bajo las órdenes del general.
9. Lo aprobaron todos, salvo tú.
10. Siempre voy en bicicleta.

7)
1. Saldré de casa tras de ti.
2. No hablo con mi abuela desde Navidad.
3. Estamos aquí toda la familia excepto mi padre.
4. ¿De quién se ha enamorado Helena? Está todo el día en las nubes.
5. ¿Hasta qué hora está abierto el banco?
6. El martes llega tras el lunes.
7. Desde hace tiempo estamos canalizando agua para llevarla a un pueblo.
8. Me encontrarás aquí a cualquier hora, excepto de 3 a 7.
9. En un momento, el río se llenó de agua.
10. Acompañé a Juan hasta la parada del autobús.

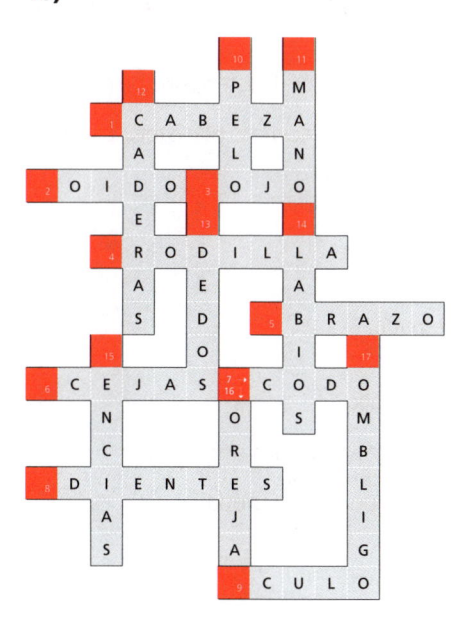

8)
La historia de España sería impensable sin el culto dado a Santiago Apóstol y sin las peregrinaciones a Santiago de Compostela, es decir sin la creencia de hallarse allá el cuerpo de un discípulo del Señor, degollado en Palestina y traslado a España en forma milagrosa; regresaba así a la tierra antes cristianizada por él, según una tradición que existía antes de la llegada de los árabes. La fe en la presencia del Apóstol sostuvo espiritualmente a quienes luchaban contra los musulmanes; su culto determinó la erección de maravillosos edificios en Santiago y a lo largo de la vía de los peregrinos, y tuvo consecuencias literarias dentro y fuera de España; por el camino llamado francés discurrieron millones de personas, entre los siglos IX y XVI, que la mantuvieron enlazada con el resto de Europa.

9)
1 DIENTES
2 CORAZÓN
3 OJOS
4 OREJAS
5 PIES
6 MANOS
7 OMBLIGO
8 PELO
9 PÁRPADOS
10 CUELLO

10)

8.2
1)
SER: he sido, has sido, ha sido, hemos sido, habéis sido, han sido
HACER: he hecho, has hecho, ha hecho, hemos hecho, habéis hecho, han necho
ESTAR: he estado, has estado, ha estado, hemos estado, habéis estado, han estado
PONER: he puesto, has puesto, ha puesto, hemos puesto, habéis puesto, han puesto
DECIR: he dicho, has dicho, ha dicho, hemos dicho, habéis dicho, han dicho.
ROMPER: he roto, has roto, ha roto, hemos roto, habéis roto, han roto
DESPERTAR: he despertado, has despertado, ha despertado, hemos despertado, hebéis despertado, han despertado
ESCRIBIR: he escrito, has escrito, ha escrito, hemos escrito, habéis escrito, han escrito
CUBRIR: he cubierto, has cubierto, he cubierto, hemos cubierto, habéis cubierto, han cubierto

8.3
1)
SACAR: saqué, sacaste, sacó, sacamos, sacasteis, sacaron
EMPEZAR: empecé, empezaste, empezó, empezamos, empezasteis, empezaron
PAGAR: pagué, pagaste, pagó, pagamos, pagasteis, pagaron
PRODUCIR: produje, produjiste, produjo, produjimos, produjisteis, produjeron
CAER: caí, caíste, cayó, caímos, caísteis, cayeron
PREFERIR: preferí, preferiste, prefirió, preferimo, preferisteis, prefirieron
LEER: leí, leíste, leyó, leímos, leísteis, leyeron
PLACER: plací, placiste, plació (anche plugo), placimos, placisteis, placieron (anche pluguieron)
REIR: reí, reiste, rió, reímos, reísteis, rieron

8.3.1
1)
1 Estuvimos con Pepe hace una semana.
2 Esta semana no he ido a trabajar.
3 ¿En qué mes nació tu hija mayor?
4 ¿Usted ha montado alguna vez a caballo?
5 Pedro no estudió latín el año pasado.
6 Diego y sus hermanos vinieron a Francia hace dos años.
7 Todavía no he visto la última película de Iñarritu.
8 Cuando Maite se jubiló, hizo un viaje por toda Europa.
9 ¿Has escrito ya la carta a tus padres?
10 El lunes Elena rompió el paraguas.

8.4

1)
AMAR: amaba, amabas, amaba, amábamos, amabais, amaban
VOLVER: volvía, volvías, volvía, volvíamos, volvíais, volvían
DORMIR: dormía, dormías, dormía, dormíamos, dormíais, dormían
DAR: daba, dabas, daba, dábamos, dabais, daban
COMER: comía, comías, comía, comíamos, comíais, comían
VESTIR: vestía, vestías, vestía, vestíamos, vestíais, vestían

8.4.1

1)
Érase una vez un rey que vivía muy feliz con su hija, que era su única descendencia.
Un día de pronto, la princesa trajo un niño al mundo y nadie sabía quién era el padre.
El rey estuvo mucho tiempo sin saber qué hacer. Al final ordenó que la princesa fuera a la iglesia con el niño y le pusiera en la mano un limón, y aquel al que se lo diera sería el padre del niño y el esposo de la princesa.
Así hicieron; pero antes el rey había dado orden de que no se dejara entrar en la iglesia nada más que a gente noble.
Había en la ciudad un muchacho pequeño, encorvado y jorobado que no era demasiado listo y por eso le llamaban Hans el tonto.
Aquel día Hans el tonto se coló en la iglesia con los demás sin que nadie le viera, y cuando el niño tuvo que entregar el limón fue y se lo dio a Hans el tonto. La princesa se quedó espantada, y el rey se puso tan furioso que hizo que la metieran con el niño y Hans el tonto en un tonel y lo echaran al mar.
El tonel pronto se alejó de allí flotando, y cuando estaban ya solos en alto mar la princesa se lamentó y dijo:
-Tú eres el culpable de mi desgracia, chico repugnante, jorobado e indiscreto. ¿Para qué te colaste en la iglesia si el niño no era en absoluto de tu incumbencia?
-Oh, sí -dijo Hans el tonto-, me parece a mí que sí que lo era, pues yo deseé una vez que tuvieras un hijo, y todo lo que yo deseo se cumple.
-Si eso es verdad, desea que nos llegue aquí algo de comer.
-Eso también puedo hacerlo-dijo Hans el tonto, y deseó una fuente bien llena de papas.
A la princesa le hubiera gustado algo mejor, pero como tenía tanta hambre lo ayudó a comerse las papas.
Dado que Hans el tonto estaba harto de viajar en aquella manera, dijo:
-¡Ahora deseo que tengamos un hermoso barco! Y apenas lo había dicho se encontraron en un magnífico barco en el que había de todo lo que pudieran desear en abundancia.
El timonel navegó directamente hacia tierra, y cuando llegaron y todos habían bajado, dijo Hans el tonto:
-¡Ahora que aparezca allí un palacio!
Y apareció allí un palacio magnífico, y llegaron unos criados con vestidos dorados e hicieron pasar al palacio a la princesa y al niño, y cuando estaban en medio del salón dijo Hans el tonto:
-¡Ahora deseo convertirme en un joven e inteligente príncipe!

Y entonces perdió su joroba y se volvió hermoso y recto y amable, y le gustó mucho a la princesa y se convirtió en su esposo.
Así vivieron felices una temporada.
Un día el viejo rey iba con su caballo y se perdió y llegó al palacio. Se asombró mucho porque jamás lo había visto antes y entró en él. La princesa reconoció enseguida a su padre, pero él a ella no, pues, además, pensaba que se había ahogado en el mar hacia ya mucho tiempo.
Ella le sirvió magníficamente bien y cuando el viejo rey ya se iba a ir le metió en el bolsillo un vaso de oro sin que él se diera cuenta. Pero una vez que se había marchado ya de allí en su caballo, ella envió tras él a dos jinetes para que lo detuvieran y comprobaran si había robado el vaso de oro, y cuando lo encontraron en su bolsillo se lo llevaron de nuevo al palacio.
Le juró a la princesa que él no lo había robado y que no sabía cómo había ido a parar a su bolsillo.
-Por eso debe uno guardarse mucho de considerar enseguida culpable a alguien -dijo ella, y reveló su identidad al rey.
El rey entonces se alegró mucho, y vivieron muy felices juntos; y cuando él se murió, Hans el tonto se convirtió en rey.

2)
1   Este invierno HEMOS ESTADO a esquiar el los Pirineos.
2   ¿HAS VISTO a Jaime? No, no le HE VISTO.
3   Esta mañana HEMOS ANDADO 10 kilómetros.
4   Este otoño HA LLOVIDO poco.
5   Lucas SE HA LEVANTADO a mediodía.
6   Mis primos HAN IDO a Ibiza este verano.
7   El perro HA ROTO un jarrón de porcelana.
8   SE HA MUERTO el Presidente de Uruguay.
9   ¿Qué HABÉIS HECHO este verano? Nada, NOS HEMOS QUEDADO aquí.
10 Karmele Jaio HA ESCRITO muchas novelas.
11 HE ABIERTO la ventana para que entre un poco de aire.

3)
1   Ayer conocimos a Laura.
2   El fin de semana pasado unas amigas mías tuvieron un accidente.
3   Gabriel y Mayte se casaron hace seis meses.
4   Anoche no salí, me quedé en casa y vi un poco la tele.
5   El sábado dimos un paseo por la Gran Vía.
6   De joven, vivísteis un año en Panamá.
7   Luis no quizo ir a la fiesta de Lupe.
8   En 2011 tradujo una novela del español al italiano.
9   Margarita vino a España en 2012.
10 El otro día hubo un incendio en el bosque cerca de mi casa.

4)
1   Martín vivía en España, ahora vive en Inglaterra.
2   Cuando era pequeña pasaba los veranos en casa de mi tía.
3   Vosotros ibais al mismo colegio de mi hermano.

4 Cuano Lucas y Carlos eran jóvenes, trabajaban en el hospital.
5 Los romanos hablaban latín.
6 De pequeño Paulo comía mucho y bebía bebidas con gas.
7 En el pueblo el verano hacía mucho calor.
8 El otro día hubo una tormenta y no se veía la tele.
9 Antes chicos y chicas no estaban en el mismo aula.
10 ¿Veías los dibujos animados cuando eras pequeño?

5)
1 Manuel trabajó muchos años en Inglaterra.
2 En el pueblo, todos los días iba andando al colegio.
3 Luisa comió en un restaurante con su novio el domingo pasado.
4 Pilar se ha caído por las escaleras.
5 En 1992 Juan empezó a trabajar en Marbella.
6 Mi tía cantaba ópera en La Scala de Milán.
7 Roberto Bolle ha bailado en los mejores escenarios de Italia.
8 Chaikovski fue/era un compositor ruso, muerto en 1893.
9 Su familia residía/residió en el área de Moscú.
10 Anteayer Miguel conoció a una chica de Bilbao.

8.5
1)
1 Mesa
2 Escaleras
3 Cocina
4 Baño
5 Habitación
6 Ventana
7 Silla
8 Pasillo
9 Salón
10 Estantería
11 Cama
12 Nevera
13 Sillon

8.6
1)
PENSAR: pensaría, pensarías, pensaría, pensaríamos, pensaríais, pensarían
VOLVER: volvería, volverías, volvería, volveríamos, volveríais, volverían.
SEGUIR: seguiría, seguirías, seguiría, seguiríamos, seguiríais, seguirían.
PEDIR: pediría, pedirías, pediría, pediríamos, pediríais, pedirían.
ANDAR: andaría, andarías, andaría, andaríamos, andaríais, andarían.
CAER: caería, caerías, caería, caeríamos, caeríais, caerían.
LEER: leería, leerías, leería, leeríamos, leeríais, leerían.
IR: iría, irías, iría, iríamos, iríais, irían.
EMPEZAR: empezaría, empezarías, empezaría, empezaríamos, empezaríais, empezarían.

8.7

1)
HABER: habría, habrías, habría, habríamos, habríais, habrían.
PODER: podría, podrías, podría, podríamos, podríais, podrían.
SABER: sabría, sabrías, sabría, sabríamos, sabríais, sabrían.
TENER: tendría, tendrías, tendría, tendríamos, tendríais, tendrían.
VENIR: vendría, vendrías, vendría, vendríamos, vendríais, vendrían.
VALER: valdría, valdrías, valdría, valdríamos, valdríais, valdrían.

8.8

1)
1. Michelle habla italiano bastante bien, pero hablaría mejor con una buena profesora.
2. Aquel campesino trabaja muy bien, pero trabajaría mejor con más sueldo.
3. Este dulce está buenísimo, pero estaría óptimo con nata.
4. Cantáis bien, pero cantaríais mejor con un poco más de práctica.
5. Esta sopa está rica, pero sería más rica con un poco más de verduras.
6. Lo haces mal, yo lo haría mejor.
7. No puedo levantar esta caja, ¿Podrías (tú) ayudarme?
8. ¿Cuántos años tenía Mozart cuando compuso su primera sinfonía? No sé, tendría menos de diez años.
9. ¿Cuánto vale un euro en pesetas? No sé, sería casi 170 pesetas.
10. ¿Y ellos lo sabían? Claro que sí, ellos sabían que ella vendría (venir) el día siguiente.

2)
1. No sé si estudiar Física o Farmacia. Yo en tu lugar, estudiaría Lenguas Extranjeras.
2. No sé que hacer, siempre me olvido del cumpleaños de Pilar. Yo que tú me apuntaría (apuntar) su cumpleaños en el calendario.
3. No sé que ponerme para la fiesta de Nochevieja. Yo no me pondría el traje negro, es viejo.
4. No sé que decirle a Lupe. Yo creo que le diría que me gusta.
5. No sé que comer durante el recreo. Yo que tú comería un bocadillo con tomate.
6. Yo creo que debería (deber) buscar un piso nuevo.
7. Yo en tu lugar, saldría (salir) con Nina ahora mismo.
8. Yo no contestaría (contestar) a una pregunta tan impertinente.
9. Yo en tu lugar, bebería (beber) menos bebidas con gas.
10. Yo que tú no contaría (contar) mis secretos a Raquel, ¡es una cotilla!

3)
1. Me gustaría visitar Italia, pero ahora no tengo dinero.
2. Quería la bufanda beis que tiene allí.
3. Si fuera tú, yo no sería tan malo con tus padres.
4. Me encantaría saber cantar bien.
5. Yo preferiría un zumo de naranja, si lo tienes.
6. ¿Podrías ayudarme con esta bolsa?

7   Yo en tu lugar, no saldría esta noche.
8   Vienen muchos niños al parque, pero vendrían más con más juegos.
9   Yo que tú no diría nada sobre ese asunto.
10 ¿Quién inventó el telescopio? No estoy seguro, lo inventaría Galileo Galilei

■ 9.1.1

1)
1 – viajarás
2 – acabará
3 – llamarán
4 – hablarán

5 – seremos
6 – estaré
7 – os despertaréis
8 – partirán

2)
1 – aprobarás
2 – Buscarás
3 – diré
4 – atropellará

5 – se enfadarán
6 – Aprenderéis
7 – me invitará
8 – cambiaremos

3)
ARIES – Encontrarás - ayudarán
TAURO - Recibirás - gustará
GÉMINIS – Conocerás - pasarás
CÁNCER – estarás - verá
LEO - Escucharás - creerás
VIRGO – te cansarás - serás
LIBRA – Practicarás - sentirás

ESCORPIO – Comprarás - comerás
SAGITARIO – te enamorarás - buscarás
CAPRICORNIO – enfadarás - pedirá
ACUARIO – Hablarás - dará
PISCIS – Cuidarás - se convertirá

■ 9.1.2

1)
1 – tendré   3 – valdrá   5 – supondrá   7 – pondré
2 – pondremos   4 – dirán   6 – habrá   8 – sabrás

2)
1 – estará   5 – tirará   9 – saldremos   13 – beberemos
2 – tendrás   6 – podréis   10 – hará   14 – sabrán
3 – iremos   7 – vendré   11 – cocinará   15 – pondrán
4 – comerás   8 – querrán   12 – haré

■ 9.1.3

1)
1 – vamos   3 – vamos   5 – voy   7 – va
2 – van   4 – va   6 – vas   8 – vais

2)

1 – preparar 3 – pegar 5 – coger 7 – mostrar
2 – pintar   4 – llover 6 – estar

■ 9.2.4
1)

SONREÍR: sonríe, sonría, sonreiamos, sonreíd, sonrían. No sonrías, no sonría, no sonriamos, no sonriáis, no sonrían
ESCOGER: escoge, escoja, escojamos, escoged, escojan. No escojas, no escoja, no escajamos, no escojáis, no escojan
PEDIR: pide, pida, pidamos, pedid, pidan. No pidas, no pida, no pidamos, no pidáis, no pidan
CALENTAR: calienta, caliente, calentemos, calentad, calienten. No calientes, no caliente, no calentemos, no calentéis, no calienten
SOÑAR: sueña, sueñe, soñemos, soñad, sueñen. No sueñes, no sueñe, no soñemos, no soñéis, no sueñen.
VER: ve, vea, veamos, ved, vean. No veas, no vea, no veamos, no veáis, no vean

2)

VESTIRSE: vístete, vístase, vistámonos, vestíos, vístanse. No te vistas, no se vista, no nos vistamos, no os vistáis, no se vistan
SENTARSE: siéntate, siéntese, sentémonos, sentaos, siéntense. No te sientes, no se siente, no nos sentemos, no os sentéis, no se sienten
IRSE: vete, váyase, vayamos o vámonos, idos, váyanse. No te vayas, no se vaya, no nos vayamos, no os vayáis, no se vayan
PRESENTAR+LE: preséntale, preséntele, presentémole, presentádosle, preséntenle. No le presentes, no le presente, no le presentemos, no le presentéis, no le presenten
COMPRAR+LOS: cómpralos, cómprelos, comprémolos, cómpradlos, cómprenlos. No los compres, no los compre, no los compremos, no los compréis, no los compren
DAR+SE+LA: dásela, désela, demonósela, dádsela, dénsela. No se la des, no se la dé, no se la demos, no se la deis, no se la den.

3)

1 Pasen ustedes, por favor.
2 No crucemos por ahí, podemos resbalar.
3 Señora Perez, lo siento, pero así no puede continuar, practique un deporte o engordará mucho.
4 No cerrad la ventana, por favor, hace demasiado calor aquí.
5 Cállate Carlos, no oigo el telediario.
6 No anden en esta calle, los coches van demasiado rápido.
7 Sé paciente Nina, no se puede hacer siempre lo que dices tú.
8 No penséis pagar la cuenta, ¡la quiero pagar yo!
9 Yo te quiero, tú me quieres, ¡Casémonos en seguida!
10 No compres el pescado en aquel supermercado. (comprar, tú)

4)
Ingredientes para 400 gramos

1 litro de leche entera, 350 gramos de azúcar, 1/2 cucharadita de bicarbonato sódico, vainilla.
Preparación:
Toma (tomar) una olla de cobre, no utilices (utilizar) una cazuela normal.
Calienta (calentar) la leche con el azúcar a fuego medio, para que éste se disuelva. Añade (añadir) el bicarbonato y la vainilla y mezcla (mezclar).
Deja (dejar) cocer la mezcla durante unas dos horas, remueve (remover) de vez en cuando con una cuchara de palo para que no se pegue, a fuego más bien bajo, no debe hervir. Haz (hacer) evaporar el agua que contiene la leche, el líquido disminuirá y se notará como poco a poco se va espesando y tomando color.
El tiempo es un poco orientativo, según el fuego de cada uno. La última hora es la más delicada ya que el dulce de leche está más espeso. No pares (parar) de remover para evitar grumos o que se pegue al fondo de la olla.
Retira (retirar) del fuego cuando se consiga una consistencia similar a la de una natilla. Fuera del fuego sigue (seguir) removiendo durante 5 ò 10 minutos más para que el dulce de leche se enfríe un poco. Se notará como todavía se espesa y reduce un poco más. Vierte (verter) en frascos y guarda (guardar), bien esterilizando o refrigerando, como prefiramos.

5)
1 Apagad la tele y haced los deberes.
2 Sígame y siéntese en esta habitación.
3 No hables y come la sopa.
4 Preparémonos y vamos de compras.
5 Entren todos los hombes y digan su matrícula.
6 ¡Id al cuarto de baño y peinaos esas cabezas!
7 Tome asiento y espere aquí.
8 Lávate los dientes y vete a la cama.
9 Pongámonos el casco y salgamos en moto.
10 Pasen las mujeres y párense los hombres.

6)
1 La luz está apagada y no se ve bien. Enciendela, por favor.
2 La ventana está cerrada y hace calor. Ábrela, por favor.
3 Una mesa con rebaja de 80%. Cómprala.
4 Los libros que tienes son muy interesantes. Préstamelos.
5 Esas camisetas son mías. Dámelas.
6 No quiero tu mochila. No me la des.
7 Los pantalones no me sientan bien. No los compres.
8 En la sopa hay un pelo. No la comas.
9 Un viejo juguete que te gusta mucho. No lo tires a la basura, por favor.
10 Tus hermanos tienen tus libros. No los garabateéis.

7)
A3, B6, C5, D8, E2, G4, H9, I7, L1, F10

8)
1. VAYA (ir) al gimnasio
2. NO UTILICE (utilizar) la mantequilla
3. NO FRÍA (freir) la verduras
4. BEBA (beber) dos litros de agua al día
5. ALIÑE (aliñar) la comida con especias y limón
6. HAGA (hacer) 5 comidas al día
7. NO CONSUME (consumir) grasas hidrogenadas
8. COCINE (cocinar) al vapor
9. COMA (comer) los dulces solo los domingos por la mañana
10. NO COJA (coger) el coche, ¡ANDE (andar) lo más posible!

■ 9.5

1) La Iglesia de San Martin está a lado de la plaza mayor, en frente de la Plaza del Corrillo.

2) Siga todo recto por calle del Prior, pase por un parque pequeño, ahí está el Palacio del Monterrey.

3) Sí hay una en la calle Toro. Suba a la derecha de la Plaza Mayor, a su derecha hay una tienda de Zara.

ÍNDICE

INTRODUÇÃO 5

LIÇÃO 1 6

1.1 Pronomes pessoais 7
1.2 O verbo *ser*: presente do indicativo 8
1.3 Os cumprimentos 9
    1.3.1 Quando chegamos 9
    ¿Qué tal? 10
    1.3.2 Quando vamos embora 12
    Nombre y apellido 13
1.4 O verbo *llamarse* e os pronomes reflexivos 14
  Trocando contatos 15
    1.4.1 Tratamento formal 16
1.5 O *voseo* na América Latina 21
1.6 Pronomes tônicos 22
1.7 Pronomes com função de objeto direto e indireto 25
    1.7.1 Pronomes com função de objeto direto 26
    1.7.2 Pronomes com função de objeto indireto 29
    Me gusta 31
    1.7.3 Pronomes com função de objeto direto e indireto na mesma frase 34
1.8 Vocabulário: *la comida* 41
    1.8.1 No *restaurante* 43
1.9 Os interrogativos 48
1.10 *Conocer*, *saludar* e *despedirse* 56
La comida española 57

LIÇÃO 2   60

2.1 Os artigos definidos   61
    O artigo lo   62
2.2 Os artigos indefinidos   63
2.3 O gênero dos substantivos   64
    2.3.1 Os substantivos masculinos   64
    2.3.2 Os substantivos femininos   66
    2.3.3 Os substantivos de gênero invariável   67
    2.3.4 Do masculino para o feminino   68
    2.3.5 Substantivos que mudam de significado conforme o gênero   69
    2.3.6 Substantivos que em espanhol são masculinos e em português são femininos... e vice-versa!   70
2.4 As profissões   73
    O verbo trabajar   77
2.5 Flexão de número dos substantivos   80
    2.5.1 Substantivos que mudam de significado do singular para o plural   81
2.6 Os números cardinais   82
2.7 Os números ordinais   85
2.8 Perguntar as horas   89
    Os verbos preguntar *e* contestar   91
    Antoni Gaudí   98

LIÇÃO 3   100

3.1 O alfabeto   101
3.2 A pronúncia   102
    -gue-, -gui-   103

Como se ri em espanhol?	104
3.3 Os acentos	108
Por que día sempre leva acento?	110
Casos especiais	110
3.4 Os verbos *llevar* e *traer*	112
3.5 *Los animales*	114
Modismos e refranes – *Ditos e provérbios*	116
La corrida de toros	120

LIÇÃO 4 — 122

4.1 *El verbo*: antes de começar	123
4.2 As três conjugações e o tempo presente	124
4.3 *Tener* e *haber*	128
4.3.1 *Tener que* – *Haber que*	130
4.4 O verbo *estar*	133
4.5 Usos de *ser* e *estar*	135
4.5.1 Quando *ser* e *estar* produzem mudança de significado	138
4.6 *Hay*	142
Dias, meses e estações	148
4.7 *Estar* + gerúndio	149
Advérbios de frequência	153
Las celebraciones de Navidad y Nochevieja	154

LIÇÃO 5 — 156

5.1 O adjetivo	157
Bueno vs. *bien*	158

	5.1.1 Do masculino ao feminino e do singular ao plural	160
	Adjetivos pátrios	161
5.2	Os pronomes demonstrativos	167
5.3	Os pronomes possessivos	169
5.4	O grau dos adjetivos	172
	5.4.1 O comparativo	172
	5.4.2 O superlativo	177
	Muy, mucho e demasiado	179
5.5	Descrever uma pessoa	181
	5.5.1 Como se pergunta como uma pessoa é?	182
	Feo, bajo e gordo	183
	Os verbos amar e querer	185
5.6	Os pronomes indefinidos	187
5.7	Los colores	190
	Os contos de fadas espanhóis	191
5.8	La ropa	192
	Em uma loja	197
	Las fiestas españolas	200

LIÇÃO 6　　　　　　　　　　　　　　　　202

6.1	O presente irregular	203
	6.1.1 Verbos irregulares E → IE	203
	6.1.2 Verbos irregulares O → UE	206
	6.1.3 Verbos irregulares E → I	208
6.2	Os outros tipos de verbos irregulares	211
6.3	Os verbos reflexivos	220

6.4 A *familia*	225
El Camino de Santiago	226

LIÇÃO 7 — 228

7.1 As preposições	229
7.2 As preposições: combinações	236
Os verbos de movimento	236
7.3 Outras preposições	239
7.4 As conjunções	241
7.5 *El cuerpo* (as partes do corpo)	242
El Flamenco	252

LIÇÃO 8 — 254

8.1 Antes de começar	255
8.2 *El pretérito perfecto compuesto*	256
8.3 *El pretérito indefinido*	261
8.3.1 Especificidades dos usos do *pretérito perfecto compuesto* e *indefinido* em espanhol	265
8.4 *El pretérito imperfecto*	267
8.4.1 Diferenças entre o uso do *pretérito indefinido* e do *pretérito imperfecto* em uma narrativa no passado	270
8.5 A casa	276
8.6 O *condicional simple* dos verbos regulares	278
8.7 O *condicional simple* dos verbos irregulares	281
8.8 Uso do *condicional simple*	285

8.9 Reservar um hotel	290
Miguel de Cervantes	292

LIÇÃO 9   294

9.1 *El futuro*	295
9.1.1 Futuro simples	295
9.1.2 As irregularidades do futuro simples	299
9.1.3 *Ir a* + infinitivo	302
9.2 O modo imperativo	304
9.2.1 O imperativo afirmativo e negativo dos verbos regulares	304
9.2.2 O imperativo afirmativo e negativo dos verbos irregulares	306
9.2.3 O imperativo afirmativo e negativo dos verbos reflexivos	309
9.2.4 O imperativo afirmativo e negativo e os pronomes oblíquos	310
9.3 *Perdidos!* Pedir (e dar) informações sobre ruas	318
La receta de la Sangría	325

APÉNDICE Y LLAVES   326

1ª edição janeiro de 2018 | **Fonte** Frutiger LT Std
Papel Offset 75 g/m² | **Impressão e acabamento** Corprint